早稲田現代中国研究叢書
6

変容する中華世界の教育とアイデンティティ

阿古智子・大澤　肇・王雪萍 編

国際書院

WICCS Research Series 6

Education and Identity in Changing Chinese Societies
ed. by
Ako Tomoko
Osawa Hajime
Wang Xueping

Copyright Ⓒ 2017 早稲田大学現代中国研究所
ISBN978-4-87791-282-6 C3031 Printed in Japan

目　次
Contents

『変容する中華世界の教育とアイデンティティ』

目　次

Education and Identity in Changing Chinese Societies

第1章　阿古智子「「中国」をめぐるアイデンティティとナショナリズムに関する研究：
開かれた国際関係と市民社会を展望して」
The Study of Chinese Identities and Nationalisms : Towards More Openness in International Relations and Civil Society ……………… 7

第1部　歴史と現在のなかの中国教育

第2章　大澤肇「中国における公民科・公民教育論の系譜：
小学校教科書の分析を中心に」
A Genealogy of Civic Education in Modern China : As Manifested in Primary School Textbooks ……………………………………………39

第3章　王雪萍「改革・開放後中国の小学校における教育改革の理念と挫折：
新設された社会科の教育内容の変化から見る天安門事件の影響」
Elementary Education Reform in the Contemporary PRC-Aims Fulfilled and Frnstrated : implications of the Tiananmen Incident for the Social Studies Curriculum ………………………………………81

第4章　武小燕「教科書から見た「中国」自画像の変容：
改革開放以降の国語・歴史・政治の3科目を中心に」
The Changing Self-Image of "China" as Manifested in Textbooks for
National Language, History and Politics ……………………………… 109

第5章　新保敦子「中国回族女子青年の教育と社会移動に関する一考察：
「女学」を中心として」
Education and the Social Mobility of Young Hui Women: The Role of
Islamic Girls' Schools ……………………………………………………… 143

第6章　于小薇「中国の一人っ子政策と教育における諸問題」
The "One-Child Policy" and Education ……………………………… 161

　　　　第2部　周辺諸国・諸地域と「中国」の相互影響：
　　　　　　　教育・アイデンティティ・ナショナリズム

第7章　エドワード・ヴィッカーズ（桐明綾訳）「台湾、香港、中国大陸における意識の変貌：
和解へのアイデンティティポリティクスとその展望」
Altered States of Consciousness : Identity Politics and Prospects for
Taiwan-Hong Kong-Mainland Reconciliation ………………………… 183

第8章　山﨑直也「馬英九政権の教育政策と二つの「中国」」
President Ma Ying-jeou's Education Policy and the "Two
Chinas" ……………………………………………………………………… 207

第9章 中井智香子「香港の「公民教育」と「国民教育」：
「一国二制度世代」のアイデンティティ形成をめぐって」
"Civic Education" and "National Education" in Hong Kong: identity formation and the "one country, two systems" generation ………… 223

第10章 アナ・コスタ（中井智香子、園田真一、小栗宏太訳、阿古智子監訳）
「日中関係のなかのナショナリズムとナショナル・アイデンティティ」
Nationalism and National Identity in Contemporary Sino-Japanese Relations ……………………………………………………………… 255

おわりに………………………………………………………………… 293

著者紹介　297

索　引　301

第1章 「中国」をめぐるアイデンティティとナショナリズムに関する研究：
開かれた国際関係と市民教育を展望して

阿 古 智 子

はじめに

　本書『変容する中華世界の教育とアイデンティティ』は、日本学術振興会科学研究費・基盤研究B「「中国」をめぐるアイデンティティとナショナリズム」（研究課題番号：25285057、以下では本研究プロジェクトと称する）のメンバーとゲストとして研究会などに参加した研究者によって生み出された。筆者は本研究プロジェクトの代表者を務めた。本章第一節ではまず、我々が本研究プロジェクトを進める上でどのような問題意識を持ち、研究を進めようとしたのかを説明したい。

　第二節では、本書を構成する各章の論文の内容から、「中国」をめぐるアイデンティティとナショナリズムを論じる上で、重要だと考えるポイントを提示したい。さまざまな問題関心を持って本書を手に取られている読者の方々に対して、参考になる分析の視野を示したいと考えている。

　本章を締めくくる第三節では、中国の社会変容とインターネットについて論じる。本書は、大部分の章が教科書や教育政策の分析を主としているが、今やインターネットは学校、家庭、コミュニティと並べられるか、あるいはそれを超えるほどの「論争の場」であり、「学習の場」となっている。中国のインターネットの論壇を賑わせた問題や事件を事例に、「国民」や「市民」の意識がどのように形成されているのかを考察した上で、今後の研究に向けての展望を示したい。

1 「中国」をめぐるアイデンティティとナショナリズムの研究

(1)「中国」を切り口にする意義

　歴史的に朝貢貿易や儒教文化の浸透などを通して周辺諸国に大きな影響を与えてきた中国だが、経済面において、今ほど大きなインパクトを持ったことはかつてなかったのではないだろうか。一人当たりの収入では依然、中進国のレベルに留まっており、地域間の経済格差も大きいが、13億人を超える人口大国のスケールは甚大である。そして、その経済力が国際政治に与えるインパクトも強大なものになっている。

　グローバル社会において影響力を増す「中国」を切り口に、中国と中国に関わる国や地域のアイデンティティとナショナリズムを論じるのは、次の側面から意義が大きいと我々は考えた。一つは、外交はもちろんのこと、非伝統的安全保障の観点からも中国を特殊化すべきでなく、相互理解を深める文脈において学術研究を進める必要があるということである。中国には、広く「愛国主義」や「民族主義」が高まっている「理解しにくい国」「異質な国」というイメージがつきまとっている。日本を含む多くの国・地域のメディアや研究者は「中国脅威論」を主張しているが、大雑把に表層の現象を捉えるだけでなく、個別具体的に何が、どのように起こっているのかを研究する必要があると考えた。国際的なプレゼンスが高まる中国とその影響について、日本としても、国際社会としても、戦略的に研究する必要があることは言うまでもない。

　中国のように非民主主義国家を市民教育の研究対象にはできないという見方もあるが、グローバル化は人間の学びや価値形成を国境で区切ることをますます難しくしている。加えて、世界的な不況や貧富の格差の拡大で民主主義の危機が叫ばれる中、政治体制の差異に関わらず、各国間で市民教育に関する多くの共通課題が浮かび上がっており、一定の比較研究が意味を持つと考えられる。

(2) ナショナリズム研究の学術的背景

　政治学の分野における伝統的なナショナリズムの研究は、社会心理に関してその「異常性」に着目してきた。「憎悪のナショナリズム」と言われるような極端なナショナリズムが研究の対象となり、エリート集団の意識に焦点を当てる傾向があった[1]。

　しかし、最近になって、ポピュリズムに関する研究がナショナリズムの問題をより広い視野から取り上げるようになり[2]、政策や制度、指導者に対する満足度、国家に対する誇り、国の歴史や一般的イメージに関する実証的な研究、民主主義国における支持率低下に関する研究など、国民・市民の側から国家をとらえようという動きも見られる[3]。さらに過激で強度なナショナリズムではなく、国民全般の国家に対する態度を考察することで、ナショナリズムの影響と性質を全体として評価する試みや、国民の政治行動・意識に関する国際社会調査プログラム（International Social Survey Program）や地域別バロメーター（Afro, Latino, New Europe and East Asia Barometers）を用いた実証的な比較研究も行われている。

　そうした研究の一つである猪口・ブロンデル（2008）の『現代市民の国家観』は欧亜18カ国の国民の国家に対する見方を明らかにしようとしたが、実施したアンケート調査のうち、アイデンティティに関わる質問（例：自分が〇〇人であることがどのくらい重要か、〇〇人であることをどのくらい誇りに思っているかなど）は慎重を期して中国では問われなかった[4]。政治的引き締めが厳しい中で、中国におけるアンケート調査の実施は非常に難しく、実現できたとしても率直な回答が得られない可能性もある。さらに、人口が多いだけでなく、地域差や社会階層差の大きい中国では、相当規模のサンプルを取ったとしても全体を代表する結論を見出すことは困難である。特に、中国を取り巻く環境が大きく変化する中、複雑に構成される中国人のアイデンティティを研究するには、量的研究だけでなく、質的研究も重要である。

　一方、教育学や社会学の分野では、ナショナリズムとグローバル化を視野に入れた市民教育に関する理論・実践的研究が幅広く行われている。そうした潮流を整理したJ. Banks（The Routledge International Companion to Multicultural

Education, 2009) によると、1960 年代から 1990 年代にかけて、欧米でより多文化的かつコスモポリタンな「市民」の概念や市民教育が発展したが、近年、テロリズム・移民問題・グローバル化への批判、ナショナリズムへの過度な傾倒、世界的な不況などの影響を受けて、「社会の結束」(social cohesion) を呼びかけるような理論研究や実践も見られるという[5]。また、IEA (The International Association for the Evaluation of Educational Achievement) は 1990・2000 年代に民主主義国における市民の知識と技能(civic knowledge and skills)をローカル・ナショナルな市民権との関連で調査し、国際的な比較を可能にしてはいるものの[6]、中国のような政治・経済面において転換期にある国に特化した研究は十分にはなされておらず、我々の研究の意義をそうした側面にも見出した。

(3)「中国」をめぐるアイデンティティ

本研究プロジェクトはアイデンティティとナショナリズムをテーマに掲げており、中国と中国に関わる人々が、国家を含め、様々な共同体において自らの帰属をどのように意識しているかをとらえようとした。

中国では「国民」「市民」「公民」「人民」などの言葉が、時代の変化に影響を受けながら使われてきた。伝統的に「公」の範囲は儒教文化や伝統的な皇帝や官(役人)との関わりから規定され、20 世紀の西側の政治思想に影響を受ける中で「公民」や「国民」の概念が発達した。中国共産党の政権下で社会主義の「人民」の概念が広まり、社会主義市場経済が進展すると、私営企業家にも党員資格を与える「三つの代表」思想が導入された。だが、憲法第 1 条が規定する「人民民主独裁」—支配階級である「人民」(労働者階級と農民の労農同盟)が敵対階級(資本家階級)に対して独裁を加え、支配階級内部においては民主を実行するという考え—に依然、変更はない。こうした「革命的市民権」(revolutionary citizenship)が権力の基盤を支える状況は中華民国期から現在まで続いており[7]、中国の状況を西側の"citizenship"の概念では分析できないという議論も根強い[8]。

しかし、エリート層のみならず、農民、労働者、少数民族、強制立ち退きや環境問題などの被害者といった「社会的弱者」が公民権や社会権を求める動きが中国においても加速しており[9]、いわゆる「民間」(ミンチェン)(国家権力から一定の距離を置

こうとする人々や組織）の言論や社会活動が注目を浴びている[10]。さらに、学界でもインターネットの論壇でも、市民社会[11]に関する議論は盛り上がりを見せており、リベラルな民主主義の思想に基づく司法改革や社会活動に参加する人たちも増えている[12]。「中国」をめぐるアイデンティティの変容は、そうした新しい動きを踏まえた上でとらえる必要がある。

(4) 開かれた国際関係と市民教育に向けて

本研究プロジェクトの目的は、学校、家庭、コミュニティ、サイバー空間における学習及び情報・価値観のやり取りを分析することによって、(1) 中国大陸の中国人及び中国大陸以外の中国人（香港、台湾など）が「中国」をめぐってアイデンティティをどのように形成しているか、(2)「中国」をめぐるアイデンティティにナショナリズムがどのように関わっているかを明らかにすることであるが、研究の視座は、(3) より開かれた国際関係と市民教育を展望するという目標に根ざしている。

「市民教育（civic education）」（市民権教育（citizenship education）ともいう）は当然、「公民教育」や「政治教育」といった概念との関わりにおいて議論する必要もある。特に、中国のような非民主主義国家においては、国民の意思に反して権力者・国家の観点からの知識や思想の伝達が行われる可能性が高く、欧米諸国のように、民主的市民社会の質的充実をはかることを目的にした教育・学習活動は盛んではない。

しかし、民主主義国家における教育に関しても、政治との関係を完全に切り離して考えることは不可能であり、「市民」と「公民」の分裂を克服する方法が模索されている。たとえば、戦後日本の公民館を中核とする公民教育は戦前的思考を乗り越えることを期待されながらも、国家の再建を自発的・創造的に遂行する公民を育てることに重点が置かれ、権利や民主主義という概念に関しても義務や奉仕を強調していた[13]。しかし近年、個人から出発し、公共的な領域にも積極的に関わる公民の自己形成をはかる「公民教育」が提起されている[14]。

ハーバーマスのいう市民社会は国家とも市場とも距離を置く領域にあるが[15]、現実には、私的個人でもあり社会の一員でもある「市民」が、社会と国家に関わ

りながら「公共性」や「協同性」を担うのである。さらに、民主主義国家においても多文化主義やジェンダーの視点から少数民族や女性、障害者などのマイノリティに対する市民権賦与は不十分であり、貧富の格差の拡大による機会の不平等なども問題になっている[16]。極端に言えば、どのような体制の国家においても「平等」を追求する試みは永遠に続くのである。

2　本書の内容と分析のポイント

(1) 本書の内容

本書の執筆陣は、中国、台湾、香港の教育政策や教科書などを幅広く研究してきた。我々はそうしたこれまでの研究成果をベースに、本研究プロジェクトを通じて、教科書、政策文書、学校内外の学習サークルやその活動、社会におけるデモや抗議、陳情などを通じた自己表現、サイバー空間における言説の分析を行ってきた。

中国の市民、公民、政治教育に関する研究は、R. Culp（2007）などの歴史的・文化的観点から分析したもの[17]から、J. Kwong（1985）やR. Price（1992）などの市場経済化や対外開放に則した人材育成の観点からの政策変化を見たもの[18]、Y. Chen and I. Reid（2002）やT. Tatto and J. Hawkins（2001）などの個人主義の影響に焦点を当てたもの[19]、G. Fairbrother（2010）の学生の自主性を重んじる教育方法の導入によって生じた学生の批判精神に関する研究[20]や、W. Law（2011）の教育政策と実践の場において複雑に絡み合う文化・地域・国家へのアイデンティティを実証的に明らかにしたもの[21]などがある。我々は、こうした先行研究をさらに発展させ、台湾、香港に関する研究も含めた上で、新たな視座を提示しようと研究を進めた。

特に我々は、研究の対象となる人々や文書が「自己」（我々：in-group）と「他者」（彼ら：out-group）の範囲をどのようにとらえているか、どのようにして国家やその他の集団に服従、不服従であるか、あるいは、さまざまな学びに積極的・消極的に参加しているか、ナショナルプライド（national pride）や自民族中心主義（ethnocentrism）をどのように表しているか、グローバル、地域、

国際、国家、文化などに関わるアイデンティティをどのように形成しているか、そして、それらは相互にどのように関わっているかを考察しようとした。

　本書の構成は以下の通りである。

第1章　「中国」をめぐるアイデンティティとナショナリズムに関する研究：開かれた国際関係と市民社会を展望して（阿古智子）

第1部　歴史と現在のなかの中国教育
第2章　中国における公民科・公民教育論の系譜—小学校教科書の分析を中心に（大澤肇）
第3章　改革・開放後中国の小学校における教育改革の理念と挫折：新設された社会科の教育内容の変化から見る天安門事件の影響（王雪萍）
第4章　教科書から見た「中国」自画像の変容：改革開放以降の国語・歴史・政治の3科目を中心に（武小燕）
第5章　中国回族女子青年の教育と社会移動に関する一考察：「女学」を中心として（新保敦子）
第6章　中国の一人っ子政策と教育における諸問題（于小薇）

第2部　周辺諸国・諸地域と「中国」の相互影響：教育・アイデンティティ・ナショナリズム
第7章　台湾、香港、中国大陸における意識の変貌：和解へのアイデンティティポリティクスとその展望（エドワード・ヴィッカーズ）
第8章　馬英九政権の教育政策と二つの「中国」（山﨑直也）
第9章　香港の「公民教育」と「国民教育」：「一国二制度世代」のアイデンティティ形成をめぐって（中井智香子）
第10章　日中関係のなかのナショナリズムとナショナル・アイデンティティ（アナ・コスタ）
おわりに

筆者執筆の第1章に続く第2章の大澤論文は、中国に公民教育が本格的に導入された1920年代から中華人民共和国初期までに行われた小学校の公民科・公民教育を、主に教科書に書かれた＜自由・秩序・公共＞、＜対外認識・ナショナリズム＞、＜身体・衛生＞という3つの概念に焦点を当てながら分析している。

　第3章の王論文は、歴史と地理を吸収する形で中国の小学校に導入された「社会」という科目が、どのような経緯を経て1986年に計画され、1995年より始まったのかを、授業及び教科書の分析を通して明らかにし、改革・開放政策期の中国政府の教育改革の意図を探っている。1989年の天安門事件の発生が及ぼした影響についても、検討を加えている。

　第4章の武論文は、国民形成に最も関連が深い国語、歴史、政治というナショナル・カリキュラムが、中国のイメージをどのように伝えようとしているのかを明らかにするため、それぞれの科目の教科書を詳細に分析した。教科書に描かれる「国家」や「国民」をめぐる言説はその国の自己認識を表しており、その国がつくろうとする国家や国民のイメージによって変化する。つくられた歴史は不完全で、時に歪曲されたものであっても、文化的リテラシーとして国民の間の共通認識の形成を導くのである。

　第5章の新保論文は、1980年代以降の社会変動が、中国の回族女子青年の人生にもたらした要素を考察している。アラビア語や宗教の教育を行うイスラーム女子学校を、主な調査の対象としている。中国ムスリムの代表格である回族はウイグルに次いで二番目に人口が多いエスニック・グループであり、中国とイスラーム世界とをつなぐキーパーソンとしてその存在が注目されている。

　第6章の于論文は、「一人っ子政策」が家族の問題に止まらず、国民の資質や就労、高齢化などにかかわる多分野に跨る問題を誘発しており、中国社会のイデオロギーや思想観念、経済発展、社会構造と密接に関連していると述べる。功利主義や進学一辺倒の姿勢は、初等教育と中等教育を捻じ曲げ、受験に失敗することへの恐怖心が子どもの心理に大きな影響を与えている。

　第7章のヴィッカーズ論文は、香港人、台湾人としての意識を高める香港、台湾の人々が、中国人アイデンティティを形成しようとする中国政府とその関連のトップダウンの努力を受け入れておらず、その結果、中国、台湾、香港のコミュ

ニティをますます疎遠にさせ、和解から遠ざける傾向があるとみている。

　第8章の山﨑論文は、台湾の馬英九政権が1990年以降の「本土化（台湾化）」の流れを押しとどめ、中華文化の失地回復を狙うことで、政治的象徴としての中華民国と教育の関係を再構築しようとしたが、台湾アイデンティティが民意の主流を占める現在の台湾社会において、その努力はアナクロニズムにしか映らなかったと指摘している。

　第9章の中井論文は、香港政府が一国二制度に則した「愛国愛港」者を育成するために推進した「公民教育（Civic Education）」と「国民教育（National Education）」を受けてきたにもかかわらず、「雨傘運動」などを通じて独立志向を加速化させる学生たちのアイデンティティの形成に検討を加えている。その中で、香港独自のシティズンシップ教育「通識教育科（Liberal Studies）」が、開かれた香港人アイデンティティの形成において重要な役割を担ってきたことに注目している。

　最後に、第10章のコスタ論文は、東シナ海の緊張の高まりや歴史の和解に関する日中間の論争に焦点を当て、中国のナショナリズムとナショナル・アイデンティティについて考察を深めている。特に、日本と中国の双方において、ナショナリズムが外交政策の目標を実現し、大衆の支持を得るための道具として、国家エリートに利用されてきたという側面に焦点を当てている。

(2) 分析のポイント

　各章を通読して筆者が感じたのは、中国の教育を決して単一的に描くべきではないということである。経済発展やグローバル化を背景に、学習者の多様なニーズを汲みとる努力が行われてきたことは、王論文や武論文から明らかである。地理科と歴史科の社会科への統合は、中国と世界各国の歴史、地理、戦後社会の変容を総合的に教え、法律を守り、グローバルな理念と国際意識を持ち、世界や人類の発展に貢献できる人材を育成することが目的であった。この時期の教学大綱には民主的意識の育成も明記された。改革開放以降の教育は、確実に脱社会主義イデオロギー、脱政治的教化の方向に進み、ヒューマニズムと文明発展の視点から教育内容が再構成された。

こうした開放的で多元的な教育環境が作られていったのは、政府以外の教育の専門家や現場をよく知る教師が、積極的に教育政策の策定や教科書の編纂に参与するようになったこととも関係している。2001年以降のカリキュラム改革の中で、「教学大綱」は「課程標準」に名称を変え、教育部が前面に出るのではなく、競合入札制によって、各教科の研究者や教材開発の専門家、教育現場の教師が作成に関わり、教育部がそれを認定する制度に変更された。教育改革は単なるトップダウンの結果ではなく、政策形成には教育現場の声、親や学生からの意見が取り入れられており、ボトムアップの側面を無視することはできない。

　また、国家が運営する学校教育とは別の論理で、コミュニティやマイノリティ独自の教育が行なわれ、人々は自らをエンパワー（強化）しているという側面も見逃すことはできない。新保論文は、漢族や中国政府と対立し、弱い立場に追い込まれていると見られがちな少数民族の回族女性たちが、アラビア語を学び、世界のイスラーム世界とつながり、経済的・社会的地位を向上させていることを明らかにしている。オルタナティブな後期中等教育機関である「女学」は、公教育のストリームからドロップアウトしたムスリム女子青年を受け入れている。彼女たちは学校に行くことで、望まない結婚を15歳で強いられるなどの封建的な風習から解放され、宗教的知識だけでなく、職業技能を身につけている。その中から、通訳や女性宗教指導者として活躍する者が出てきている。

　しかし一方で、中国の教育が政治の変動に大きな影響を受けてきたことは、無視できない事実でもある。王論文が指摘するように、天安門事件の発生で、中国共産党指導部は愛国主義教育と国情教育を強化する方針を決定し、予定していた社会科の教育内容も変更せざるを得なくなった。先進国との横の比較や民主主義国家への礼賛を希薄にする半面、中華人民共和国建国後の社会主義建設の成果を強調し、外国文化の流入を警戒し、社会主義中国の国家建設に貢献できる人材を育成することに重点を置くようになった。中華民族の苦難の歴史と中国共産党が率いる中国人民の功績を強調する教育が、再び強調されるようになったのである。

　そして、2000年代に開放性を高めた中国の学びの環境は、昨今再び、習近平政権による言論・思想の引き締め強化によって、閉鎖的になりつつある。2015

年1月、中共中央弁公庁と国務院弁公庁は「新しい状況下の大学の宣伝思想工作の強化推進に関する意見」を発表し、「イデオロギー工作は党と国家にとってきわめて重要」で、その第一線に立つ「大学は社会主義の核心的価値観を育み」「中華民族の偉大なる復興という中国の夢を実現する」任務を担っていると強調した[22]。それに呼応した教育部部長（当時）の袁貴仁は、北京大学、清華大学、武漢大学などの担当者が出席した座談会において、「西側のオリジナル教材の使用を厳しく制限し、絶対に西側の価値観念を伝播するような教材を我々の教室に持ち込んではならない。決して党の指導者を誹謗攻撃し、社会主義を抹消するような言論を大学の授業に出現させてはならない。憲法や法律に違反するような言論を大学の授業で蔓延させてはならない。教師が教室で騒いだり、怒りを発散したり、各種の不良な情緒を学生に伝えてはならない」と具体的な指示を出した[23]。

リベラル知識人の代表格である北京大学教授の賀衛方は、こうした政治の教育への介入に憤った。そして、中国版Twitter「微博」で、「中国の近代化は西側の価値観や制度を導入して実現した。民国期だけでなく1949年以降の社会主義の概念もだ」、「民法、刑法、憲法、訴訟手続きなど、理念も制度も西側から学んでいる。法学教育をどうしろというのか。自分は西洋法律史の授業も担当している。法学部はいらないのか」と発信すると、多くのネットユーザーが賛同のコメントを書き込んだ。

こうした動きに対して、2015年2月3日、中国社会科学院・国家文化安全イデオロギー建設研究センター副主任の朱継東は『求是網』で、「『意見』に不満を持つ大学教師や大V（ネットオピニオンリーダー。詳しくは後述）は、不満のはけ口を求めて中央のイデオロギー強化を邪魔し、攻撃しようとしている」「共産党や政府の言論への支持が旗幟鮮明なはずの党員幹部にも、明確な態度を表す者があまりにも少なく、多くが保身に走っており、身を挺する党員が孤立無援に追い込まれている」と声を荒らげた。さらに朱継東は、名指しこそしないものの、前出の賀衛方らに向けたと分かるように「イデオロギーの領域で剣を向ける者を厳罰に処すべき」と述べた[24]。

賀衛方は再び微博で、朱継東の「拳をあげ、釘を抜こう」（筆者注釈：「剣を向

ける者」に抵抗し、邪魔者である彼らを排除しよう）という表現に対し、「社会科学院の学者がこの水準か。いったい自分を誰だと思っているのだ。憲法には人民が国家の主人公だと書いてある。憲法 35 条が言論の自由を規定しているのを知っているのか。憲法は、公民が国家機関の公職人員を批評する権利を持つとも規定する。部長も、それ以上の高官も公民の監督を受けなければならないのだ」と反論し、再度、多くのネットユーザーの支持を得た。

教育行政のトップである教育部長が、実際にイデオロギー審査の旗ふり役となり、不合格となった大学教員を排除しようというのか。そんなことをすれば、中国は再び、文化大革命のような本格的な政治運動の道を歩むことになる。習近平自身を含め、自分の子どもを欧米に留学させる政府高官が少なくない中で、どのように西側の価値観を排除するというのだろうか。2016 年 7 月に袁貴仁のあとを引き継いで教育部長に就任した陳宝生も、敵対勢力の浸透を警戒し、イデオロギー工作を強化することが教育に関わる指導者の核心的職務であると述べている[25]。

緩和と引き締めを繰り返すパターンは、中国では長年続いてきた伝統であるとも言える。大澤論文からは、1920 年代の中国の教育における公民、国民、市民をめぐるせめぎ合いが透けて見える。教育とナショナリズムとの関係において、政治的主権者・共和国民としての「市民」形成の一面よりも、愛国的な「国民」を形成する一面を重視していた国家主義派の論者は、次のように述べている。

「国家を離れて公民も、公民教育も無い。公民教育の目的は、国家存在の目的と相反するものであってはならない…公民教育の目的は、国家存在の要件と抵触するものであってはならない」

（公民教育の目的は）「国家を進歩させようとして、公民教育を行うのである。すなわち、公民教育を実施する時は取る目標と方法、信条などは、決して国家の安全と進歩と衝突するものであってはならない」

1924 年ごろから各地で展開された公民教育運動では、「公民教育」の主流の概

念は Education of citizenship、すなわち「よい市民を育成・訓練する教育」であったが、1926 年になると公民教育運動を主として担っていた基督教青年会や滬江大学などキリスト教系大学の教授たちは、教育権回収運動によって、「欧米側の人間」として非難され、教育界におけるヘゲモニーを失っていった。そして、公民の定義の中に、＜対外認識・ナショナリズム＞概念に連なる「国家を愛護し、国家の法律を守る」、＜身体・衛生＞概念に連なる「清潔衛生な習慣を持つこと」に加えて、「礼・義・廉・恥」という儒教的な要素が入り、主権者としての「公民」（市民）要素は消えていったのだという。

　近年、経済が停滞傾向にある中、中国共産党は海外（主に西側諸国）からの様々な圧力によって政権の維持が脅かされるのではないかと危機感を露わにしている。香港や台湾の若者たちが、中国と距離を取る形で民主化を求める運動を活発に行っていることも、共産党政権にとっての懸念材料である。

　ヴィッカーズ論文は、アイデンティティを形成するトップダウン式の努力が、実体験に反する時、疎遠になっているコミュニティを和解というよりも更に遠ざける傾向があると指摘する。2010 年、香港政府は「道徳と国民教育（MNE）」を必修科目にすることを決定したが、中国大陸の政治教育色の強い内容に反発が高まり、大規模なデモが行われた。山﨑論文が指摘するように、台湾の馬英九政権は「国家」より「地方」を優先し、「本土化」の色彩を強めてきた陳水扁時代のカリキュラムを「狭隘なエスノセントリズム」だと切り捨て、「中華文化の伝承」を重視する教育政策を掲げようとしたが、台湾アイデンティティを強める台湾の人たちには、到底受け入れられなかった。

　国家は時に、ナショナル・アイデンティティを国民に押し付ける。コスタ論文が明らかにするように、外交政策の目標実現や権力保持を画策する国家エリートたちは、大衆の支持を得る道具としてナショナリズムを利用している。意図的なナショナリズムの推進によって、戦争を経験した世代よりも、若い世代が反日的、反中的になるという側面も垣間見られる。

　しかし、グローバル化が進む現代社会において、教育の営みは常に世界に開かれている。中井論文が指摘するように、「通識教育科」を含めた香港の公開統一試験の課程は、国際バカロレアや英国 A レベルとも提携している。教育の専門

家、現場の教師、学生たちのニーズを汲まない教育が受け入れられることはないはずだ。海外に留学する学生も増えている。

　本書は、大部分の章が教科書や教育政策の分析を主としているが、開かれた教育を求める声を把握するためには、学校、家庭、コミュニティと並べられるか、あるいはそれを超えるほどの「論争の場」であり、「学習の場」となっているインターネットの言論空間についても分析を行うべきであろう。そこで第三節では、中国のインターネットの論壇を賑わせた問題や事件を事例に、「国民」や「市民」の意識がどのように形成されているのか考察した上で、今後の研究に向けての展望を示したい。

3　曲折するインターネット空間と市民社会

(1) 世論を動かすソーシャルメディア

　中国では、表現や思想・信仰の自由が制限され、政治制度改革が進まない中でも、市民社会が時期を経て変化を遂げており、2000年代に入ると、社会変革に向けた具体的な行動の多くがインターネット空間におけるソーシャルメディアを通して行われるようになった。2016年6月時点の中国のインターネット人口は7億1千万人に達している[26]。

　現在ソーシャルメディアの主流になっているのは、ウェブ2.0といわれる方式で、これは、送り手（ブロガー）が発信した情報に受け手がコメントをつけ、ブロガーがそのコメントに返事を書くという双方向のやり取りを可能にした。ウェブ2.0を代表するのが中国版Twitter「微博」で、多数の微博ユーザーが対等の立場で意見交換や情報収集を行っている。

　微博が面白いのは、誰が誰とどのようにつながり、どのような議論をしているのか、誰がどのような人たちの主張を追い、どのような形で賛同し、反対しているのかが容易に分かるところだ。検索機能を使ったり、過去の記事をさかのぼったりしていけば、学術界、法曹界、財界、市民団体などの人脈とそこに関わる人々の思想地図が浮かびあがる。もちろん、本音で書けないところや、パフォーマンスの要素が入っているところもあるだろうが、たとえば、一市民が自分の抱

えている問題を発信して弁護士、企業家、記者などの著名なブロガーとつながり、微博上でその問題の解決に向けた動きが加速することもある。

　中国政府の関係部門はインターネットを常時監視しており、投稿のみならず、微博のアカウントそのものを削除することさえある。中国には200万人のネット監視員が存在すると、『新京報』は報じている[27]。だが、そうした監視や介入がなされていても、一度投稿された文章は秒刻みで他のユーザーがフォローし、転載していくため、すべてを削除することはほぼ不可能だ。アカウントを止められたユーザーも、新たに登録し直して発信すればよい。

　しかし、誰もがつながることのできるインターネット環境に警戒する中国政府は近年、フォロワー（ブロガーの発言を日常的にチェックするユーザー）が百万、千万単位に上り、多大な影響力を持つ「大V」（トップクラスのVIP）と呼ばれるオピニオンリーダーたちを次々に弾圧している。たとえば2013年には、1,200万人のフォロワーを持つ薛蛮子（本名：薛必群）が「多くの男女を集めて淫乱な行為にふけった罪」の容疑で拘束された[28]。薛蛮子は米国籍の投資家だが、北京に住み、さまざまな社会問題についてインターネット上で積極的に発言していた。2016年には、3,780万人のフォロワーを持つ不動産会社・華遠集団のトップを務める任志強の微博のアカウントが閉鎖された[29]。

　オリンピックや万博特需で上り坂だった胡錦濤政権とは異なり、経済成長が鈍化する中で開始した習近平政権は、政治腐敗や格差の拡大に不満を高める人たちを前に、政権存続の危機を視野に入れたリスク分析をも行っているといわれる。特に、政権の維持に不利となる世論を作り出さないよう、メディアへの対応に力を入れており、インターネットに関しては、数多くのサイトのほか、Facebook、LINE、Twitter、YouTubeなどのアプリケーションを封鎖している。VPN（Virtual Private Network）を通せば、規制をすり抜けることができるが、最近はVPNにも規制がかけられている。

（2）非公式な民主の実践

　中国の人々は積極的にソーシャルメディアを活用して不正や抑圧に抵抗し、利害・関心の主体として自己のアイデンティティを模索している。統制の網の目が

粗くなっているインターネット空間において、人々はさまざまな形の社会的実践を試み、ある種の「非公式な民主」(unofficial democracy) を可能にした。

アメリカの政治学者のジェイムス・スコットが1970年代にマレーシアの農村を調査し、提示した「弱者の武器」(weapon's of the weak) という概念は、現在でも多くの研究者がしばしば引用している[30]。スコットは、国家の介入や地主の収奪に苦しむ小農や小作農が蜂起するようなことはまれであり、抵抗の意志は日常的に権力に対してさまざまな形の面従腹背の姿勢を取る中で表現されているととらえる。しかし、インターネットが普及している昨今、「弱者の武器」は従来とは異なる特徴を持つようになったのではないだろうか。インターネットには条件が整っているところでならいつでもアクセスし、気が向いた時に自分の考えを書き込むことができる。実社会で何の関係もなかった人と容易につながることができ、関心を共有する人の輪は無限に広がっていく。序列や調和を重んじる社会規範の下で自己表現を控えていた人たちも、インターネットを利用して自分の考えを表し、権力者に対抗するために他の人たちと団結している。

たとえば、2006年頃から見られるようになった「人肉捜索」は、そうした状況の一端を表している。「人肉捜索」とは、注目されている問題や事件について、ネットユーザーが協力し合って調べ、鍵を握る人物の名前や所属を特定したり、問題の背景や事件の真相を解明したりすることを意味する。人肉捜索はプライバシーや個人情報保護の観点において問題を有しているが、特権を利用して私腹を肥やす役人が目立つ現在の中国において、役人やその関係者が人肉捜索の対象になることが多い[31]。

人肉捜索以外にも、行政などの責任を追及する目的でのインターネットの利用がしばしば見られる。記憶に新しく、よく知られている事例として、2011年8月に温州市で発生した高速鉄道事故が挙げられる。鉄道当局や政府を批判する声がインターネットを通じて高まった結果、事故処理の方法や賠償金額が変更される事態に至った。

環境汚染への抗議でも、ソーシャルメディアが積極的に用いられている。数々の運動の先駆けとなった2006-2007年の福建省廈門市の工業原料・パラキシレン生産工場の建設反対運動はよく知られている。この時は、廈門市民が愛用するイ

ンターネットサイト「小魚社区」（www.xmfish.com）や厦門大学のBBSでも活発に討論が行われ、「散歩」と称してデモへの参加が呼びかけられた。ネットユーザーたちは携帯電話を使ってデモの進行状況を全国に生中継した。厦門市政府は市民の動きを事前に察知しており、「小魚社区」を閉鎖しデモ組織者を逮捕したが、市民の怒りは鎮まらず、工場建設地を福建省南部の漳州市漳浦県古雷港に変更せざるを得なくなった。

(3) 法を無視した個別利益の追求

　インターネットは声なき民に自己主張する重要な場を与えた。しかし、「不鬧不解決、小鬧小解決、大鬧大解決」（騒がなければ解決しない。小さく騒げば小さく解決、大きく騒げば大きく解決）と中国でよく言われるように、公共の利害を省みず、もっぱら自らの利益を最大化しようとする動きも見られる。

　たとえば、先の厦門市のケースでは、一般市民が感情的に抗議を展開するのではなく、専門家の協力を得ながら、環境影響調査や市民座談会に積極的に参加したプロセスが前向きに評価されている。それに対して、2011年8月の大連福佳大化石油化学工業の工場操業反対デモでは、政府前の広場に集まった3万人ともいわれる大衆に恐れをなした大連市共産党委員会と市政府が法的な手続きも取らずに、工場の即時操業停止と移転を約束した。大型台風に直撃されて防波堤が破壊され、海水がパラキシレンを貯蔵するタンクの下まで流れ込んだことがきっかけでデモが起こったのだが、市民の過激な行為と大連市当局が企てた早期の収束は、市民と政府の双方による「規則を無視した相互作用」（interaction without rules）だったと、華南師範大学准教授の唐昊は指摘する[32]。

　大連福佳大化の工場は市中心部から20キロしか離れておらず、その上、貯蔵タンクは風雨の影響を受けやすい場所にあり、環境基準を満たしていないにもかかわらず、地元政府は工場の経営を黙認していた。デモが起こると、政府は市民の不満をそらそうとして、即座に工場の移転を決めた。つまり、企業と地方政府は結託して法律に違反し、それに怒って抗議した近隣住民は理性を失っていた。そして、地方政府は法を無視して事業を停止させた。

　2012年には江蘇省南通市の王子製紙南通工場、四川省什邡市の四川宏達集団

のモリブデン・銅精錬工場、浙江省寧波市の中国石油化工子会社・鎮海煉海化工などでも大規模なデモが行われたが、大連福佳大化のケースと同様に、過激化した市民の抗議行動に警察が暴力で対抗し、混乱を恐れて早期の収束を図りたい地方政府が計画の延期や取消を一方的に通知する、という流れをたどった[33]。

(4) 裁判の量刑に関する論争

インターネット上の議論では、話題になった問題が特例として扱われるだけで、同様の他の問題にまで関心が広がったり、問題の緩和や解消に向けての改革を促進したりする可能性は低いという見方もある。たとえば、ネットユーザーの間で裁判所の下す量刑や死刑への関心が高まっているが、関係当局はその時々に生じている問題への批判を鎮めることに重点を置いている。こうした問題を通して、司法制度の改革に向けた議論に国民が参加することには大きな意義があると考えられるのだが、中国では、政治体制改革にもつながる司法の問題にあまり積極的に関わり過ぎると、共産党政権への挑戦と受け止められかねず、近年はますますこうした議論が制御される傾向が強くなっている。また、死刑という重い刑罰の判決は慎重に下されるべきだが、厳罰を求める大衆の声に迎合するような情勢も生じており、十分な証拠調べや審理が行われないままに、死刑が執行されるケースが散見される。

ネット世論が裁判に影響を与えた事例としてまず思い浮かべるのは、2009年5月に起きた鄧玉嬌事件だ[34]。レストランウェイトレス・鄧玉嬌は、客としてレストランを訪れた地元の役人に性的サービスを要求され、抵抗するうちにナイフで三人を刺し、一人を死亡させた。鄧玉嬌は起訴され、正当防衛を主張したが認められず、傷害致死罪で起訴された。インターネット上では、農村出身の鄧玉嬌に同情する声が広がり、役人たちが逃げる鄧玉嬌を何度も押し倒し、札束で彼女をひっぱたいたといった情報が流れた。支援者たちは鄧玉嬌の写真をデザインしたTシャツを販売したり、裁判の不当性を表現するパフォーマンスを行ったりし、鄧玉嬌はまるで悲劇のヒロインや女神として扱われるまでに至った。著名なブロガーの「超級低俗屠夫」(ハンドルネーム。本名は呉淦)は「猫眼看人」というサイトなどで支援を募り、鄧玉嬌の祖父や父母に弁護士の夏霖と夏楠を紹介し

た。弁護士は無料で弁護を引き受けた。

　最終的に同年 6 月に鄧玉嬌に言い渡された判決は、「鄧玉嬌の行為は過剰防衛であり故意傷害罪にあたるが、監察医によると彼女の刑事責任能力は問えない部分があり、自首という情状も考慮し、処罰を免除する」というものだった。死刑の可能性が高いと言われていたにもかかわらず、世論の盛り上がり、鄧玉嬌の家族に弁護士を紹介した仲介者の存在、弁護士の手腕などを背景に、鄧玉嬌は罪に問われることを免れたのであった。

　2006 年、「城管」と呼ばれる都市管理員を殺害した崔英傑に対して死刑判決に執行猶予がついたのも、鄧玉嬌と類似のケースだと言える。崔英傑の裁判でも、鄧玉嬌の裁判を担当した夏霖弁護士が被告弁護人を務めている。河北省の農村から北京に出てきて、三輪車の屋台で焼きソーセージを売って生活していた崔英傑は、城管に屋台を没収されそうになり、思わず手に持っていた小型ナイフで城管を刺し、城管は亡くなった。城管は警察ではないのだが、都市の治安や衛生を害する人を取り締まる権限を持っており、無許可営業の屋台は取り締まりの対象だった。崔英傑に殺害の意図はなかった、生活を支えていた屋台を没収された貧しい崔英傑の情状を酌量すべき、という弁護側の主張がある程度認められ、崔英傑は死刑判決を受けたものの、2 年間の執行猶予となった。中国では死刑に執行猶予を設けることができ、執行猶予期間に問題を起こさなければ、無期懲役に減刑される。崔英傑は現在も服役中だ。

　中国の農民や農村出身の出稼ぎ労働者の多くは、日頃から社会的に弱い立場に立たされている。彼らの自助努力が不足しているからではなく、中国は地域間の経済格差が大きく、戸籍制度などによって国民が不平等に扱われていることにも関係している。戸籍制度は社会保障とリンクしており、地元の戸籍を持つ者と持たない出稼ぎ労働者への社会保障の内容は大きく異なる。鄧玉嬌や崔英傑も、戸籍所在地である故郷の農村で医療や生活の補助を得ることはできるが、大都市と比べればその内容は格段に劣る[35]。戸籍は親から子に引き継がれ、国民がどの地域の、どの種類の社会保障を受けるかは、生まれながらにして決まっている。

　故意傷害罪と故意殺人罪をどのように確定するかという問題が、法学者や弁護士たちの論争の的となったのに加えて、権力を乱用する役人や不平等な制度に

よって、社会的弱者である農民や出稼ぎ労働者が抑圧されていることに同情と批判が集まる中で、鄧玉嬌と崔英傑には温情的な判決が下された。しかし、崔英傑と似たケースで、2009 年に城管を殺害してしまった夏俊峰には 2013 年 9 月に死刑が執行された[36]。夏俊峰は夫婦で串焼きの屋台を経営していたが、無許可営業だとして 10 人もの城管に突如取り囲まれて殴られ、屋台の設備を壊され、串焼きを地面に巻き散らかされた。夏俊峰は城管に抵抗する中で、2 人の城管を殺してしまった。

河北省石家荘市の賈敬龍も温情を得られなかった。2013 年、結婚後の新居になるはずだった家屋が強制立ち退きの対象となり、フィアンセとも別離した賈敬龍は、憤りの矛先を村の共産党支部書記と村長を務める何建平に向けた[37]。2015 年 2 月、賈敬龍は建築現場などで使われる高圧針打機で何建平を打ち、何建平は亡くなった。同年 11 月、賈敬龍は第一審で故意殺人罪を問われて死刑判決を受け、2016 年 5 月に行われた二審も一審の判決を支持、同年 11 月に死刑が執行された。

夏俊峰と賈敬龍のケースでも、多くの法学者や弁護士が死刑判決に疑問を呈し、インターネット上で数多くの関連の情報や文章を発信した。しかし、この時期には微博のような開放的なソーシャルメディアは勢力を失い、友人のサークル内でのやり取りに限定される「微信」が主なプラットフォームになりつつあった。さらに、鄧玉嬌の時代のように、インターネットで盛り上がった議論がきっかけとなり、人々が街頭に出て集団で抗議活動を行うというようなことは、政治的引き締めが強化される現在では、もはや考えられない。賈敬龍の死刑執行日やその前後に流された多くの文章は、短時間のうちに削除され、関連の記事を掲載した海外のサイトなどもブロックされ、中国では見られなくなった。

(5) 裁判と世論の微妙な関係

2016 年に大きな話題になった雷洋事件も言論統制の対象となり、インターネット上の多くの投稿が瞬く間に削除された。雷洋は中国人民大学の大学院を卒業した後、中国循環環境学会で環境問題の研究に取り組んでいたが、同年 5 月、生まれたばかりの雷洋の子どもに会いにきた親戚を空港に迎えに行く途中、警察

に暴行を受けて死亡した。警察の説明では、足裏マッサージ店で売買春に関わった疑いがあり、取り調べようとしたところ、雷洋が逃亡を企てたため、強制措置を取ったのだという。しかし、雷洋が空港に人を迎えに行く途中の短い時間に、マッサージ店に立ち寄ることができるのか疑問であり、遺族は警察の説明に対して具体的な証拠を求めた。また、雷洋の遺体には多くの傷があり、衣服や遺物も保管されていないなど、多くの謎が残されていた。雷洋が売買春に関わったという証拠が乏しいのはもちろんのこと、仮に関わっていたとしても、このような無残な形で殴り殺される必要はなかったはずである。責任者は当然厳しく処罰されるべきであろう。しかし同年12月、北京市豊台区人民検察院は、雷洋を取り調べた派出所の副所長以下5人の警官を不起訴処分とした。「法に触れているが軽微であり、起訴するにあたらない」という理由で。「このような無法状態を放置していては、次は自分が雷洋になる」と危機感を持つ人たちが増え、雷洋の出身校である中国人民大学の同窓生や清華大学の卒業生たちが、組織的に署名活動を展開するなど、雷洋事件の真相解明と責任者の処罰を呼びかける声は広がっていった。しかし、その広がり方には、明らかに鄧玉嬌事件の頃ほどの勢いはなかった。

　庶民が権力を持つ警察や城管に殺されても、警察や城管に対する刑罰は軽いことが多い。たとえば、2013年6月に貴州省関嶺県の警察官が2名を銃殺した事件では、被告は正当防衛が認められ、懲役8年で済んでいる[38]。2011年11月に発生した遼寧省遼陽市の城管による殺人事件で、主犯に下された判決は懲役11年だった[39]。2008年の湖北省天門市で城管が関わった殺人事件で、被告に下された判決は懲役6年だった[40]。これでは、権力者を特別扱いしているという見方が広がっても仕方がない。特に中国では、政府高官に死刑が執行されることはまれであり、6,000万元以上もの賄賂を受け取っていた元鉄道部部長の劉志軍、同じく巨額の賄賂を受け取っていた元重慶市書記の薄熙来、イギリス人のビジネスパートナーを殺害した薄熙来の妻の谷開来に対する判決も、劉志軍と谷開来が執行猶予つきの死刑、薄熙来が無期懲役であった。劉志軍は服役中に病気で死去し、薄熙来と谷開来は現在も服役しているが、高級ホテル並みの恵まれた環境で過ごしているとのもっぱらの噂だ。中国の庶民の多くは、このような理不尽な状

況に対してさまざまな形で不満と憤りを表しているが、行き過ぎた言論活動を行うと、今度は自分が取り締まりの対象となってしまう。

　特権を持つ者が優遇される現実を前に、人々は憎しみの感情さえ表すようになった。たとえば、「官二代」（役人の第二世代）や「富二代」（金持ちの第二世代）に対する風当たりは厳しくなる一方である。特に 2010 年 10 月、河北省保定市公安局副局長・李剛の息子・李啓銘が引き起こした飲酒運転の死亡事故は、のちに「俺の親父は李剛だ」がその年の流行語になるほど大きな社会問題となった。李啓銘は河北大学のキャンパスで車を運転中、2 人の女性をひいたのだが、被害者を助けることもなく逃げようとして、周りにいた人々に取り囲まれた。その際、「俺の父は李剛だぞ」と凄んでおり、その様子がソーシャルメディアで拡散すると、激しい批判を浴びた。李啓銘は被害者との間で示談が成立し、46 万元の賠償金を支払った。これにより、被害者の遺族は訴訟を起こすことを断念したが、「公共安全に危害を加えた」とする法律意見書を裁判所に提出し、李啓銘を罰するよう訴えた。2011 年 1 月、河北省望都県の裁判所で審理が行われ、李啓銘は懲役 6 年の実刑判決を受けた。

　この事件以降、「官二代」や「富二代」は親に甘やかされて非常識を極めているというイメージがますます強くなり、その後起こった「官二代」や「富二代」が引き起こした事件について、厳罰を与えるべきだという声が大きくなった。その一例が薬家鑫事件である[41]。2010 年 10 月、陝西省西安市の大学生・薬家鑫は彼女とドライブをした帰りに自転車に乗っていた女性をはねた。薬家鑫は逃げようとしたが、ナンバープレートを覚えられている可能性を懸念し、引き返して負傷した女性を果物ナイフで刺し出血多量で死亡させた。その後、逃走しようとしたが目撃者に取り囲まれた。薬家鑫は両親が共に人民解放軍関連の企業の元職員と恵まれた家庭で育ち、乗っていた車も両親が買い与えたものだった。薬家鑫は 2010 年 11 月 25 日に逮捕され、激しくなる一方の世論の批判を背景に、裁判が速いスピードで進められ、2011 年 6 月 7 日には死刑が執行された。薬家鑫は残忍な手段で人を殺めてしまったとはいえ、この裁判が世論の影響を受けすぎたのではないかとの声も根強い。

　裁判と世論の関係は微妙である。日本では裁判員制度が導入され、国民の声を

裁判に反映させる努力を行ってきた。しかしその一方で、専門知識を持つ裁判官の判断は重要である。過熱しすぎた国民の声は、理性的で専門性を踏まえた判断に基づくとは言い難い。特に、死刑が関わってくると、判断は一段と難しくなる。死刑の是非を問う議論は世界各地で行われている。司法権が独立している国でも冤罪は起こり得るわけであり、罪人が死をもって罪を償うことの妥当性にも異論が根強く、世界的には死刑を廃止した国が多数を占める。共産党一党体制の下、司法権の独立も認めていない中国の政治システムの下では、公権力の濫用が生じやすく、冤罪発生率は民主主義国家よりも高いと見られる。実際に近年も、どうしてこのようなことがあり得るのかと思わされるような冤罪事件が次々と発覚しているのだ[42]。しかし、死刑制度の見直しを訴える専門家の中には、たびたび当局の言論封鎖の対象にされている者もおり[43]、一般の人たちにますます知識や情報が広がりにくくなっている。

おわりに

これまで見てきたように、誰もが気軽にアクセスできるインターネットの言論空間において、市民や国民としての意識を強く持つ人たちが活発に議論を展開しており、新たな学びと論争の場が広がっている。しかし、インターネットは日和見的で極端な議論も増産している。習近平政権による厳しい言論統制の下で、幅広い知識を持ち、社会的にも影響力のある専門家の発言が制限されている。その一方で、ポピュリズムが台頭し、暴力的な言葉や過激な見方も浸透している。そして、開放性が低下するインターネットの言論空間において、人々の自己表現は抑圧され、歪んだ形で表れている。偏狭で自己中心的な利益の追求が顕著な側面もある。

一国の中に急成長する先進地域と停滞する途上地域を抱えている中国にとって、依然、民主化への道のりは遠い。アジアの国々の民主化の経験は、民主化、法の支配、富の分配が密接に関連していることを示している[44]。たとえば、経済が十分発展していない段階で選挙制度を導入しても、制度の基盤を強化できず、不正が常態化してしまうことが少なくない。政治腐敗や非効率な統治体制、不安

定な権力構造の下、法の支配は徹底されず、国民の政治参加は大幅に制限される。さらに、経済活動が停滞すれば、民主化の流れは止まるか、あるいは後退する。

アジアでリベラルな民主主義が根付かない理由として、先行研究は、個人の権利より集団の利益を重視する共同体主義的な価値観が浸透していることや、植民地化や戦争で失われた国家の主権と尊厳を取り戻すプロセスの中で民主化が進められたことを挙げている[45]。中国においても、こうした特徴の多くが当てはまる。たとえば、血縁を重んじる伝統文化と社会主義の集団体制はフォーマルなチェック・アンド・バランスの制度を確立することより、倫理観の強いリーダーに信任を与えることを選択してきた。

中国社会における「公」と「私」の概念は、「家」を基本単位とする儒教文化の中で発展した。広く引用されている費孝通の「差序格局」[46]は、「社会圏子」（社会関係の範囲）が自己を中心にして水面の波紋のように伸縮するという考え方であるが、これに基づけば「家」を基盤とする「私」の領域も伸縮自在である。すなわち、「公」と「私」は「公家」と「自家」であり、「私＝自家」の範囲は状況によって変化すると考えられる。

「私＝自家」の範囲を「公＝公家」にまで拡大させるには、家族が分かち合うのと同じぐらい強力な価値観やアイデンティティを地域社会や国において創出する必要がある。孫文が「中国人の国家意識の希薄さはばらばらの砂のごときもの」と嘆いたのは、中国人が「自家」における義務を優先し、「公家」においては権利の享受ばかりを期待し社会的責務を軽視していると捉えたからだ。中国語の「公」に倫理的な意味合いが含まれているのはこうした家制度が根底にあり、「公」とどのように関わるべきかという問題は中国において常に議論の的になってきた。「civil society」の訳語が中国では「市民社会」ではなく「公民社会」であるのも、そうした歴史的なコンテクストが反映しているのかもしれない。

しかし、現在の中国社会は急激な経済発展によって多元化が進み、家族やコミュニティの人間関係にも大きな変化が生じている。中国にはもはや、毛沢東のような強烈なカリスマを有する政治家も人民を熱狂させるイデオロギーも存在しない。人間関係が過度に理性化し、公共空間の衰退を導いているという指摘もあ

る。中国の人々が目標を共有しともに行動するためには、これまでとは異なる「公」を創出する必要があるのだろう。そしてそれは、中国とは異なる政治体制の下、多元的な市民意識を育んでいる香港と台湾の人々との関係においても同様であろう。

　本研究プロジェクトが始まる前の年の2012年、中国では、領土問題に端を発する反日デモにさまざまな年齢・社会階層の人々が参加した。自主的に参加した人も、動員に応じて参加した人もいると見られるが、いずれにしても、我々は中国の人々のアイデンティティとナショナリズムを的確にとらえることが、いわゆる「チャイナリスク」を軽減し、将来に向けて友好的な日中関係を構築することにつながると考えた。また、香港や台湾の華人を研究対象に含めることで、政治体制や社会構造がアイデンティティの形成に与える影響を浮かび上がらせることを目指した。こうした作業を通じて見出した「中国」をめぐるアイデンティティとナショナリズムに関わる概念や要素は、外交、教育、国際交流などにおける政策の立案や評価に活用できるかもしれない。より開かれた国際関係と市民教育を展望するための、政策インプリケーションを導くことが可能になるかもしれない。

　本研究プロジェクトのメンバーの一部は2015年11月、ドイツの高校や大学を訪れた。そこでは、「暗記型」ではなく、「考え、議論する」教育が幅広く行われていた。また、障がいの有無や宗教、民族の差異に関わらず、誰もが地域の学校で学べるように工夫されたインクルーシブ教育の実践にも触れることができた。かつて民主主義から独裁者を生み出したことへの深い反省から、ドイツは戦後、教育改革に力を入れ、学生の政治的判断力を育てる教育を推進してきた。

　日本では2016年、選挙権年齢が18歳に引き下げられたのに伴い、高校生に主権者教育をどう行うか、教師の「中立性」をどう保障するかといった問題について、議論が活発化している。ドイツでは1972年に選挙権年齢が18歳に引き下げられ、1976年に政治的中立を保った政治教育の実現に向けて、(1) 教師の意見が生徒の判断を圧倒してはならない、(2) 政治的論争のある話題は論争のあるものとして扱う、(3) 学生の自分の関心・利害に基づいた政治参加能力を獲得させるという「政治教育三原則」（ボイステルバッハ・コンセンサス）が導入され

た[47]。

知識偏重の傾向が強い東アジアの教育において、ドイツのような国の経験は非常に参考になる。学生が身近な問題を通して、当事者意識を持ちながら司法や政治について考え、自分の関心に応じて政治に参加できるように、また、偏狭な国益意識や排外的なナショナリズムに縛られず、国境を越えた市民社会の形成を展望できるように、教育を改革することが重要であろう。その歩みを一歩進められるよう、本研究が基礎的な成果を示すことができればと考えている。

注

1　A. Giddens, *The Nation State and Violence*, Berkeley: University of California Press, 1987（松尾精文、小幡正敏訳『国民国家と暴力』而立書房、1999年）などを参照。

2　W. H. Riker, *Liberalism against Populism: A Confrontation between the Theory of Democracy and the Theory of Social Choice*, New York: W. H. Freeman, 1982（森脇俊雄訳『民主的決定の政治学：リベラリズムとポピュリズム』芹書房、1999年）などを参照。

3　これらの動きについてはH. Klingemann and D. Fuchs(etd), *Citizens and the State*, Oxford: Oxford University Press, 1998; Russell J. Dalton and Hans-Dieter Klingemann (eds.), *Handbook of Political Behavior*, Oxford: Oxford University Press, 2007などを参照。

4　猪口孝、ジャン・ブロンデル『現代市民の国家観―欧亜18カ国による実証分析』東京大学出版会、2008年。

5　J. Banks(eds.), *The Routledge International Companion to Multicultural Education*, London: Routledge, 2009.

6　J. Torney-Purta, R. Lehmann, H. Oswald, and W. Schulz, *Citizenship and Education in Twenty Eight Countries*, IEA, 2001.

7　E. Perry, *Patrolling the Revolution; Worker Militias, Citizenship, and the Modern Chinese State*, Maryland: Rowman and Littlefield, 2006.

8　J. Fogel and P. Zarrow(eds.), *Imagining the People: Chinese Intellectuals and the Concept of Citizenship, 1890-1920*, Armonk: M. E. Sharpe, 1997.

9　V. Fong and R. Murphy(eds.), *Chinese Citizenship: Views from the Margins*, London and New York: Routledge, 2009.

10 麻生晴一郎『反日、暴動、バブル─新聞・テレビが報じない中国』光文社、2008年。
11 中国語では「公民社会」と呼ぶことが多い。
12 阿古智子「中国の公民社会と民主化の行方」『国際政治』第169号、2012年6月。
13 大串隆吉、笹川孝一「戦後民主主義と社会教育」碓井正久編『日本社会教育発達史』亜紀書房、1980年。
14 小林建一「社会教育における『市民教育』の可能性」『東北大学大学院教育学研究科研究年報』第53集第2号、2005年3月。
15 ユルゲン・ハーバーマス（細谷貞雄訳）『公共性の構造転換』未来社、1994年。
16 岡野八代『シティズンシップの政治学（初版）』現代書館、2003年。
17 R. Culp, *Articulating Citizenship: Civic Education and Student Politics in Southeastern China, 1912-1940*, Cambridge: Harvard University Press, 2007.
18 J. Kwong, Changing Political Culture and Changing Curriculum, *Comparative Education*, No.21, 1985; R. Price, *Moral-political Education and Modernization*, R. Hayhoe(eds.), *Education and Modernization: Chinese Experience*, Oxford: Pergamon Press, 1992.
19 Y. Chen and I. Reid, Citizenship Education in Chinese Schools, *Research in Education*, No. 67, 2002; T. Tatto and J. Hawkins, *Values Education for Dynamic Societies*, Hong Kong: Hong Kong University Press, 2001.
20 G. Fairbrother, *Toward Critical Patriotism: Student Resistance to Political Education in Hong Kong and China, Kindle edition*, Hong Kong: Hong Kong University Press, 2010.
21 W. Law, *Citizenship and Citizenship Education in a Global Age*, New York: Peter Lang Publishing, 2011.
22 中共中央弁公庁、国務院弁公庁『関於進一歩加強和改進新形勢下高校宣伝思想工作的意見』2015年1月19日。
23 「袁貴仁：高校教師必須守好政治、法律、道徳三条底線」『新華網』2015年1月29日〈http://news.xinhuanet.com/2015-01/29/c_1114183715.html〉（2016年12月29日アクセス）。
24 朱継東「抓好高校意識形態工作要敢抜針子」『求是網』2015年2月3日〈http://www.qstheory.cn/tiyd/2015-02/03/c_1114231254.html〉（2016年12月29日アクセス）。

25 陳宝生「教育部長：敵対勢力的浸透首先選定的是教育系統」『察網』2016 年 12 月 9 日〈http://m.cwzg.cn/index.php?&a = show&catid = 7&id = 32922〉（2016 年 12 月 29 日アクセス）。

26 「中国互聯網絡発展状況統計報告（2016 年 7 月）」〈http://www.cnnic.cn/hlwfzyj/hlwxzbg/hlwtjbg/201608/P020160803367337470363.pdf〉（2016 年 12 月 28 日アクセス）。

27 「網絡輿情分析師：要做的不是刪帖」『新京報』2013 年 10 月 3 日。

28 2013 年 8 月 23 日と 29 日の中央テレビ局（CCTV）の夜のメインニュース「新聞聯播」は、隠しカメラで捉えた薛蛮子が買春を行った現場や、拘留されている薛蛮子が罪を認める様子を放送した。

29 2016 年 2 月 19 日に習近平は中央テレビ、人民日報、新華社を視察し、「メディアは党の宣伝の陣地であり、党を代弁しなければならない」と指示したのだが、任志強はこれに異議を唱え、微博で「メディアは人民の利益を代表しなければ、人民の利益は隅に追いやられ、忘れ去られるだろう」と疑問を呈していた。国家インターネット弁公室の報道官は、任志強のアカウントを閉鎖した理由として、「ネットユーザーから、任志強が違法な情報を公開し続けていると通報があった」と説明したが、これに対し、インターネット上では多くの批判が集まった。

30 Scott, James, *Weapons of the Weak: Everyday Forms of Peasant Resistance*, New Haven: Yale University Press, 1998.

31 2012 年には人肉捜索に関連して、「表哥」という言葉が流行した。同年 8 月 26 日、陝西省延安氏付近で 36 人もが死亡する交通事故が発生した際に、事故現場に駆け付けた同省安全監督局の楊達才局長に対してつけられたあだ名である。「表哥」の元の意味は母方の従兄だが、現在広がっているのは「時計の兄貴」という意味の言葉である（「表」は中国語で腕時計を意味する）。楊達才は当初、前述の大きな交通事故の現場でにやにやと笑う様子がインターネット上に広まり、「微笑み局長」と呼ばれた。その後、ネットユーザーが現場で撮影された写真から、楊達才が高級腕時計を身につけていると指摘すると、瞬く間に楊達才に関連する過去の記事や写真が掘り起こされ、楊達才が他にも数多くの高級ブランドの時計を所有していることをつきとめた。ネット上で批判の声が高まる中、陝西省共産党規律委員会は調査を開始し、1ヶ月足らずのうちに楊達才は党及び政府のすべての職務を解かれた。2013 年 2 月、楊達才は重大な規律違反と犯罪行為があったとして、党籍をはく奪され、同年 9 月には収賄罪で懲役 10 年、5 万元の財産没収の、巨額財産出所不明罪で懲役 14 年の判決を受けた。

『人民網』や『中国経営報』などの報道によると、規律委員会の調査によって、楊達才が少なくとも 83 の高級時計と 1,600 万元の出所の分からない現金を所有している事実が確認されたという。

32 唐昊「"無規則互動"的大連 PX 事件」『中外対話』2011 年 6 月 9 日、〈https://www.chinadialogue.net/article/show/single/ch/4511-Public-storm-in-Dalian〉(2016 年 12 月 29 日アクセス)。

33 環境問題の専門サイト『中外対話』の北京オフィス・劉鑑強編集長は、什邡のケースでは、技術的なバックアップがしっかりしており、環境保護対策にも力を入れていたが、新しい工場の建設によって廃業に追い込まれる地元の中小企業の反発があったと指摘する。鎮海煉海化工のケースでは、パラキシレンの生産設備の増設計画があり、市政府は汚染処理に 36 億元を投じ、近隣住民の転居を支援することを約束したが、住民側は立ち退きの補償額に満足せず、政府の提案を拒否した。劉鑑強「環境維権引発中国動蕩」『博客中国』2013 年 1 月 4 日、〈http:// chinadialogue.blog-china.com/1402155.html〉(2016 年 12 月 29 日アクセス)。

34 鄧玉嬌事件の一連の流れは雑誌『財経』が詳しくまとめている〈http://www.caijing.com.cn/2009/dyj/〉、(2012 年 3 月 12 日アクセス)。

35 たとえば、社会保障の条件の良い地域と悪い地域の格差の事例をもう一つ紹介しよう。2016 年上海市では、所有する財産が 3 人家族なら 3 万元以下、2 人以下の家族なら 3 万 3000 元以下で、家族 1 人当たりの月収が 1760 元以下であれば、月に 880 元の生活保護費を受給できる (1 元＝約 16 円)。一方、甘粛省の農村地域で貧困家庭に支給している生活保護費は、月に 1 人当たり 129 元だ。2015 年の甘粛省全省平均の農民年間純収入は 6900 元で、月収にすれば 575 元。つまり、甘粛省の平均的な経済水準の農民は、上海に戸籍を転入できれば、大半が生活保護の対象になる。

36 夏俊峰のケースについては「夏俊峰案始末」『散文網』〈http://u.sanwen.net/subject/1559134.html〉(2016 年 12 月 29 日アクセス) を参照。

37 賈敬龍のケースについては「賈敬龍殺人案：分裂的村庄」『三聯生活週刊』〈http://www.lifeweek.com.cn/2016/1115/48402.shtml〉(2016 年 12 月 29 日アクセス) を参照。

38 貴州省の事件については、「盤点曾轟動全国的十起警察殺人案」『螞蟻公民律師的博客』〈http://blog.sina.com.cn/s/blog_519fbf6c0102wviq.html〉(2016 年 12 月 29 日アクセス) を参照。

39 遼寧省の事件については、「遼寧遼陽：3 名城管打人致死被判刑 3 年至 11 年」『新華

網』〈http://news.xinhuanet.com/2011-11/02/c_111141229.htm〉（2016 年 12 月 29 日アクセス）を参照。

40 湖北省の事件については、「天門城管打死拍照男子案宣判　主犯被判刑 6 年」『騰訊新聞』〈http://news.qq.com/a/20081111/000117.htm〉（2016 年 12 月 29 日アクセス）を参照。

41 薬家鑫事件については、「薬家鑫一審被判死刑　民事賠償 4.5 万」『網易新聞』〈http://news.163.com/11/0422/11/72884MGS00014JB5.html〉（2016 年 12 月 29 日アクセス）を参照。

42 前掲「盤点曾轟動全国的十起警察殺人案」〈http://blog.sina.com.cn/s/blog_519fbf6c0102wviq.html〉（2016 年 12 月 29 日アクセス）を参照。

43 賀衛方、張千帆、徐昕、蕭瀚、張雪忠、斯偉江ら、影響力のある法学者や弁護士が流す文章は頻繁に削除され、微博のアカウントや微信のパブリックアカウントも閉鎖に追い込まれている。微信のパブリックアカウントは、中国語で「公衆号」と呼ばれる。微信を通して、ウェブ雑誌を購読者に配信するシステムである。微博のアカウントは閉鎖されても再度開設できるが、元のアカウントのフォロワーは全て失うことになる。

44 Larry Diamond, *The Spirit of Democracy*, New York: Henry Hold and Company, 2008 及び Randall, Peerenboom, Rule of Law and Democracy: Lessons for China from Asian Experiences, in Yin-wah Chu and Siu-lun Wong (ed.) *East Asia's New Democracies: Deepening, Reversal, Non-liberal Alternatives*. London: Routledge, 2010, pp.206-226 を参照。

45 たとえば、Daniel. A. Bell, *Beyond Liberal Democracy*, Princeton: Princeton University Press, 2006 など。

46 費孝通『郷土中国』観察社、1948 年。抄訳であるが、「差序格局」論について日本語で読めるものとしては、費孝通（中裕史訳）「差異序列の社会構造」『新編中国近代思想史』7 巻、岩波書店、2011 年がある。

47 「"政治教育の先進国"ドイツが打ち立てた「3 つの原則」〈http://news.yahoo.co.jp/feature/61〉（2016 年 12 月 28 日アクセス）。

第 1 部

歴史と現在のなかの中国教育

第2章　中国における公民科・公民教育の系譜：
小学校教科書の分析を中心にして

大　澤　　肇

はじめに

　これまで日本では歴史認識問題などの要因から、中国における歴史教育については大きな注意が払われ、さまざまな研究が進められてきた[1]。しかしながら、国家や社会と個人の関係、個人の権利などを教育する、いわゆる社会・公民・政治経済科教育の研究—以下、本章では公民教育と称する—については、現状についての研究は少なくない[2]。しかし、それが20世紀中国のなかでどのように導入され、どのように現在に至るまで発展—あるいは断絶—をしてきたのか、歴史的な視点に基づく研究はあまり多いとは言えない[3]。

　しかしながら、習近平政権下で、人々が憲法に明記された「公民」の正当な権利を通じて行われた「新公民運動」が弾圧されたことからもわかるように[4]、公民（市民）とは何か、そして公民ということばがいつごろから使われ、その定義はどう変遷してきたのか、さらに「公民」に関する諸概念はどのように教えられてきたのか、すなわち公民科や公民教育はどのような内容であったのかという点は、過去の、そして現在およびこれからの中国社会を観察するうえで、そして本書のテーマでもある「中国をめぐるナショナリズムとアイデンティティ」を研究するうえで、見逃してはならない重要な論点なのである[5]。

　そこで本章では、教育史の先行研究を利用しつつ、中国に公民教育が本格的に導入された1920年代から、中華人民共和国の初期に至るまで、中国の小学校において、公民科・公民教育がどのように行われてきたのか、政権によって時代を

区切りながら、公民科・公民教育の概略を示しつつ、教科書の内容を分析していきたい。その際に、「公民」概念および特に社会形成に関わる＜自由・秩序・公共＞、＜対外認識・ナショナリズム＞、＜身体・衛生＞という3つの概念[6]に関わる内容・含意について、それらがいかに変化してきたのか、あるいは変化してこなかったのか、その点に注目していきたい。

1 北京政府時期における公民科・公民教育

(1)「公民科」の誕生

20世紀中国で、教育と公民概念が結びつけられて語られはじめたのは清朝末期であるが[7]、実際に教育目標などに入れられたのは、「市民」形成を目指して1910年代末期から20年代にかけて展開された公民教育運動が初めてであるといってよいだろう。

1918年10月、各省教育会の集合体である全国教育会連合会の第3回大会で「今後の教育の重点」という議案が可決・通過された。ここでは「平民主義を発達させ、健全な個人を養成し、社会の進化を促進し、科学、美感、体育、公民訓練に重点を置く」ことが述べられている[8]。この決議の理論的基礎となったのは、アメリカの哲学者であり教育学者であるジョン・デューイの思想であった。第一次世界大戦がデモクラシー諸国と認識された英米の勝利で終結したこの時期、文芸界、教育界および思想界などでは、「民主主義と科学」をスローガンにした五・四新文化運動が盛りあがりを見せていた。それは教育界においては、デューイやモンローをはじめとする欧米教育思想の積極的受容と、その背後にある欧米の価値観の受容として現れたのである[9]。こうした思想的背景のもとで発生した公民教育運動の主要な担い手は、中華基督教教育会、青年会などであった。たとえば杭州青年会は、公民講演、学生演説協議会、国産品展覧会などを実施している[10]。また教育権回収運動などの点で後に中華基督教教育会を攻撃することになる中国青年党（国家主義派）も有力な公民教育運動の担い手であった。一方、現場レベルでは、蘇浙皖三省師範附属小学校連合会のほか、江蘇・浙江両省の教育会が有力な担い手であった。このように実際の公民教育運動は北京政府

ではなく、現場レベルの各種教育団体によって担われていたことがわかる。

1922 年から 23 年にかけて以上のような状況のなかで、中国では政府ではなく教育界主導による教育改革が進められた。まず 1922 年 11 月、「学校系統改革令」が出される。1922 年に出されたため「壬戌学制」と呼ばれるこの学制はアメリカの教育制度を参考にして導入されたものである[11]。この学制改革の基準となったのは、(1) 社会進歩の需要に応える、(2) 平民教育の精神を発揮する、(3) 個性の発展を図る、(4) 国民経済力に注意する、(5) 生活教育に注意する、(6) 教育の普及、(7) 地域ごとに（カリキュラム）伸縮の余地を残す、という 7 点であった[12]。この学制では、初中等教育に関しては、小学校が 6 年制（初級小学が 4 年、高級小学が 2 年）[13]、中学校が 6 年制（初級中学が 3 年、高級中学が 3 年）となり、いわゆるアメリカ型の 6・3・3 制が導入された。

さらに 1922 年 12 月、全国教育会の会議において課程綱要草案が起草され、翌年それを基に課程標準綱要が公布された。この綱要によって修身科は廃止され、新たに公民科（ただし、初級小学校では、公民、地理、衛生、歴史の 4 科目が統合された社会科）が設置された。公民科の綱要草案を起草した楊賢江は、綱要について、公民科の主旨は「学生に自分と社会（家庭、学校、社団、地域、国家、国際社会）との関係を理解させ、社会を改良する思想を啓発し、現代社会の生活の習慣に適応させることである」と述べている。また、教科教育のミニマムな基準として、「初級小学校では、(1) 市、郷、県省の組織と公共事業の性質概要を明らかにする。(2) 選挙に投票する、集会、提案など地方自治に関する常識を持たせる。」、「高級小学校では、(1) 国家の組織、経済、地位および国際情勢を理解する。(2) 公民の国家や国際的な重要責任を教える。(3) よい公民の条件を 20 以上言える」としている[14]。

また公民科自体は当時の壬戌学制のなかで最低週 2 時間教えられていた。当時の学制によれば、初級中学の必修科目と単位数は、外国語 36 単位、国語 32 単位、算学 30 単位に対し、公民 6 単位、歴史 8 単位、地理 8 単位と、公民科は時間的には決して多くなかった[15]。しかしながら、公民教育運動の盛り上がりは単なる単位数以上の効果を教育界や教育現場にもたらし、また教授法の観点から言えば、盛んに他教科との連携や課外活動が叫ばれていることからすれば、影響は

(2) 公民科教科書の思想

非常に大きいものであった。

以上のような公民教育運動のなかでつくられた公民科教科書はいかなる内容を持っていたのだろうか。ここでは、当時の代表的な出版社である商務印書館から発行された『新学制小学校高級用　新撰公民教科書』[16]を分析することで解明していきたいと思う。この教科書は4巻セットで構成されており、目次は表2-1のとおりである。このなかで注目に値するのは、「健康に注意すること・公衆衛生」「主権・ナショナリズムおよび国際情勢に関心を持つこと」「公民・人民」「公共性・公共心」「権利・義務」などといった近代的な価値観がとりあげられ、称揚されていることである。

それでは、この教科書では公民の定義はどのようになっているのか。同教科書3巻には「人民の資格」という章があり、そこには「中華民国は中華人民組織の国家である。一切の政治は、我ら中華人民が司るものである。」「中華人民の資格は中華国籍を標準とする」とあり、以降は国籍を取得できる条件が細かく記してある[17]。ちなみに同教科書4巻「公民と世論」の章では、「いわゆる世論とは、大多数の人民があることに対して発表した意見である」と述べながら、後半では世論は公民がつくるとも述べていることから[18]、この教科書では、公民＝人民と定義されていると言えるだろう。このように公民＝人民の条件は単に国籍保持とだけされ、厳しい条件はつけられていないのが特徴である。これに続く「平民政治」の項目では、「いわゆる平民政治とは、一国の政治が人民によって所有され、人民によって治められ、人民の為に設置されることである。国家が成立するには、平民を以って大もとの要素とする。ただ、国家の政権が少数の官僚・軍人に握られたら、彼らは往々にして平民の幸福を図らず、また民意の存在を省みず、ただ自らの勢力の拡大、私利を図るのみである。この種の国家は実に平民主義とは相反するのである。真の平民政治とは、平民が最大の勢力を占めるのである…」と書かれている[19]。さらに、4巻目の「公民と世論」では、＜自由・秩序・公共＞概念に関係する記述として、「民主国家の政府は民意に従順に応じて、行政の方針を決めなくてはならない。ただし一国の人民の数が甚だ多ければ、一人

一人に意見を求めるというのは実際不可能なことである。ゆえに民意を知ることとは、ただ世論に心を留めることなのである」と述べられている[20]。

＜身体・衛生＞概念に関わる記述としては、1巻目の「健康に注意しよう」では、以下のような記述となっている…「健康は病気でないという幸福を享受するばかりでなく、行動の効率を大いに上げるのである。よって、社会がみな健康な人であれば、社会の進歩もまた加速するのである」[21]。このように、この教科書では「健康で、身体が強くあること」が「社会の進歩」につながると記述されている。また＜対外認識・ナショナリズム＞については、3巻目の「我が国の領土」において、アヘン戦争以来の中国の領土喪失、すなわち中華帝国の屈辱の歴史については一切触れられず、以下のような記述に留まっている―「国土とは一国の主権の下に隷属している地面のことである。しかしながら、普通、我が国に居住している外人は、我が国の主権の管轄を受けないで、当該国の駐華領事の裁判を受けている。これは我が国の主権の回復を大いに損ねている」[22]と。

以上、教科書から当時の公民科教育で称揚・強調された諸価値の思想を探ってみた。当時の教科書を分析した市川博は、その多くが政治、社会、経済に関するものであると指摘したうえで、「共和国民にふさわしい政治常識をまず植えつけたいという強い問題意識に支えられていた」と結論づけている[23]。筆者も同感である。

以下では教授法の分析を通して、当時の「公民科」の特徴をさらに考察していきたい。たとえば公民科の具体的な教授法を述べた張粒民は、「小学校の公民教育」という論文を発表していたが、そのなかの「公民教育の実施方法」という章で、「児童の公民意識を培養するのは、児童をして個人と社会の相関の道理を知らしめ、正当な人生観、道徳上の理想を発生させるためである」とし[24]、公民教育の実施方法は課内と課外に分かれると述べる。課内では例話・訓話の効果的使用法について述べ、課外教育の内容は以下の3つであるとする。「1　よい習慣の養成」では姿勢や言動までも観察の対象とせよ、とし、「2　自治事業の練習」では衛生社や講演社を結成させることが述べられ、そこでは、「徳」「智」「体」「美」「群」の5つの訓育ができるとしている。「3　各種儀式への参与」では国慶記念祝賀式、国恥記念式における儀式の細かい進め方を述べている[25]。

表 2-1 『新学制小学校高級用　新撰公民教科書』の内容

（1巻目）	（2巻目）	（3巻目）	（4巻目）
校規を遵守せよ	職業	我が国の領土	教育
整理整頓	交通	我が国の主権	租税
健康に注意せよ	公衆衛生	人民の資格	国有事業
家庭	社会公益	人民の権利	生産
自助	市の自治	人民の義務	消費
儲蓄	県の自治	法を守る	合作
人を騙さない	選挙は慎重に	省議会	仕事の分担
個人の習慣	公共心	国会	労働運動
服従	戸口	選挙権	婦女運動
共同生活	公徳	選挙票と手続	国民外交
不幸な人への同情	軽薄を諌める	代議制度の精神	公民と世論
公の物を愛惜せよ	守信	大総統	平民主義
会場の規則	地方の官署	国務院	軍縮運動
小公民会	他人の権利を尊重	裁判所	国際公法
郷の自治	国家	会計検査院	国際連盟
休暇の使い方	法律	よい政府	極東問題

（万良濬ら編『新学制小学校高級用　新撰公民教科書』商務印書館、1923年の目次を筆者がまとめたもの）

　以上から、当時の教育家たちは公民科教育を通して、これまでの中国において希薄であった近代的価値観－＜自由・秩序・公共＞概念（政治に対する関心や公共心を持つこと）、＜対外認識・ナショナリズム＞概念（主権、ナショナリズムおよび国際情勢に関心を持つこと）、＜身体・衛生＞概念（健康と公共衛生に注意すること）など－を学生たちに教育することを目的としていたことが理解できよう。

（3）公民教育の内容をめぐる論争
　以上、1920年代の中国における公民教育について検討してきた。そしてこの公民教育の背景にあった公民教育運動は、その後果たしてどのような展開をとげ、どのような影響をその後の中国に残したのか。
　1920年代に教育界を席捲した公民教育運動の理論的中心は中華教育改進社であった。改進社は1913年に張謇を会長として設立された江蘇省教育会を母体と

し、欧米の教育思想に基づく「新教育」を全国的に普及させるために1918年末に結成された団体である[26]。改進社に所属する蔣夢麟、胡適、朱経農らは雑誌『新教育』を発行し、公民教育理論の研究と宣伝を行っていた。その改進社のメンバーである程湘帆が執筆した「公民教育の宗旨と目標」という論文は1922年に『新教育』誌上に掲載されたものであるが、これは公民教育に関する最初期の論文の一つであり、改進社を中心とする当時の公民教育運動の内容を端的に示すものなので、以下に紹介しよう。

程はそのなかで公民教育の目標として40点ほど羅列しているが、そのなかで特徴的なものをいくつか抜き出してみよう。まず＜自由・秩序・公共＞概念に関わる目標としては、「法律の精神と条文に服従する」「デモクラシーに興味を持つ」「公共の幸福の基礎的な知識をつくる」「各地方の個人あるいは団体は、公共の幸福上お互いに頼るところがある。これを徹底的に理解する。」などの目標がある。また＜対外認識・ナショナリズム＞概念については「自身は国家集団の一分子であることを自覚し、自国を幸福にすることに協力する。」「自身は世界集団の一分子であることを自覚し、全世界の人類を幸福にすることに協力する。」といった目標が示されている[27]。さらに「全個人が健康を保ち、社会に服務する態度を保つ。」といった、＜身体・衛生＞概念に関わる目標も示されている。

このような中華教育改進社に対して、1923年12月にフランスで結成された中国青年党の中心メンバー、陳啓天は1926年『新教育』誌上で「国家主義と教育」という論文を発表、「デモクラシーは、ナショナリズムから完全に離れて存在しているものではない。デモクラシーとナショナリズムが相反しているかのような誤解は、侵略的な帝国主義から生まれたものであり、合理的なナショナリズムからは生まれないものなのである。」[28]と述べ、改進社の推進する公民教育ではナショナリズムの要素が少ないことを批判した。また「教育は国家の道具であり、国家は教育を以って国家の目的を実現する道具とする。ナショナリティあるいは共同的文化をつくり、国民を養成し、立国の根本とする。いわゆる義務教育、公民教育などはひとしくここ（の理由）から生まれるのである」[29]とも述べている。

ここで注目すべきは国家主義派、すなわち青年党の論者たちは、必ずしも公民教育と敵対し全否定しているわけではなく、むしろ国民形成には必須としたうえ

で、その内容について改進社が推進するような民主主義的、あるいはコスモポリタン的な「市民」養成に終始するのではなく、国家主義養成の内容を入れよと主張していることである。これまで見てきたように、公民教育運動の文脈では必ずしもナショナリズムは否定の対象ではなかったが、その方向性は限定されていた。国家主義派の論者たちは、教育とナショナリズムとの関係において、政治的主権者・共和国民としての「市民」形成の一面よりも、愛国的な「国民」を形成する一面を重視したと言える。

　これを如実に示しているのが、青年党の機関紙『醒獅』誌の公民教育問題号で、楊効春が発表した「公民教育上『国際同情の養成』の制限と、並びに朱経農君に質問する」という論説であった[30]。朱は既に前年から国家主義教育運動をめぐって陳啓天と論争を繰り広げていたが、ここでは江蘇省教育会公民教育講習会のなかで朱が演説した内容について批判を行っている。まず楊は「国家を離れて公民も、公民教育もない。公民教育の目的は、国家存在の目的と相反するものであってはならない…公民教育の目的は、国家存在の要件と抵触するものであってはならない」と述べる。その後、公民教育の目的を「国家を進歩させようとして、公民教育を行うのである。すなわち、公民教育を実施する時は取る目標と方法、信条などは、決して国家の安全と進歩と衝突するものであってはならない。」とするのである。そして「国際的な正直さ、互助、誠実を主張する朱経農君のこのような学説は…人を驚かせざるを得ない。五・三〇事件で英国の警官隊は中国の領土である租界において、ピストルを使って徒手空拳でデモをしている中国人たちを撃ち、その多くを殺し、負傷させたのだ。」と朱経農に対し批判を行っている。

　朱経農自身も国家主義観念の培養については決して否定的ではなかった。しかしながら、国家主義派は、これまでの公民教育では主権者としての市民を育てるナショナリズムがベースとなっていることについて、人権より国権を優先するようなナショナリズムの面が強調されないことに不満を覚えていたようである。同様の論調は、陳と同じく青年党の主要メンバーである曾琦にも見ることができる。彼は「公民教育は『国家本位』と離れることはできない。しかし今の公民教育を提唱している人々は、国家を超えて世界を言わんとしており、その間違いは

共産主義者や無政府主義者などと同様である。」と述べる。彼はまた「公民教育は各国の成功した例を参考にしなくてはいけない。いま、世界各国の公民教育は『国家観念』の養成をただ１つの目的としているのだ。」[31]とも述べる。

　1924年ごろから公民教育運動が各地の教育現場で、街頭で、農村で展開されていくが、その時期における主流の「公民教育」概念は Education of citizenship、すなわち「よい市民を育成・訓練する教育」であった[32]。しかしながら1926年になると公民教育運動を主として担っていた基督教青年会や滬江大学などキリスト教系大学の教授たちは、教育権回収運動によって、「欧米側の人間」として非難され、教育界におけるヘゲモニーを失っていく。同時に教育界において「愛国」「中国文化」が大きなテーマとして勃興してくる。たとえば、中華教育改進社もこの時期、愛国の国民を養成するという観点から「教育宗旨」の改正を決定している。その内容は、(1) 中国文化に留意し、民族精神を発揮すること、(2) 軍事教育を実施し、強健な体格を養成すること、(3) 国恥教育を施し、愛国の志操を培養すること、(4) 科学教育を促進し、基本知識を増益することなどであった。

　このように公民教育の内容は、中華教育改進社が主導して公民教育運動を始めた段階の公民教育から変化していく。たとえば、＜対外認識・ナショナリズム＞概念についていえば、ナショナリズムは継続して強調されるが、その指し示す内容が欧米的なデモクラシーから国権的なナショナリズムに変化していったと言える。むろん、共通点も存在する。それは公共（性）の強調、健康な身体、科学的にものを見ることの重要性などである。これらの一部は後述する国民党の党化教育、すなわち三民主義教育にも継承されていく。

2　南京国民政府時期における公民科・公民教育

(1) 公民科から党義科、そして三民主義科へ[33]

　1927年4月に蔣介石を中心にして、南京に国民政府が成立する。この国民革命の進行に伴い、1927年前後から、上海・江蘇各地においては、国民党員により「党化教育」が行われることになった[34]。1927年7月には、「国民政府教育方

針草案」が起草され、公民科教育に代わる「党化教育」は「国民党の指導下に、教育を革命化・民衆化する。言い換えれば、我々の教育方針は、国民党の根本政策の上に立ってつくらねばならない。国民党の根本政策とは、三民主義の建国方略・建国大綱、およびこれまでの全国代表大会の宣言と決議案であり、我々の教育政策はこれらを根拠として定めなくてはならない」と定義された[35]。さらに1928年5月、当時教育行政を統括していた中華民国大学院によって第一次全国教育会議が開かれ、「三民主義教育」を中華民国の教育宗旨として採用した[36]。また宗旨にあわせて科目名も「党義科」から「三民主義科」に改めることが決議された[37]。

　このような党義科・三民主義科の中身は一体何だったのだろうか。以下では党義科の教科書である商務印書館発行の『小学校初級用新時代党義教科書』[38]（以下、本章では党義教科書と称する）および中華書局発行『新中華三民主義課本』[39]（同様に以下、本章では三民主義課本と称する）を分析することで解明していきたい。

　党義教科書の構成としては、8巻セットであるが、うち後半6巻の内容は革命史（太平天国から孫文の死去まで。特に後半2巻には革命歌と総理遺嘱が裏表紙にある）であり、対して1・2巻はテーマ別に構成されているので、ここでは1・2巻を考察対象とする。

　まず、公民の定義であるが、本教科書が公民科でないこともあってか、公民に対する定義は見つからず、「国民」や「人民」について述べた箇所も見つからない。ただし、6巻の章「民権初歩（一）」において、孫文の民権主義を引いて、「国家のことは個々の人民がみな管理する権力を持っている」と書かれている[40]。三民主義を通して、国民が政治に参与できることのみが書かれているのである。

　さて、その他の概念はどうなっているだろうか。まず＜対外認識・ナショナリズム＞概念に関わる内容については、まず1巻が国旗から始まっているところに特徴があるといえよう。3章の「国旗を敬う」の章では、国旗に向かって礼をすることが述べられている。2巻の「孫中山（二）」や「革命軍」、「パーティー（二）」といった章では、国旗や軍隊への拝礼をするよう求めている。また同巻の「国産品」の章では、「我々は中国人である。皆で国産品を使用しよう」とあ

り[41]、「愛国」の章では、「中国は外国に侮られ、日々弱くなっている。我々が愛国の人民になれば、侮りはしまい。」と書かれ[42]、外国に対する抵抗的なナショナリズムが強調されている。また、＜自由・秩序・公共＞概念に関わる内容については、「蟻」や「団結」の章において団結の重要性が、「蜜蜂」の章において労働の大切さが訴えられている。

　上記以外に、取り扱われている内容としては、＜身体・衛生＞概念についての内容が多い。そして、個々人の行動が国力と結びつけて記述されているのが特徴である。たとえば「清潔」の章では、単に手・顔・衣服を清潔にすること、清潔にすれば病気にならないと述べられているだけであるが、「運動」の章では、「毎日運動して、みなの体が丈夫になれば、外国人たちは我々を侮らなくなる」とある[43]。高嶋航は、国民党によって、「体育は個人の健康のためではなく、帝国主義の打倒や国際的地位の回復のような国家目的を遂行する手段として位置づけられ」るようになり、国民党の指導者たちは強健な身体を「興国の要素」と考えていたことを明らかにしている[44]。すなわち国民政府の時代、1930年代から、＜身体・衛生＞がただそれのみではなく、＜対外認識・ナショナリズム＞にも関連するようになっていったのである。

　なお、2巻めの「孝敬」では、父母や教員に対して敬うことを教えている。公民教育運動時期の教科書に存在しない儒教的な要素であり、前節末で指摘した「中国文化」的要素であると言える。ただし「家庭」の章でも、父母や兄弟姉妹と仲良くすることが訴えられているが、祖父や祖母などはそこには含まれていない。またイラストのなかの家族はみな洋服を着ている。伝統的な儒教道徳を宣揚しながら、当時の中国では例外的な存在であった都市部における核家族を想定している点が興味深い。

　これに対し、三民主義課本は、全4巻を民族主義、民生主義、民権主義、建国大綱他に分けて、様々な社会事象を説明するという構成で、党義教科書に比べると、モノクロで、絵も決して多いわけではない。ただし、内容はより簡明になっている。

　1巻では、孫文の唱えた民族主義に関連する項目が並べられており、＜対外認識・ナショナリズム＞概念については第1巻が中心である。「日本民族の発奮、

表 2-2　商務印書館発行『小学校初級用新時代党義教科書』前半 2 巻の内容

第 1 巻		第 2 巻	
国旗（1）	遊戯	党旗	自由
国旗（2）	運動	青天白日	誠実
国旗を敬う	蜜蜂	孫中山（1）	平等
孫中山の父	作業	孫中山（2）	孝敬
孫中山の田植え	貨幣	輸入品	公を愛護せよ
孫中山、勉強をする	家庭	国産品	労働者
蟻	愛情（1）	外国の銀行	農民
団結	愛情（2）	外国の輸送船・車	革命軍
清潔（1）	お別れ会（1）	租借地	パーティー（1）
清潔（2）	お別れ会（2）	愛国	パーティー（2）

雄国になる」の章では、「彼らは民族主義の精神があったので、発奮し雄国となることができた。50年に及ばずして衰微していた国家は、強盛な国家になった。」として、民族主義の必要性を説く[45]。「中国領土の喪失」から「外国経済侵略の統計」までの連続する7章では中国がいかに侵略を受け、国益を列強に強奪されているかが描かれる。「国族主義の利益」では再び民族主義の必要性が説かれ、「大国族・団体は連合し、共同奮闘する」以下の2章では、かつての中華帝国の隆盛さと、儒教道徳のすばらしさが宣揚されている。

　2巻では、民権主義（人民が政治を管理すること）に関連する項目が並べられている。孫文の民権主義は、政府の権力を強大にする一方でこれを監督する人民の権力を分けることと、国民を先知先覚者（政治を指導する革命家）、後知後覚者（先知先覚者のフォロワー）、不知不覚者（無知蒙昧な一般大衆）の3種類に分け、先知先覚者が不知不覚者を指導・啓蒙しながら共和国を建設していくという二点に特徴が求められる[46]。したがって、＜自由・秩序・公共＞概念の説明として、「自由」や「自由の限界」などの章においては、「一個人の自由は他人の自由を侵さない範囲を、真の自由とする。もし他人の範囲を侵したらそれは自由ではない。」、「自由は放任、放蕩ではない。人々が己の自由をもっとも大きくすると一塊の砂のようにバラバラになってしまう。」と述べられている[47]。これに対

表 2-3 陸紹昌編『新中華三民主義課本』1～4巻、中華書局、1927年の目次

1巻・民族主義	2巻・民権主義
中国の民族	政治と民権を解釈する
英国の民族	民権時代
日本の民族	孔孟の民権説
日本民族の発奮、雄国になる	英米の革命
中国民族の難関	フランス革命
中国領土の喪失	自由
関税と経済侵略	自由の限界
中国海関権の喪失	国家が自由であれば民族はすなわち真に自由になる
将来における輸入超過の危険	平等
外国銀行は我が国の利権を失わせる	アメリカは黒人奴隷を解放した
航運の利権損失	民権
外国経済侵略の統計	聡明であることとは、すなわち力行することと奉仕することである
人口圧迫の危険	民権の種類（上）
国族主義の利益	民権の種類（下）
大国族・団体は連合し、共同奮闘する	米国の民権に関する相反する二説
旧道徳を回復せよ	政府の統治と人民の統治（上）
仁愛と信義	政府の統治と人民の統治（下）
中国人は天性から平和を愛する	人民の権力と政府の権力
修身に注意	全民政治
中国民族の能力	五権憲法（上）
中国民族の責任	五権憲法（下）

3巻・民生主義	4巻・建国方略・建国大綱
どのようにすれば生活できるのか（上）	行うは易く知るは難し
どのようにすれば生活できるのか（中）	個人企業と国家経営
どのようにすれば生活できるのか（下）	北方大港を築港しよう
歴史の重心は民生である	東方大港

欧米経済の進化（上）	上海を東方大港とする
欧米経済の進化（下）	南方大港
経済利益は相調和する	揚子江の整備
剰余はどこから来るのか	現存水路の改良（一）
中国人はみな貧しい	現存水路の改良（二）
ヨーロッパのある富豪	現存水路の改良（三）
地価の増加は不労所得である	中国鉄道系統（一）
平均地権	中国鉄道系統（二）
国家資本を発達させる	中国鉄道系統（三）
資本を節制す	衣食住の工業（一）
食料問題（上）	衣食住の工業（二）
食料問題（中）	印刷工業
食料問題（下）	鉱業
衣服を着る問題（上）	鉱業機械と冶金工場
衣服を着る問題（中）	会議の種類
衣服を着る問題（下）	会議の組織
衣食住を行う	建設三時期（一）
建設三時期（二）	建設三時期（二）
建設三時期（三）	建設三時期（三）
五権憲法と五院制	五権憲法と五院制

（陸紹昌編『新中華三民主義課本』1～4巻、中華書局、1927年の目次から筆者作成）

しては、国家は強くなり、国家が自由になれば、人々は自由になる（「国家が自由であれば民族はすなわち真に自由になることができる」の章）と述べ、個人の自由に対して国家の独立・強大化が先行するべきだとの説明がなされている。さらに「平等」の章では、「欧米の革命学説は、平等は天賦に人類に与えられるという。しかし、天成の万物は平等ではない。人類は本来なら不平等なのだ。」と述べ、いわゆる天賦人権説を否定する[48]。

このように、党義教科書・三民主義課本いずれの教科書から見ても、従来の公民科とはだいぶ内容が変わっている。最大の変化は、全体的な国民党の強調であ

第 2 章　中国における公民科・公民教育の系譜　53

る。これは国旗（党旗）や革命軍への敬意を持たせるような内容、孫文の神格化などに見ることができる。また、それと関連して、社会のさまざまな現象に対する説明の原理が、西洋的なデモクラシーや自由主義ではなく、三民主義に拠っていることが挙げられる。そして＜対外認識・ナショナリズム＞概念では、従来のように、国産品使用の強調を宣揚している。しかし一方で従来以上に列強の侵略を強調するようになっている。＜身体・衛生＞概念については、従来の公民科的要素を受け継いでいるといってよいだろう。清潔を訴える項目などがそれにあたる。

　特に社会の諸事象に対する説明の原理が、これまでの公民科における西洋的なデモクラシーや自由主義から三民主義に代わったことは、社会を説明する様々な概念に大きな影響を与え、これらの諸概念の内容は変容することを余儀なくされた。たとえば、＜自由・秩序・公共＞概念においては、壬戌学制公民科では、人民の権利として「自由権」を挙げ、具体的説明として人体、居住、営業活動、財産、言論、信教、出版、集会結社の自由を挙げていたのに対し、党義教科書においては、自然権的天賦人権説を否定している。＜対外認識・ナショナリズム＞については、公民科では国際公法の解説などが載せられていたのに対し、党義教科書では「関税と経済侵略」、「中国海関権の喪失」等の項目が立てられ、「中国領土の喪失」の章では「我々が最近失った領土は、旅順・大連・九竜・広州湾である。すこし前には、台湾・朝鮮・澎湖諸島・ビルマ・安南を失い、その前には、イリ流域、トルキスタン、黒龍江の北、ウスリー江の東を失った。」とされている[49]。また＜身体・衛生＞については、公民科においては「健康で、身体が強くあること」は「社会の進歩」につながっているのに対し、党義科教科書では運動の項に「みなの体が丈夫になれば、外国人たちは我々を侮らなくなる」とある[50]のである。

(2) 公民科の復活とその内容

　1931 年 11 月に南京で開催された国民党第四回全国大会において、「国民教育に関する案および党義教育実施方法改進案」が通過した。この改進案では、これまでの三民主義科を通した教育は効果をあまり挙げていないとして、三民主義を

独立した科目ではなく、各科目のなかに浸透させて三民主義を教授することが決議された[51]。

さらに1933年には「中学規程」が公布され、その第24条では、中学校の教育科目として、公民科など13科目が制定された[52]。こうして公民科は復活し、三民主義科で教えられていた内容が公民科に移ることになった[53]。同年3月に公布された「小学規程」の第26条には、標準的な小学校の課程として、公民訓練、社会等10科目を置くことを決め、小学校における三民主義科の内容は公民訓練科と社会科に移された[54]。この「小学規程」第33条には、「小学校の訓育は公民訓練をもって中心とする。教員は授業内外の各種活動を利用し、家庭および当地の公共機関と連携して、積極的に指導すること。」とあり[55]、公民訓練科を非常に重視している。なお、1932年に制定された、1933年度からの小学課程標準によれば、小学校での1週間の授業時間合計1,170～1,560分のうち、公民訓練科に60分、社会科に90～180分配分されている。一見少ないように見えるが、算術科に振り分けられたのも60～210分であり、公民訓練科と社会科を合わせれば、相当の時間数になる[56]。

以下では、その社会科教科書を分析していきたい。ここでは、上記の1933年規程に基づいてつくられた社会科教科書『復興社会課本』[57]、公民科教科書では、商務印書館発行『小学校高級用　復興教科書　公民』([58]以下、商務印書館本と称する)および中華書局発行『教育部審定　小学公民課本高級』[59]（以下、中華書局本と称する）などを分析し、公民教育の内容を明らかにしていきたい。

まず、『復興社会課本』は初級小学用であるが、8巻には「人民の権利と義務」という章が設けられている。ここでは、「中華民国訓政時期約法に照らして」「人民は選挙、罷免、創制、複決の四権を持つ」「人民は信仰、移動、通信秘密、結社、集会、言論、出版の自由を持つ」と述べられている[60]。しかし、その後の「よい公民」の項目では以下のように述べられている。

　よい公民の条件　我々は社会において一人の健全な公民とならねばならず、少なくとも下記の条件を実行しなくてはならない。
（1）清潔衛生な習慣、愉快で活発な精神を養成せねばならない。

(2) 礼・義・廉・恥の意味を理解し、親愛互助の精神を持たなくてはならない。
(3) 節約労働の習慣を養成し、生産知識を学び、大衆に幸福を図らなくてはならない。
(4) 国家を愛護し、国家の法律を守り、公理の為に横暴に対して戦うことを準備する。

以上の4つを、我々が完全に実行すれば、それがすなわちよい公民になることである[61]。

1920年代の公民科が、公民＝国籍保持者とシンプルに定義していたのに比べ、上記のように、公民の定義のなかに、＜対外認識・ナショナリズム＞概念に連なる「国家を愛護し、国家の法律を守る」、＜身体・衛生＞概念に連なる「清潔衛生な習慣を持つこと」、そして「礼・義・廉・恥」という儒教的な要素が入る一方で、主権者としての「公民」（市民）要素は消えてしまっているといえよう。

さらに全体を見ると、上記の表2-4のとおり、全8巻のなかで、2割弱が近現代史、帝国主義、植民地・租界問題、国産品問題などを含んでおり、歴史や地理、政治経済ばかりでなく学校生活や自然科学なども含んでいる「社会科教科書」ということを考えれば、＜対外認識・ナショナリズム＞概念に関する章が、突出して多くなっている。また、満洲事変を反映してか、東北地域や日本に関する記述が飛躍的に増えていることも指摘できよう。

一方、公民科教科書の商務印書館本および中華書局本は、高級小学校の学生向けなので、絵が少なく、「民族」、「民生」、「民権」、「三民主義」のほか、「国家」「経済」「帝国主義」「人口問題」などのタームについて、解説が加えられる形で構成されている（なお、下記の表2-5は中華書局本の目次を表にしたもの）。

商務印書館本および中華書局本、双方とも特徴的なのが、構成が三民主義に拠っているということである。それぞれ、国際情勢等は民族主義から、政治について主として学ぶ巻では民権主義から全てが語られ、経済について主として学ぶ巻では民生主義から全てが語られる仕組みになっている。筆者は先ほど、「公民の定義」において、「主権者としての「公民」（市民）要素は消えてしまっている」と指摘したが、上記の表2-4を見ればわかるとおり、「級長の選挙」などは

表 2-4 『復興社会課本』1～8巻の内容

1巻	2巻	3巻	4巻
学校へ行く	私の家	毎日何をするか	違う気候
国旗と党旗	家から学校までの道	級長を選挙しなくてはならない	常に寒い地方
私の学校	東南西北を知ろう	どのようにして日直の仕事を行うか	常に暑い地方
私の先生	新しい小屋を作りましょう	我々の学級会	我が国の気候
私の同級生	そこに橋をつくります	壁新聞	我が国の地形
整列してから授業を受ける	木器店	我が校の図書館	我々は遠足にいく
放課後は遊ぶ	鍛冶屋	信用を守るべし	地方新聞
早く拾おう	十月十日	今日は双十節です	民衆教育館
明日会いましょう	中山先生のお話	古代人の客のもてなし方	忠勇な軍人
パパは忙しい	中山公園で遊ぶ	古代人の狩り	仁慈な救護隊
ママは忙しい	農民はとても忙しい	別部族の侵入を許さない	人を救う童子軍
遊びにいく	米屋	租界を回収しよう	蒙古人の生活
気をつけて道を歩く	料理が来た	我々の党旗	ミャオ人の生活
祖母の家に行く	お客が来た	中山先生の誕生日	古代の武器
船にのって帰る	お客に食事を勧める	国産品を買わなくてはいけない	古代の道具
お姉さんとお兄さん	おもちゃ展覧会を開く	どのように貨物を輸送するのか	船はどのように発明されたか
妹と弟	おばさんに贈り物	郷村と市鎮	車はどのように発明されたか
隣の友だち	おばさんに話を聞く	どのようにして東南西北を区別するか	飛行機はどのように発明されたか
成績展覧会を開く	新年を過ごす	故郷の地図を書く	現代交通の便利さ
夏休み	消寒会を開く	故郷の公共体育場	夏休みが来た

第2章　中国における公民科・公民教育の系譜　57

5巻	6巻	7巻	8巻
記念週	家族の起源	孔子	地球の形体
級長選挙	国家の起源	我が国固有の道徳	大洋と大洲
日直	専制と民主	古代の中国	世界上の強国
学級会	軒轅黄帝の話	中世の中国	帝国主義と植民地
遠足	中華民族	近世・現代の中国	世界大戦
牧畜の発明	我が国の地位と区域	中国国民党	大戦後の世界
農耕の発明	我が国の地勢と気候	民族主義	中国国民党
3月29日	72烈士殉国記念日	民権主義	民族主義
革命始まりの地-広州	会場規則	民生主義	民権主義
衣服の進歩	会議の順序	ワット、フランクリン	民生主義
食物の進歩	我が国と日本	機械発明以後の工業	政府
住居の進歩	済南事件	我が国の工業	地方自治
船の進歩	五月九日	我が国の鉱産	人民の権利と義務
車の進歩	陳英士と廖仲愷	我が国の農産物	不平等条約
交易の起源	なぜ租界は回収されねばならぬのか	我が国の商業	東北の現状
貨幣の進歩	不平等条約	上海	我が国の辺境問題
我が国最大の河川	どのようにして強国になるか	阿片と国恥	よい公民
長城と運河	我が国の文字	阿片戦争以後の外交	時事研究
我が国の文字	どのように文字を記すのか	最近の東三省の事件	進学の準備
印刷術の進歩	我が国における印刷技術の進歩	今後の我が国	職業の選択

（王雲五ら編『小学校初級用　復興社会課本』上海商務印書館、1935年の目次から筆者が作成。）

複数章にわたって頻出するテーマであり、デモクラティックな要素がまったく消えたわけではない。しかし重要なのは、そのような要素が国民党の党是である三民主義の文脈においてのみ描かれ文脈・内容が変化しているということである。そして＜自由・秩序・公共＞概念に関わることとして、個人の自由の制限が主張

されている。

このように同じ公民科でも、1920年代の公民科に比べ、内容が大きく異なっていることがわかる。また、公民科で取り扱うべき内容は、公民科だけで教育されたわけではなかった。本章では紙幅の関係から省略するが、特に語文・国語教科書では＜自由・秩序・公共＞、＜対外認識・ナショナリズム＞、＜身体・衛生＞といったテーマに関わる文章が収録されており、一部の文章は当時の日本によって「排日（反日）」的であると批判されていたほどである[62]。

表2-5 『教育部審定　小学公民課本高級』4巻の内容

1巻	2巻	3巻	4巻
学生と公民	民族主義要旨	民権主義の意義	産業革命
地方新聞と重要時事の研究	民族とは何か	自由平等の研究	民生主義の意義
総理遺嘱の意義	民族と国家	民権初歩の演習（1）	社会経済
党治の意義	帝国主義	民権初歩の演習（2）	労働と生産
建国の三時期	民族の位置	民権初歩の演習（3）	生産
忠孝	不平等条約の破棄	選挙権の設計演習	消費
仁愛	民族精神の回復	罷免権	交易
信義	家族観念と民族	創制権	分配
和平	人口問題	複決権	職業と社会
家庭とは何か	女性問題	五権憲法	職業の種類
家庭問題	文盲を減らす	我が国重要法制の研究	職業の選び方
地方の風俗習慣は何か	民族復興運動	我が国の現行政治研究（中央）	職業上必須の品性
地方の風俗習慣の改善	民族主義と世界大同	我が国の現行政治研究（地方）	失業問題
社会生活	人民の権利	市政観察	農村経済の衰退
社会奉仕	人民の義務	地方自治と民権実施	貧困の救済
			どのように完璧な公民になるか

（趙侶青ら編、朱文叔ら校閲『教育部審定　小学公民課本高級』上海中華書局、1936年の目次から筆者が構成したもの。）

(3) 公民訓練科とその内容

　1933年の「小学規程」で新設された公民訓練科については、教育実践内容が『江蘇省小学教師半月刊』誌の「公民訓練号」に掲載されている。この「公民訓練号」の巻頭論文においては、「公民訓練とはすなわち公民教育である」と宣言され[63]、当時は「公民訓練」と「公民教育」は同じものとみなされていたといえよう。この「公民訓練号」に掲載された蘇州女子師範学校附属小学校の実践報告例[64]においては、公民訓練の目的は「一人一人の児童を一人のよい公民にする」ことであると述べられている。そして公民訓練の授業自体は、教育部が制定した「小学公民訓練標準」に基づいて行うが、「もし（これをそのまま）完全に採用するのなら、似ているものが多く、しかも多くの実用的ではないものがある」として、取捨選択する必要を訴えている。表2-6はそれをまとめたものであるが、＜自由・秩序・公共＞概念に関わるものとしては、「公に奉仕する」、さらに「自制」「謙譲」「服従」「互助」などの集団性を重視したテーマが、自立した個人性を重視する「責任」などよりも集中的に扱われている。＜対外認識・ナショナリズム＞概念に関わるものとしては、「愛国」などのテーマがとりあげられている。教授法について見てみると「意味は具体的に表現する」「実践なきは困難なことに注意する」、団体的訓練や討論の重視など、つまり知識の学習よりは、実践に重視するべきことが述べられ、強調されている。

　ここから見られるのは、公民訓練が、小学校高学年の生徒を対象にしたものでさえも、生徒に社会への知識を教えることではなく、団体化・集団化の規律を教えることを第一とした科目であった、ということである。これは単に一つの学校の実践例だけであり、それを当時の中国全体の公民訓練・公民教育と同一視するのは妥当性に欠けるかもしれない。しかしながら教育庁は自ら以上のような実践を載せた雑誌を編集し、「模範」を流通させることにより、「模範」を模倣した公民訓練の授業が再生産されることを狙った、と言える。したがって、これは教育現場の一つの実態であると同時に、教育庁の考える「あるべき公民訓練」授業の姿だといえよう。

　上述した公民科における儒教的道徳（礼儀廉恥）と民族主義の高揚、そして身体訓練・衛生統制を重視するというコンセプトは、1934年に開始された、蔣介

石による新生活運動の特徴と似通っており[65]、蒋介石はこのような公民教育を若い学生のみならず、全国民に向けて実施したかったと推察できよう。

3 重慶、戦後、台湾国民政府時期における公民科・公民教育

(1) カリキュラムの変遷、国民学校制度の創設と教科書国定化[66]

1937年に日中戦争が勃発し、首都である南京が陥落すると、国民政府は重慶に遷都して日本に対する抗戦を続けるとともに、抗戦体制を整備していくことになる。このなかで特に教育については、国民教育制度が構築された点にその特徴がある。

1940年3月、重慶国民政府は「国民教育実施綱領」を定め、各県に対し、5年以内に全ての保（6～15の甲が集まった行政単位のこと。1甲は6～15戸において構成される）、において、小学校に代わる国民学校を設置することを要求した[67]。1944年3月、国民政府は国民学校法を公布し、国民教育制度が完成する。この国民学校法からは、地域社会の行政と教育事業を一体化させ、政府が統制する志向があることが理解できる[68]。そして、これこそが国民教育制度推進の誘因であった。中国の教育史研究者は、国民教育制度が初等教育普及を前進させたとし、基本的にこの国民教育制度を評価している。たとえば、1946年には、国民教育が実施された19の省市では、75％の保に国民学校が置かれ、学齢児童の76％が教育を受けていたとされる[69]。この数字の実証は非常に難しいが、当時の重慶国民政府は国民教育制度を評価に値すると考え、そのため日中戦争終結後も、制度の普及を進めることになる。

また日中戦争の勃発に伴い、紙などの原料不足などの要因から、教科書の統制と国定化が進んだのも、この時期の特徴である。高田幸男の研究によれば、1940年代の国民政府の重慶移転、戦時体制構築にあたって、教科書も審定制から国定制に移行し、教科書も統一されることになったという[70]。

なお、初等教育のカリキュラムとしては、高田幸男は、小学課程標準が1936年、1942年、1948年の三度修正されたが、大枠の変更がないこと、課程標準に

表 2-6 蘇州女子師範学校附属小学校における公民教育実践報告例の内容

大分類	小分類	「実践」の数（％）	「標準」の数（％）	具体的内容の例（カッコ内の記された内容は筆者による傾向についての要約）
体格		4（8％）	14（13％）	
	強健	1	5	蚊やハエを撲滅する
	清潔	—	0	
	快楽	1	6	日常生活のなかから楽しみを見つける
	活発	2	3	感覚を使って鈍くならないようにする
徳性		39（78％）	71（66％）	（実践では強調される傾向）
	自制	4	8	不正な娯楽をしない
	勤勉	1	1	授業を休んだら補習を行う
	敏捷	1	2	敏捷な応答をせよ
	精神	2	2	予定した計画を行う
	誠実	2	3	まじめにやる
	公正	3	6	失敗を笑わない
	謙譲	4	4	故意ではない失敗は許すようにすること
	仁慈	3	3	弟・妹や年少者をかわいがる
	親愛	—	0	
	互助	4	5	毎日人に有益なことを行う
	礼儀	2	4	社会では経験のある人を尊重する
	服従	3	4	指導者の指導に従う
	責任	0	4	やるべきことは力を尽くして行う
	堅忍	0	5	苦難に遭ったときは萎縮せず後悔しない
	恥を知る	3	9	国恥はすなわち自らの恥であると知る
	勇敢	2	5	他人にこびへつらわない
	義侠	3	4	力を尽くして国家社会を扶助する
	規律	—	0	
	公益	—	0	

		2（4%）	11（10%）	（実践では軽視される傾向）
経済	節約	0	2	廃物を利用する
	労働	2	3	労働を軽んじない
	生産	0	4	父母を助けて仕事をする
	合作	0	2	社会合作運動に熱心に参加する
政治		5（10%）	12（11%）	（標準と実践でほぼ同じ）
	公に奉仕	1	1	社会団体に委託されたことを熱心に行う
	法を守る	1	3	法律に附属する公民の自由と権利を守る
	愛群愛国	3	4	自己を犠牲にして国家を守る
	公理を擁護	0	4	全力で公理を擁護

（「介紹一個公民訓練実施法」『江蘇省小学教師半月刊』1-4　江蘇省教育庁、1933年11月 p.38-44 を利用して筆者が表を作成。）

おける教育目標に大きな変化がないことを実証しており[71]、公民科・常識科による公民教育が引き続き行われていたと言えるだろう。以下では、その公民科に用いられる教科書の内容を分析することで、1940年代における公民教育の内容を明らかにしたい。

(2) 教科書の分析

以下では、台湾で発行された『国民学校公民課本　高級暫用本』の1～4巻（以下、本文では『暫用本』と称す）、および『教育部審定中華民国46年修訂本国民学校公民課本　高級』の1～4巻（以下、本文では『修訂本』と称す）という2シリーズの国民学校用公民教科書について、その内容を分析したい。前項で述べたように、教科書の国定化が行われたため、上記2シリーズとも、編者は「国立編訳館」であり、台湾省政府教育庁から発行され、学生に無償で提供された。

さて、『暫用本』はその編集要旨によれば、「本書は教育部が民国41年11月に公布の国民学校社会科課程標準のなかにある公民科綱要と教学要点にしたがって編集した」とある。周知のとおり、中華民国政府は1949年に大陸を失い、台湾

にその勢力を集中させていた。そのため、『暫用本』も『修訂本』も台湾でのみ使われた教科書であるが、その基礎は中華民国がまだ大陸を統治していた1940年代に遡ることができると言える。また編集要旨には、「本書は4巻に分かれ、1巻に10課ある。毎週30分を教育時間と計算して、2週間に1課分教育を進める。1週目は教科書の読解に重きを置き、2週目は討論に重きを置く。1巻で1学期分である」と書かれている。『暫用本』の目次は表2-7の通りである。

また、上記『暫用本』との使い分けについては不明であるが、『修訂本』の内容は下記表2-8の通りである。

本章の主旨からすれば、ともに「公民」についての定義や内容が述べられているところが目立つ。そのため、まず「公民」がどのように定義されているか紹介しよう。

『暫用本』1巻2課は「国民と公民」と題し、「国家は全国の人の共同組織であり、全国の老若男女は全て国民である。」「公民の資格とは何か。我々の国家が規定するのは第一に中華民国の国民であること、第二に満20歳以上であること」「公民になれないのは、一、国家に不忠であり売国あるいは汚職行為を行う者、

表2-7 『国民学校公民課本　高級暫用本』1〜4巻の目次

1巻	2巻	3巻	4巻
個人と団体	国民学校の組織	我々の国家と民族	世界各国の現状
国民と公民	学校生活の規律	三民主義	世界各国との関係
公民の責任	学生の自治活動	国父遺嘱	国連の組織
公民の修養	会議の順番	中華民国の憲法	国連と世界平和
家庭の組織	選挙権と罷免権	人民の権利と義務	世界への責任
家庭の重要性	創制権と複決権	地方自治	青年の前途と志願
家庭の仕事	社会の形成と進化	中央政府	現代社会の道徳
家庭の道徳	個人と社会の関係	社会建設	職業の選択
親族関係	本地の風俗習慣	国防建設	職業道徳
隣家との関係	新生活の実践	国際的社交の常識	青年の成功への道

表2-7　国立編訳館編『国民学校公民課本高級暫用本』台湾省政府教育庁、1961年の目次を筆者がまとめたもの。

二、公権を剥奪された者—つまり犯罪によって公民の資格を取り消された者、三、精神病の者、四、阿片あるいはその代用品を吸う者」と書かれている。一方、『修訂本』1巻1課は「公民とは何か」と題され「我々は公民課を行ううえで、まず知るべきは、何を「公民」というか、ということである、「公民」の解釈は、国家の公権を享有する人民のことである。言い換えれば、我々は法定年齢に達すれば、公民としての資格を得ることができるのである。つまり国家のことを管理できる権利である。」と述べられている。続けて、「よい公民の条件」として、「豊富な知識と優良な技能を持つこと」、「健康な身体を持つこと」、「高尚な道徳を持つこと」という3つを挙げている[72]。ともに、公民とは政治的な権利を行使する主体として規定されているが、一方で＜身体・衛生＞概念につながる

表 2-8 『教育部審定　中華民国47年修訂本国民学校公民課本　高級』1～4巻の目次

1巻	2巻	3巻	4巻
公民とは何か	地方自治の基層組織	中国国民党	国家の起源と進化
家庭組織	郷・鎮・区役所の組織と職権	国父の政治的主張	国家の組織
家庭経済	県政府の組織と職権	国民大会	国体と政体
父母に孝順たれ	地方自治の意義と職務	中央政府の組織と職権	人民と国家の関係
新生活の意義と目的	民族主義の意義	省・市政府の組織と職権	中華民国憲法
新生活の実行	民族主義の発揚法	国民経済建設	法律を遵守しよう
本地の風俗習慣	民権主義の意義	国防建設	我が国の兵役
団体の構成と発展	政権と治権	機密保護・防諜	我が国の兵制
団体生活に参加しよう—集会と結社	間接民権と直接民権	職業の種類と選択	我が国の世界に負う使命
会議の順番	民生主義の意義	職業道徳	備えるべき国際常識
社会の要素と進化	平均地権と節制資本		
個人の社会に負うべき義務と責任	国営産業の発展		

表 2-8　国立編訳館編『教育部審定　中華民国47年修訂本国民学校公民課本高級』台湾省政府教育庁、1959年の目次を筆者がまとめたもの。

「健康な身体」、「高尚な道徳」を持つことが推奨され、「国家に不忠」であったり、「精神病」であったり、「阿片やその代用品」を吸う者は、公民ではない、とされる条件付きの―そしてその条件を決めるのは国家であるのだが―政治的「主体」であることがわかる。

＜対外認識・ナショナリズム＞概念に関する内容としては、『暫用本』3巻に「我々の国家と民族」という章がある。この章では、「我々の国家は古代より中国と称し、歴代の帝王によって統治され、専制政治が実行されてきた。清末に政治の腐敗、国力の衰弱、内憂外患が同時に起きた。国父孫中山先生は祖国の滅亡を救い生存を図るために、国民革命を指導し、専制を倒し、共和国をつくり、国号を中華民国として民主政治を開始した」とされ、中国の歴史は、黄帝より始まり約4,600年と書かれている。そして本章は、最後に中華民族の三大特性を掲げて終わっている。第一は、中華民族は高尚な道徳を持つ、第二は、中華民族は堅い民族意識を持つ、第三は、中華民族は広く大きな融和力を持つ、という3つである[73]。『修訂本』2巻では、「民族主義を発揚する方法」という章があり、そこでは、民族固有の道徳を回復する、民族固有の知能を回復する、欧米の長所を学ぶ、という3点が挙げられている[74]。これらはひらたく言えば、儒教道徳の復活と宣揚である。また同書4巻では、「我が国の世界に負う使命」という章が設けられ、中華民国が国連のメンバーのみならず、安全保障理事会の常任理事国であること、この地位は「8年にわたる英雄的な抗戦」によって勝ち取ったものであることが強調されている。またその次の章「我々が持つべき国際常識」では、国際法について「相互関係上、各国公認で、必ず守るべき規則」として取りあげている[75]。

＜身体・衛生＞概念に関する内容としては、『暫用本』2巻「学校生活の規律」の章において、「公共衛生に注意せよ―学校は人数が多く、疾病の伝染にもっとも危険な場所である。よって公共衛生に注意しなくてはいけない。公共衛生を追及するうえで主要な条件は、人々がみな清潔な習慣を養成することである」と述べられている。また同巻には、「新生活の実践」という章もあり、ここでは新生活運動が蒋介石の提唱であること、日常生活の衣食住において注意するべき事項があるが、常識課本のなかで大体触れられていること、そして民族固有の道徳―

礼儀廉恥—を基礎に国民の習慣を改造すること、などが述べられている[76]。また『修訂本』1巻にも「新生活の意義と目的」「新生活の実行」という章があり、新生活運動そのものの紹介と、新生活運動で唱えられた＜身体・衛生＞概念に関する注意が掲載されている。たとえば「我々が食事をするときは、一定の時間と一定の分量を守らなくてはいけない。食物と食器、ダイニングは清潔にしなくてはいけない」「台所と便所は掃除して清潔にせねばならない。公共衛生に注意しなくてはいけない」などとある[77]。

　＜自由・秩序・公共＞概念に関する内容として、『暫用本』2巻8章「個人と社会の関係」では、個人は社会から離れて生きられないこと、個人が結合して社会になるのは細胞が結合して生物になるようなものだとも述べられている[78]。国家有機体説を彷彿とさせる文章である。また同書3巻には「人民の権利と義務」という章が設けられ、「人民は国家に尽くすべき義務があり、権利も享受する」と書かれ、具体的に人民の義務として、納税・兵役・教育を受けることの3つが示され、同時の人民の権利として、平等権、自由権（ただし法律の範囲内で）、生存・仕事・財産権、請願・訴訟権、参政権、試験・公職への参加権が示されている[79]。一方、『修訂本』1巻には、「個人の社会に負うべき義務と責任」とあり、そこには、『暫用本』と同様に、個人は社会を離れて生きられないこと、社会に対する義務のなかでもっとも重要なことは、法律に従い兵役や納税の義務を果たすことであると書かれている[80]。また同書4巻には、「人民と国家の関係」という章があり、そこで人民と国家の関係として、以下のように述べられている—「人民と国家の関係は密接である。国家は人民がいなければ、国として成り立つ要素が失われる。しかし人民が国家を離れれば、生存の保障を失う。そのため国家は人民に保障の責任を負う。同時に人民は国家に尽くすべき義務があり、国家を富強にさせ、その使命を負うことができるようにさせる」。その後に、人民の権利と人民の義務が纏められている[81]。

　以上からは、人民に権利を保障する一方で、国家と社会を同一視する暗黙の前提を読みとることができる。『暫用本』3巻の「地方自治」の章にも「地方自治は地方の公民が、政府の監督の下、法によって団体を組織し…」とあるように[82]、あくまで国家の指導のもとの自治なのである。これ以外の政治に関わる内

容は、全てが孫文の唱えた三民主義の内容、または国民党・国民政府が依拠する政治方針を解説するものであった。

また台湾史の観点からすると、2シリーズともに「本地の風俗習慣」とあるのが目につくが、実際のテキストでは、台湾については一言も触れられていない。また前節で述べた新生活運動の内容を含んだ章があることも、注目に値しよう。

4　中華人民共和国成立前後における公民（政治）教育

(1) 公民科から政治科へ

一方、中国大陸においては、前述してきた中華民国、すなわち国民政府による公民科教育は、1949年以降、各地域における人民解放軍の「解放」、すなわち中国共産党政権による占領と統治の開始後、真っ先に廃止の対象になった。公民科が廃止された後、人民解放軍による接収・管理政策のもとで、政治科が設置され、新しい教科書の採用が進められた[83]。

上記の政治科に加え、朝鮮戦争への中国の参戦以降は、愛国主義教育運動が実施されるようになる。そこでは国語科や歴史地理科のなかで新中国（中華人民共和国）の偉大さを教え、愛国心を増進させ、愛国主義教育に発展させる、という教育実践が報告され[84]、また別の教育実践においては、「課外学習と社会活動を結合させる」ことが奨励されている[85]。こうした他教科での政治教育の実施、および学校内外での政治運動を利用した公民（政治）教育の実施という点は、国民政府時期の公民教育との共通点である[86]。

上述の政治科は主として中学校で行われ、小学校では、自然・歴史・地理などを統合した常識科において、政治教育がなされた。1952年の小学暫行規程ではこれまで初級小学校4年と高級小学校2年に分かれていた小学校が、5年一貫制に再編され、常識科は小学校4年と5年で週360分（語文、算術など他教科をあわせ、1週間の合計授業時間は1,260分）の時間が割り当てられた[87]。では中華人民共和国成立前後の時期において、常識科でなされた公民教育（政治教育）はどのような内容であったのか。本章最終節では小学校用の教科書を分析することで、その内容を明らかにしていきたい。

(2) 小学校における政治教育

以下では、小学校1～4年向けの教科書として編集された『初級小学常識課本』1～8巻を紹介する。筆者が上海図書館で閲覧した『初級小学常識課本』は、上海臨時課本編纂委員会によって編集され、人民教育出版社より1951年に出版されている。したがって、上記の5年一貫制に再編される以前は、小学校の低学年でも常識科を通して公民教育（政治教育）がなされていたと推測できる。

＜自由・秩序・公共＞概念に関わる章は、1巻では「挙手」「列に並ぶ」「公共の物を大切に」などが挙げられ、3巻では「会議の順序」「会議は真剣に」「表決」「級長を選ぶ」などがこれに該当しよう。これらは一般的な学校での過ごし方や生活指導レベルの内容である。一方で、8巻2章「目覚め」では自己中心的な思考、自分勝手な行動をやめ、公正無私、規律を守るべきことが説かれる。また続く8巻3章「労働者階級の力」では、「労働は一切を創造する」などのマルクス主義的な世界観の一端が述べられる（2巻5章の「労働者は何をするか」では、「衣服・住宅・道具をつくるのは労働者だ」とあるのみである）[89]。とはいえ、後述するように封建地主、帝国主義、国民党反動派が「悪」であるという話は4巻末で出ており、5～7巻では農民蜂起を主軸に中国近代史が描かれているので、全体としてマルクス主義をベースにこれらの教科書が構成されているといってもよいだろう。

＜対外認識・ナショナリズム＞概念について、関係するのはまず1巻である。「国慶を祝す」「国旗を敬愛する」に加えて、毛沢東や人民解放軍を敬愛することについても、それぞれ1章を割いて記述している。また2巻22章「我々の国家を愛しましょう」では「我々の国家は面積が大きく、物産も多い。我々の国家を愛し、我々の国家を守ろう」とあるのみである。4巻24章「我々中国人（一）」になると、もう少し複雑である。24章の（一）では、「中国人民は、以前は3つの悪い奴らに圧迫されてきた」と述べ、「悪い奴ら」として、封建地主、帝国主義、国民党反動派を挙げている。続く25章（二）では、「我々中国は、面積が大きく、人口も多い。みな一緒に住み、一つの大家庭のようである。この家庭のなかには、漢人、回人、ウイグル人、チベット人、モンゴル人、ミャオ人などで、みな一律平等である」と記述されている[90]。さらに6巻ではアヘン戦争、日清戦

表 2-9 『初級小学常識課本』1〜8巻の目次

（1巻目）	（2巻目）	（3巻目）	（4巻目）
先生を愛する	清潔検査	右側を歩こう	以前の李明の家
教室の中で	誰の姿勢が良いか	会議の順序	現在の李明の家
挙手	睡眠と呼吸	会議は真剣に	李明学校へ行く
列に並ぶ	掃除	表決	本を皆で見る
国慶を祝す	労働者は何をするか	級長を選ぶ	なぜ
国旗を敬愛する	仕事の道具	先生を尊敬せよ	多く見て多く試す
毛主席	農民は何をするか	学校を愛護せよ	学んですぐ用いる
人民解放軍を敬愛する	農機具	食べ物の衛生には注意	種痘
害虫を殺す	殺すべき害鳥	米と麦	耳を守るか
益虫を保護する	保護すべき益鳥	大豆	どのように目を守るか
手を洗い爪を切る	鶏・鴨・ガチョウの使い道	塩と砂糖	どのように歯を守るか
所かまわずに痰を吐かない	食べられる植物	火のおこし方の進歩	頭脳を保護しなくてはいけない
所かまわずに大小便をしない	衣服になる植物	暖の取り方の進歩	生糸と茶
勉強で使うもの	屋根にできる植物	工具の進歩	動物はどのように子どもを産むか
公共の物を大切に	衣服の進歩	紙の発明	動物はどのように家畜化したのか
太陽の威力	食の進歩	家畜の有用性	植物の成には土と水が必要
火の使い方	住宅の進歩	動物を食品とする	植物はどのように自然と戦ったのか
水の使い方	交通機関の進歩	動物を用いて服を作る	野生植物はどのように作物になるか
風を利用する	児童節	動物を用いて道具を作る	電信の進歩
動物はどのように自分を守るか	父母と兄弟姉妹を愛しましょう	住むところ（1）	灯りの進歩
人間の能力はすごい	我が国を愛そう	住むところ（2）	昔の人と今の人

新年がきた	沸かした水を飲もう	服の衛生に注意	我々中国人（1）
拾った物は返そう	汚い物を食べない	皮膚病は伝染する	我々中国人（2）
友好	農民が地主を養う	困難に怯まない	我々中国人（3）
互助	土地改革以降	方法を考える	

（5巻目）	（6巻目）	（7巻目）	（8巻目）
少年児童隊	水滴の物語(1)	人類に有益な菌	民主
我々の軍隊を擁護しよう	水滴の物語(2)	防腐	目覚め
空気	塩	日光・空気と保健	労働者の力
空気の圧力	煤	救命法	土地改革（1）
どのように繊維を利用してきたか	鉄	雷	土地改革（2）
どのように澱粉を利用してきたか	阿片戦争	発電と電気の利用	人と水との闘い
どのように油を利用してきたか	太平天国	五四運動	人と山との闘い
漆と膠	日清戦争	第一次大革命	土壌と肥料
染料になる植物	義和団事件	共産党が続いて革命を指導する	人体の寄生虫
陳勝、呉広	辛亥革命	「九一八」事変	風邪とマラリア
黄巣	我々の国家と政府	抗日戦争	ジフテリアと麻疹
紅巾軍	偉大で壮麗な首都	人民解放戦争	昼夜と四季の境
李自成	我が国の行政区画	中国人民解放軍	月
農民はなぜ起義[i]を起こすのか	我が国の大都市	中華人民共和国成立	月食と日食
働く農民	台湾	国旗・国章・国歌	燃焼と空気
養蜂	長城と運河	植物の種を選ぶ	蒸気の力(1)
食用の魚	我が国の三大発明	接ぎ木	蒸気の力(2)
骨格	めしべとおしべ	我が国の牧畜地区	飲料水の浄水法
皮膚	風媒花と虫媒花	我が国の農業地区（1）	新中国

消化	植物はどのように種をばらまくか	我が国の農業地区 (2)	ソ連 (1)
心	天然痘	誰が世界の主人公か	ソ連 (2)
我々の中国は広い	コレラと赤痢	誰が誰を養うか	我が国の隣国
我が国の河と海	肺病	不合理な社会制度	朝鮮とベトナム
我が国の物産は多い	人はどうして病気になるのか	労働人民は圧迫されてきた	世界地理 (1)
我が国の人口は多い	どのように病気を予防するか	労働人民は立ち上がる	世界地理 (2)

表2-9　上海臨時課本編審委員会編『初級小学　常識課本』人民教育出版社、1951年の目次を筆者がまとめたもの。

争、義和団事件などがとりあげられ、中国がイギリス・アメリカ・日本などの列強帝国主義に侵略されてきたことが述べられている。一方で、6巻には「我が国の三大発明」として、羅針盤・火薬・印刷技術を挙げ、これらは中国人民の人類の発展に対する偉大な貢献であるとする。この他、中国の地理や歴史について述べている章が、国民政府の時期に比べて多くなっている印象がある。

　＜身体・衛生＞概念に関わる箇所も、比較的多い。1巻では「手を洗い爪を切る」、「所かまわず痰を吐かない」、「所かまわず大小便をしない」とあり、2巻では「沸かした水をのみましょう」、「汚い物を食べない」が掲載され、3巻では「服の衛生に注意」「皮膚病は伝染する」などのトピックが取り扱われている。これらの記述は特にナショナリズムなどには結びついておらず、生活指導レベルに留まっていると言える。一方6巻では「天然痘」「コレラと赤痢」「人はどうして病気になるのか」「どのように病気を予防するか」などが掲載され、8巻では「人体の寄生虫」「風邪とマラリア」「ジフテリアと麻疹」などが掲載されている。これらも簡潔に病気の症状、予防や対策などが書かれているのみである。

おわりに

　以上、本章では、1920年代から1950年代までの中国における公民科・公民教

育について、その概略を示しつつ、教科書の内容を中心にして、＜自由・秩序・公共＞、＜対外認識・ナショナリズム＞、＜身体・衛生＞という3つの概念について、内容がいかに変遷してきたのか（あるいはしてこなかったのか）、論述してきた。

　中国における公民教育は、1920年代に欧米の教育思想に基づく「新教育」を普及させる一環として始まった。そのため＜自由・秩序・公共＞は公共性とデモクラシーの理解、＜対外認識・ナショナリズム＞は国際協調主義的な内容に重点が置かれた。これらは地に足がついていない、「コスモポリタン的なデモクラシー」として当時の国家主義派から攻撃の対象にもなった。

　一方、1927年に中国国民党の国民政府が政権を掌握すると、公民科は、国民政府の統治原理である三民主義を宣揚する科目として位置づけられるようになった。こうして＜自由・秩序・公共＞、＜対外認識・ナショナリズム＞は三民主義の世界観を基礎として語られた。すなわち＜自由・秩序・公共＞では自由の制限などが主張され、＜対外認識・ナショナリズム＞では外国による侵略、王朝時代中国の偉大さなどが強調されることになった。また儒教的な内容が道徳として公民科・公民教育に入ってくるのも、この時期の特徴である。

　中華人民共和国において、公民科の代わりに登場した政治科・常識科も、国家と個人の関係、個人の権利などを中立・客観的に教育するというよりは、中国共産党・マルクス主義の内容を、生徒に教化・宣伝するという色彩が強かった。特に＜自由・秩序・公共＞は、その影響が強い。とはいえ、国家と社会を同一視する、個人を国家や社会有機体の一員として見なす、などの底流にある国民政府時期との共通点も無視できない。また、＜対外認識・ナショナリズム＞は、国民政府時期に引き続き、中国の地理的な大きさと多様性、王朝時代中国の偉大さを誇る一方で、近代以降における帝国主義列強の侵略を強調する内容となっている。また、国民党・共産党ともに強い「近代国家」としての中国を形成するという共通点を持っていたため、その観点から重要な内容は、単なる政治宣伝と化さず、比較的重視・客観的に教育を行っていたと言える。たとえば、＜身体・衛生＞に関わるトピックは、一貫して重視されていた。そして興味深いことに＜身体・衛生＞に関わるトピックでは、ナショナリズムと関係の深い中国医学ではなく、西

洋医学的な見地から教育がなされていたのである[91]。

　なお1920年代から、中華人民共和国成立前後までに一貫する流れとして、公民科・政治科以外の教科にも、公民あるいは政治教育の内容が濃厚であったこと、また学校内外の社会・政治運動を利用して、公民あるいは政治教育が実施されていたこと、などが挙げられる。これらは、中華人民共和国という同じ体制でありながら、改革開放以前と以後では断絶点があると言える。

　以上から、中国における公民科・公民教育は、「市民」形成を目指して始められ、それまでの中国には語られることがほとんどなかった近代的価値観—政治に対する関心や公共心を持つこと、主権・ナショナリズムおよび国際情勢に関心を持つこと、健康と公共衛生に注意することなど—を宣揚した。しかし、1927年の国民党による南京国民政府の成立以降は、上記の近代的価値観は、政権のイデオロギーを通して語られ、「中国化」してしまったと言える。具体的には、人権に対する考え方も、天賦人権説が消え、国家や公が優越する形で語られるようになっていく。したがって公民科・公民教育の機能も、「市民」の形成というよりは、政権のイデオロギーを宣揚する方向に変化してしまったと言えるだろう。そして興味深いことに、中国は過去でも現在でも、公民科・公民教育において近代的価値観を選択的に取り入れるものの、「国情」に合わないと判断される価値観は、「西洋」と「中国」は異なるという文明・歴史的な議論によって排除してしまうのである。

　とはいえ、社会に浸透した近代的価値観はまた別の作用をもたらす。日本の近年の中国史研究では、1930年代以降の憲政をめぐる政権と社会のあいだでの緊張関係や、人々が憲法や法律上の権利を利用して政治的主張を行ってきた点が注目されている[92]。また、大陸統治時期から連続する形で、一党独裁体制を支える公民教育が実施されてきた台湾において、内部から民主化が起こったことも注目に値しよう[93]。このような政治的な動きと「公民教育」がどのような関係にあったのかは、今後の課題としたい。

　（本研究の主要史料である教科書の閲覧に際し、便宜を図っていただいた社団法人中国研究所図書館、公益財団法人東洋文庫、上海図書館、および国立編訳館に

この場を借りてお礼を申し上げたい。また本研究は、JSPS 科研費 JP25285057 の他、JP25870869、JP26284110、JP15H03130 の助成を受けて行われた。）

注

1　たとえば、田中比呂志「創られる伝統―清末民初の国民形成と歴史教科書」『歴史評論』659 号、2005 年。王雪萍「中国の教科書から見る分断した日本像と日本研究」『東亜』466 号、2006 年。王雪萍「時代とともに変化してきた抗日戦争像　一九四九～二〇〇五―中国の中学歴史教科の「教学大綱」と教科書を中心に」『軍事史学』45 巻 4 号、2010 年。大里浩秋「近代中国の小中学校における歴史教育概観」並木頼寿、大里浩秋、砂山幸雄編『近代中国・教科書と日本』研文出版、2010 年。王雪萍「中国の歴史教育における愛国主義教育の変遷：建国後の「教学大綱」の変化を中心に」『現代中国研究』29 号、2011 年などの研究がある。

2　たとえば、沈暁敏「中国の道徳・社会科の再編成における「公民意識」「公共意識」の形成―「品徳と社会」教科書（上海）を中心に―」『東京大学大学院教育学研究科紀要』45 号、2005 年など。

3　数少ない例外が、市川博「中国におけるプラグマティズム教育思想導入期の公民科教育―国家と個人の関係を中心に」『東京教育大学教育学部紀要』16 号、1970 年、そして許芳「中華民国 1923 年誕生期の社会科における「公民教育」--丁曉先編商務印書館『新学制社会教科書』を中心にして」『早稲田大学大学院教育学研究科紀要』別冊 16 巻 1 号、2008 年と高田幸男「民国期教育におけるプラグマティズムと民主主義」久保亨、嵯峨隆編『中華民国の憲政と独裁　1912-1949』慶應義塾大学出版会、2009 年である。この他、朝倉美香「中国・香港における公民教育」『関西教育学会紀要』26 号、2002 年や蔡秋英「中国における社会系教科教育課程の歴史的展開」『社会系教科教育学研究』20 号、2008 年などがあるが、本格的な分析を行っていない。

4　詳細は、城山英巳「中国「公民運動」の興亡」『東亜』570 号、2014 年などを参照。

5　歴史学では、「公民」ということばが、政治や法律の分野でいかに定義され、いかに使用されてきたのか、という点についての研究が存在する。たとえば古厩忠夫は人民・国民・公民概念の変容を清末から中華人民共和国にかけて追い、政治状況の変遷に伴って使い分けられていることを指摘している（古厩忠夫「二〇世紀中国における人民・国民・公民」西村成雄編『現代中国の構造変動 3 ナショナリズム―歴史からの接近』東京大学出版会、2000 年）。

6　本章で、社会形成に関わる 3 つの概念に注目するのは、近代日本の公民教育につい

て研究を行った松野修が、「公民教育」を「国民統合のための、社会認識の形成や秩序形成への積極的態度の養成を目標とする教育」として定義していることに拠る。松野修『近代日本の公民教育―教科書の中の自由・法・競争』名古屋大学出版会、1997年、5頁。

7 　孟昭常「広設公民学堂議」『東方雑誌』2号、1904年。
8 　「今後之教育」『新教育』1巻1号、1919年、2頁。
9 　木山徹哉「1923年中国新学制課程にみる「民主主義と科学」観」『社会科研究』46号、1981および川尻文彦「陶行知とデューイの訪中―民国初期中国教育史の一側面」森時彦編『20世紀中国の社会システム』京都大学人文科学研究所、2009年。
10 　「公民教育運動消息彙誌」『申報』1925年5月5日。
11 　壬戌学制の詳細は、今井航『中国近代における六・三・三制の導入過程』九州大学出版会、2010年を参照のこと。
12 　李華興『民国教育史』上海教育出版社、1997年、146～147頁。
13 　ここでいう「初級小学」とは、初等教育の最初の4年、すなわち小学校の1～4年生を対象とする小学校である。一方の「高級」とは、初等教育の最後の2年、すなわち小学校の5・6年生を対象とする小学校のことである。
14 　楊賢江「公民科課程綱要」『教育雑誌』15巻4号、1923年。
15 　熊明安『中国近現代教学改革史』重慶出版社、1999年、87頁。
16 　万良濬ら編『新学制小学校高級用　新撰公民教科書』1～4巻、商務印書館、1923年。
17 　万良濬ら編、前掲書、3巻、4頁。
18 　万良濬ら編、前掲書、4巻、21～22頁。
19 　万良濬ら編、前掲書、4巻、23頁。
20 　万良濬ら編、前掲書、4巻、21～23頁。
21 　万良濬ら編、前掲書、1巻、4頁。
22 　万良濬ら編、前掲書、3巻、1～2頁。
23 　市川博、前掲論文、37～38頁。
24 　張粒民「小学校之公民教育」『教育雑誌』16巻1号、1924年、10～11頁。
25 　張粒民、前掲論文、15～21頁。
26 　蔭山雅博「南京国民政府下の三民主義教育について」『教育学論集（専修大学文学部）』4号、1979年、100頁。
27 　程湘帆「公民教育之宗旨與目標」『新教育』4巻2号、1922年、399～403頁。

28 陳啓天「国家主義與教育」『新教育』8巻1号、1926年、27頁。
29 陳啓天、前掲論文、30頁。
30 楊効春「公民教育上『培養国際同情』的制限、並質朱経農君」『醒獅』80号、1926年4月24日。
31 曽琦「公民教育問題号弁言」『醒獅』80号、1926年4月24日。
32 「公民教育運動特刊」『申報』1925年5月3日。
33 本項の内容、とくに党義科・三民主義科から公民科への変化やその内容については、大澤肇「南京国民政府の政治教育：一九二七～一九三四」『アジア教育史研究』18号、2009年の内容の一部に拠るものである。詳細については上記論文を参照されたい。
34 「市党部党化教育委員会章程」『申報』1927年4月24日、「市教育局党化宣伝大綱（一）～（二）」『申報』1927年11月22日および23日。
35 「国民政府教育方針草案（一～三）」『申報』1927年7月1日、5日および9日。
36 中華民国大学院編『全国教育会議報告』商務印書館、1928年、乙編1～4頁。および教育部編『第一次中国教育年鑑』開明書店、1934年、甲編10頁。
37 教育部編前掲書、甲編10頁および乙編2頁。
38 趙景源編、陳希豪校訂『小学校初級用　新時代党義教科書』上海商務印書館、1929年。
39 陸紹昌ら編『新中華三民主義課本』中華書局、1927年。
40 趙景源編、前掲書（商務印書館本）、6巻、20頁。
41 趙景源編、前掲書（商務印書館本）、2巻、6頁。
42 趙景源編、前掲書（商務印書館本）、2巻、10頁。
43 趙景源編、前掲書（商務印書館本）、1巻、12頁。
44 高嶋航「「東亜病夫」と近代中国（1896-1949）」村上衛編『近現代中国における社会経済制度の再編』京都大学人文科学研究所、2016年、403頁。
45 陸紹昌ら編、前掲書（中華書局本）、1巻、3～4頁。
46 孫文「民権主義」、孫文（伊地知善継・山口一郎監訳）『孫文選集』第1巻、社会思想社、1985年、226-228頁。
47 陸紹昌ら編、前掲書（中華書局本）、2巻、5-6頁。
48 陸紹昌ら編、前掲書（中華書局本）、2巻、6-7頁。
49 陸紹昌ら編、前掲書（中華書局本）、1巻、4-6頁。
50 趙景源編、前掲書（商務印書館本）、1巻、12頁。

51　「関於党義教育案」栄孟源編『中国国民党歴次代表大会及中央全会資料下編』光明日報社、1985 年、49 頁。
52　「中学規程」『教育部公報』5 期 11・12 巻、1933、14-15 頁。
53　「国民政府文官処致国民党中央秘書処公函」中国第二歴史檔案館編『中華民国史檔案資料彙編第 5 集第 1 編　教育（二）』江蘇古籍出版社、1994 年、1090 頁。
54　栄孟源編、前掲書、49 頁。
55　「小学規程」『教育部公報』第 5 期 13・14 巻、1933 年、31-44 頁。
56　教育部編『第一次教育年鑑』開明書店、1934 年、422-423 頁。なお、授業時間の合計、社会科の時間数および算術科の時間数が一定でないのは、学年によって授業時間の合計数が異なるためである（高学年ほど多くなっていく）。
57　王雲五ら編『小学校初級用　復興社会課本』上海商務印書館、1935 年。
58　趙景源ら編、王雲五ら校訂『小学校高級用　復興教科書　公民』上海商務印書館、1933 年。
59　趙侶青ら編、舒新城、朱文叔ら校閲『教育部審定　小学公民課本　高級』上海中華書局、1936 年。
60　王雲五ら編、前掲書。
61　王雲五ら編、前掲書。
62　並木頼寿・大里浩秋・砂山幸雄編、前掲書、8 頁。
63　葛承訓「公民訓練論」『江蘇省小学教師半月刊』1 巻 4 期、1933、1 頁。
64　汪連煜「介紹一個公民訓練実施法」『江蘇省小学教師半月刊』1 巻 4 期、1933 年、30-33 頁。
65　新生活運動の詳細については、段瑞聡『蒋介石と新生活運動』慶應義塾大学出版会、2006 年および深町英夫『身体を躾ける政治―中国国民党の新生活運動』岩波書店、2013 年などを参照。教育現場に対する新生活運動の影響については、斎藤理恵「児童と新生活運動―1934 年江西省南昌市縄金塔小学校における実践を一例として―」『明大アジア史論集』15 号、2011 が詳しい。
66　本項の内容、とくに国民教育制度の概要は、大澤肇「初等教育の普及と「戦後」中国社会」『中国 21』45 号、2017 年の内容の一部に拠るものである。詳細については上記論文を参照されたい。
67　余子俠、冉春『中国近代西部教育開発史』人民教育出版社、2008 年、404-408 頁。
68　「国民学校法」中国第二歴史檔案館編『中華民国史檔案資料彙編』第 5 輯第 2 編教育（一）、江蘇古籍出版社、1991、438 頁。

69 たとえば、熊明安『中華民国教育史』重慶出版社、1990、237頁および、李華興、前掲書、649頁など。
70 高田幸男「重慶国民政府の教科書政策」石島紀之・久保亨編『重慶国民政府の研究』東京大学出版会、2001年。
71 高田幸男前掲論文（2009年）、157頁。
72 国立編訳館編『教育部審定　中華民国47年修訂本国民学校公民課本高級』1巻、台湾省政府教育庁、1959年、1-2頁。
73 国立編訳館編『国民学校公民課本　高級暫用本』3巻、台湾省政府教育庁、1960年、1-2頁。
74 国立編訳館編、前掲『修訂本』2巻、10-12頁。
75 国立編訳館編、前掲『修訂本』4巻、14-18頁。
76 国立編訳館編、前掲『暫用本』2巻、2-3頁および14-15頁。
77 国立編訳館編、前掲『修訂本』1巻、6-8頁。
78 国立編訳館編、前掲『暫用本』2巻、11-12頁。
79 国立編訳館編、前掲『暫用本』3巻、7-9頁。
80 国立編訳館編、前掲『修訂本』1巻、19-20頁。
81 国立編訳館編、前掲『修訂本』4巻、5-6頁。
82 国立編訳館編、前掲『暫用本』3巻、9-10頁。
83 大澤肇「中華人民共和国建国初期、上海市および近郊農村における公教育の再建」『近きに在りて』50号、2006年、37-38頁。
84 「我們是怎様向高級進行愛国主義教育的」『蘇南文教月刊』2巻6期、1951年、23頁。
85 林英「政治課教学的幾個問題」『新教育』2巻3期、1950、29-31頁。
86 1950年代初頭の中国における政治教育の詳細については、大澤肇前掲論文（2006年）参照。
87 「小学暫行規程（草案）」中華人民共和国教育部弁公庁編『教育文献法令彙編1949〜1952』教育部、1958年、197頁。但し、翌53年にこれまでの6年制に戻った。
88 権力者に反抗して武装蜂起を起こすこと。
89 上海臨時課本編審委員会編『初級小学常識課本』8巻、人民教育出版社、1951、5頁。
90 上海臨時課本編審委員会編、前掲書、4巻、32-36頁。
91 1930年代以降の中国における伝統医学の復権にはナショナリズムの勃興が影響して

いる。詳細については、ラルフ・クロイツァー『近代中国の伝統医学』創元社、1994年参照。

92　近年、このようなテーマについては、石塚迅、中村元哉、山本真『憲政と近現代中国―国家、社会、個人』現代人文社、2010年や嵯峨隆、久保亨編、前掲書などの論文集が刊行された。また、和田英男は、1956年「百家斉放・百家争鳴」運動において、知識人たちが1954年憲法に規定された公民の権利を基礎として共産党への批判を行ったことを明らかにしている（和田英男「現代中国政治史における「公民」―反右派闘争とその名誉回復を中心に」『日中台共同研究「現代中国と東アジアの新環境」②　21世紀の日中関係：青年研究者の思索と対話』大阪大学中国文化フォーラム、2014年）。

93　台湾の公民教育については、山﨑直也『戦後台湾教育とナショナル・アイデンティティ』東信堂、2009年が詳しい。ただし1968年以降の動向が中心である。また同書によれば、台湾では1990年半ばまで、台湾の公民教育では、中華文化・国民党・三民主義宣揚が中心であったことが指摘されている。

第3章 改革・開放後中国の小学校における教育改革の理念と挫折：
新設された社会科の教育内容の変化から見る天安門事件の影響

王　雪萍

はじめに

　児童や生徒にどのように周りの社会や、自国及び世界を的確かつ正確に認識させ、社会に貢献できる人間へと教育していくのかという問題については、どの国の政府も、共通する悩みである。特に改革・開放後の中華人民共和国（以下：中国）の場合、1980年代から1990年代にかけて、文化大革命（以下：文革）の混乱の後を経て、社会主義イデオロギーに対する国民の失望が増幅する一方、経済至上主義が社会に蔓延した。そうした状況の下、中国政府にとって、1980年代から1990年代までの間、国民統合が極めて大きく、かつ悩ましい問題となっていたのであった。

　本稿は、改革・開放政策の導入から8年間の時間を経て1986年に計画され、1995年より中国の小学校で正式に始められた「社会」科目の教育目的、授業内容、教科書に関する分析を通じて、社会科新設の目的を明らかにし、改革・開放政策の深化に伴って実施された教育改革の背後にある中国政府の意図を探っていく。また社会科の新設に伴い、小学校教育では歴史と地理の二つの教科が廃止された。歴史と地理の二つの教科を吸収する形で作られた社会科における教育を通じて、中国政府が育成しようとした学生像についても明らかにしたい。

　さらに、社会科の新設を決定した1986年から小学校で正式導入された1995年

までの間に天安門事件が発生し、中国共産党指導部は愛国主義教育と国情教育を強化する方針を決定する。その影響で、教学大綱（日本の学習指導要領に相当）は修正され、予定していた社会科の教育内容も変更せざるを得なくなった。本稿では、天安門事件前後に作成された教学大綱の比較を通して、天安門事件が社会科教育に与えた影響についても分析する。

1　義務教育法の制定と教育改革に伴う小学校社会科の新設及びその意図

　中華民国期に行われていた社会科教育は、1949年の中華人民共和国成立後廃止されたが、その37年後の1986年に決定された社会科の新設は「中華人民共和国義務教育法」の成立と9年制義務教育の実施に伴って進められた教育改革の一環であった[1]。

　1982年改訂の「中華人民共和国憲法」において、初等義務教育の普及が明記された。1985年には「教育体制改革に関する中共中央の決定」が発表され、9年制義務教育実施に向けた立法が提案された。そして1986年、全国人民代表大会において「中華人民共和国義務教育法」（以下：義務教育法）が採択された[2]。

　義務教育法の採択を受け、全国レベルでの義務教育の実施準備がはじまった。その第一歩として、中国国家教育委員会（現中国教育部）は「義務教育全日制小学、初級中学教学計画（初稿）」を1986年10月に公表し、社会に意見を求めた[3]。その結果、1986年12月、国家教育委員会は義務教育法の趣旨に基づき、「九年制義務教育教学計画（試行）」を作成、公表した。そのうち、小学校段階で教える科目は「思想品徳、語文（国語）、数学、自然、社会、体育、音楽、美術、労働」の9教科と定められた。その中で斬新的な総合科目として設定されたのが社会科であり、小学校の最後の3年間で計204授業時数が割り当てられた[4]。

　さらに、1988年9月には「義務教育全日制小学、初級中学教学計画（試行草案）」が制定され、小学校と中学校での開設科目と新たに作成された各科目の「教学大綱」を公表した。表3-1、3-2は1984年に制定された都市部及び農村部の小学校での教育計画で、表3-3、3-4は1988年の「義務教育全日制小学、初級

第3章　改革・開放後中国の小学校における教育改革の理念と挫折　83

表3-1　1984年都市部全日制六年制小学校教学計画（草案）

学年＼科目	思想品徳	国語					数学	外国語	自然常識	地理常識	歴史常識	体育	歌と遊び	音楽	美術	労働	併設科目	毎週総授業時数	活動			毎週在校活動総時数	集団教育活動時間
		小計	講読	会話	作文	習字													自習	体育活動	科技閲読娯楽活動		
一	1	10	8	1		1	5-6					2	1		2		7	23-24	2	2	3	31-32	年間11週間
二	1	10	8	1		1	5-6					2	1		2		7	23-24	2	2	3	31-32	
三	1	10	7		2	1	6		2			2-3		2	2		7	25-26	2	2	3	34	
四	1	9	6		2	1	6		2			2-3		2	2	1	8	25-26	2	2	3	34	
五	1	9	6		2	1	6	(3)	1	2		2-3		2	1	1	9	25-26	2	2	3	34	
六	1	9	6		2	1	6	(3)	1		2	2-3		2	1	1	9	25-26	2	2	3	34	
授業総時数	204	1,938					1,156-1,224		204	68	68	408-544	68	408	340	102		4,964-5,168					
％	4.1	39					23.3		4.1	1.4	1.4	8.2	1.4	8.2	6.8	2.1							
五年制との授業総時数の比較	＋24	＋66					＋4 / 72		－12	－4	－4	＋48 / 184	－4	＋48	＋52	＋30							

出典：課程教材研究所編『20世紀中国中小学課程標準・教学大綱滙編：課程（教学）計画巻』人民教育出版社、2001年、346頁。

注：表中の％は6年間の総授業時数（4964時数）を用いて算出

表 3-2　1984 年農村部全日制六年制小学校教学計画（草案）

週授業時数＼科目＼学年	思想品徳	国語				数学	自然常識	農業常識	地理常識	歴史常識	体育	音楽	美術	労働	併設科目	毎週総授業時数	各種活動	集団教育活動時間
		小計	購読	作文	修司													
一	1	11	10		1	6					2	2	1			6	23	農村の実際の状況に従って行う
二	1	11	10		1	6					2	2	1			6	23	
三	1	11	8	2	1	6	2				2	2	1			7	25	
四	1	10	7	2	1	6	2				2	2	1			7	25	年間二週間
五	1	9	6	2	1	6	2		2		2	1	1	1		9	25	
六	1	9	6	2	1	6		2		2	2	1	1	1		9	25	
授業総時数	204	2,074				1,224	204	68	68	68	408	340	204	68		4,930		
%	4.1	42.1				24.8	4.1	1.4	1.4	14	8.3	6.9	4.1	1.4				

出典：課程教材研究所編『20 世紀中国中小学課程標準・教学大綱滙編：課程（教学）計画巻』人民教育出版社、2001 年、347 頁。

中学教学計画（試行草案）」の附属文書として公表された都市部及び農村部の小学校の教育計画である。表 3-1、3-2 と表 3-3、3-4 を比較すると分かるように、社会科は従来あった歴史科と地理科の代わりに設置され、これを除けば、1988 年の教育改革における小学校科目の大幅な変更は、これと 1、2 年生の「歌と遊び」の科目をなくし、音楽の科目に合併させたのみであった。それほどまでに重要な改革である社会科の新設は、小学校における教科数の削減を通じて児童の重すぎる学習負担を軽減するとともに、授業内容を現実社会に沿ったものに変えていき、小学生の年齢的な特徴にも合致させるといった意図に基づくものであったとされる[5]。

一方、国家教育委員会は 1987 年、9 年制義務教育制小学校の社会科に関する教学大綱の起草業務を人民教育出版社に委託した。委託を受け、人民教育出版社は同社の呉履平を責任者、同社の劉淑梅、中国社会科学院社会学研究所の金隆徳、北京教育学院小学教育研究室の李廷水、景山学校の陳心武、北京市第一実験

表3-3　1988年義務教育　全日制小学校、初級中学校"六・三"制小学校教学計画（試行草案）

週授業時数＼科目＼学年	一	二	三	四	五	六	授業総時数	現行六年制計画との比較	授業総時数に占める割合
思想品徳	1	1	1	1	1	1	204		4.1%
国語	9/10	10	9	8	7	7	1717 / 1734	-221 / -204	34.9%
数学	4	5	5	5	5	5	986	-170	19.9%
社会			2	2	2		204	＋68	4.1%
自然	1	0.1	1	1	2	2	272	＋68	5.4%
体育	2	2	3	3	3	3	544	＝	11.1%
音楽	3	3	2	2	2	2	476	＋68	9.6%
美術	2	2	2	2	2	2	408	＋68	8.2%
労働			1	1	1	1	136	＋34	2.7%
併設科目	7	7	8	9	9	9			
週総授業時数	22/23	24	24	25	25	25	4,964		
活動　自習	1	1	2	2	2	2			
活動　クラス・学年会議	1	1	1	1	1	1			
活動　体育活動	3	3	3	3	3	3			
活動　趣味活動	2	2	2	2	2	2			
週活動総時数	29/30	31	32	33	33	33			
集団教育活動時間	年間二週間								

出典：課程教材研究所編『20世紀中国中小学課程標準・教学大綱滙編：課程（教学）計画巻』人民教育出版社、2001年、356頁。

表3-4　1988年義務教育　全日制小学校、初級中学校"五・四"制小学校教学計画（試行草案）

週授業時数＼学年　科目	一	二	三	四	五	授業総時数	現行五年制計画との比較	授業総時数に占める割合
思想品徳	1	1	1	1	1	170	-10	3.7%
国語	10/11	11	9	9	9	1,649 / 1,666	-223 / -206	36.3%
数学	5	6	6	6	6	986	-166	21.5%
社会			2	2	2	204	＋68	4.4%
自然	1	1	2	2	2	272	＋56	5.9%
体育	2	2	3	3	3	442	＋82	9.6%
音楽	3	3	2	2	2	408	＋48	8.9%
美術	2	2	2	2	2	340	＋52	7.4%
労働			1	1	1	102	＋30	2.2%
併設科目	7	7	9	9	9			
週総授業時数	24/25	26	28	28	28	4,590		

活動	自習	1	1	1	1	1			
	クラス・学年会議	1	1	1	1	1			
	体育活動	2	2	2	2	2			
	趣味活動	2	2	2	2	2			
週活動総時数		30/31	32	34	34	34			
集団教育活動時間		年間二週間							

出典：課程教材研究所編『20世紀中国中小学課程標準・教学大綱滙編：課程（教学）計画巻』人民教育出版社、2001年、357頁。

小学校の金成続、長春市実験小学校の程振禄を主要メンバーとする起草グループを組織し、業務を委嘱した[6]。

　この起草グループによって作成され、1988年に国家教育委員会の審査を経て、

公表されたのが「九年制義務教育全日制小学社会教学大綱（初審稿[7]）」（以下：「1988年版社会科教学大綱初審稿」）である。「1988年版社会科教学大綱初審稿」によると、社会科の教育目的は、「学生に常に社会で見られること、物や現象を認識させ、故郷、祖国、世界の社会常識を初歩的に理解させ、小さい頃から彼らに周りの社会を正しく観察し、社会生活に適応する能力を育成する。愛国主義教育と法制理念の啓蒙教育を実施し、彼らの社会への責任感を増加させる」ことであった[8]。つまり、社会科の新設は、それまでに地理や歴史の授業でバラバラに教えていた中国及び世界各国に関する知識を統合して、児童が理解しやすいようにするだけではなく、児童の生活の身近にある社会の常識や生活に必要な法律知識などを習得させ、責任感の強い社会人を育成するためだったのである。

以上の社会科の教育目的は、前述の「義務教育全日制小学、初級中学教学計画（試行草案）」に書かれた以下の小学校段階における教育目標とも合致しており、まさに義務教育法実施に伴う小学校教育改革の目玉と評価できる。

「小学校段階の児童が、祖国を愛し、人民を愛し、労働を愛し、科学を愛し、社会主義を愛するなどの思想品徳を育て、また良好な行動習慣、初歩的な是非を判断する能力を備えるように育成する。児童に講読、表現、計算の基本能力を備えさせ、ある程度の自然常識と社会常識を勉強させ、児童に勉強する意欲を高め、良好な学習習慣を備えさせ、観察、思考、自らの手で操作する能力を育成する。また児童の強い意志と活発な性格を持てるように教育する。児童に健康な体、美を愛する情緒、良好な衛生習慣、労働習慣と初歩的な生活能力を備えさせる[9]」。

そして「1988年版社会科教学大綱初審稿」に書かれた社会科教育に関する要求は、「1. 児童を指導し、家庭や学校とその周辺でよくみられる社会の事や現象を観察させ認識させる。初歩的に個人、家庭と社会の関係を理解させ、幼少期から人を尊重し、気遣うことができるようにさせる。さらに自分と団体との関係を体験し、初歩的な民主的意識を育成する。2. 児童を指導し、初歩的に祖国と故郷の歴史伝統、地理環境と現代生活との関係を理解させることによって、彼らに

自らの民族に誇りを感じさせ、故郷を建設し、中華（中国——筆者注）を振興する気持ちを持たせる。3. 児童を指導し、国際社会の常識及び祖国と世界との関係を初歩的に理解させ、幼少期から国際社会に対する関心を持たせ、人類のために貢献する初歩的な意識を育てる。4. 児童を指導し、初歩的に彼らの生活と関係のある法律知識を理解させ、幼少期から規則と法律を守り、法制概念を徐々に育成する。5. 小学生の受容能力に従い、適切に一部の商品、競争、効率、改革、自立などの新しい概念を知らせ、初歩的に彼らが現代社会の生活に適応する能力を育成する。6. 児童を指導し、授業外の様々な方法を使って、社会の事を観察し、社会の情報を取得する能力を育成する[10]」の6項目であった。

　そのうち、筆者が特に注目しているのは第1の項目の「初歩的な民主的意識を育成する」という文言である。それまでの小学校歴史科と地理科の教育では、知識を教えることが中心であったため、民主的意識の育成は要求していなかった。ところが、新設された社会科教育において、「民主的意識を育成する」ことが要求事項として教学大綱に明記された。これは、1978年からの改革・開放政策の結果、中国国内での民主化要求の高まりや西側諸国との友好関係の進展を踏まえ、民主的意識を幼少期から育成しようとしたためであり、当時共産党が自ら進めてきた党と政府の機能を分離させる政治改革の理念とも一致している[11]。

　また、同教学大綱では、社会科教育の内容について、「（一）周りの社会に関する理解、児童に家庭生活から理解させ、その上で周りの社会生活を理解させる。（二）祖国に関する理解、児童に祖国に関する社会常識と故郷（県、市）の社会生活の現状を初歩的に理解させる。（三）世界に関する理解、児童に世界の社会常識を初歩的に理解させる[12]」と定められた。

　小学校社会科の教学大綱の作成を担当した人民教育出版社は、小学校での社会科の開設が以下に述べる教育にプラスの影響をもたらしたと分析している。

「小学校の社会科の開設は、児童に幼少期から集団概念や社会に貢献する意識、及び社会への責任感の育成に好都合である。児童に、民族に対する誇りと祖国を愛する気持ちを啓発させることができる。また児童に幼少期からグローバルな理念や国際意識を備えさせ、人類に貢献する意識を初歩的に育成することができ

る。さらに幼少期から規律を守り、法律を遵守し、現代社会での生活に適応する初歩的な能力を育成することができる。これらはすべて理想を持ち、道徳意識があり、文化知識を持ち、規律を守る社会主義公民に育てるための良好な基礎となる[13]」。

　筆者が特に注目したいのは、社会科の開設が小学校の段階から児童たちにグローバルな理念と国際意識を備えさせるためでもあったという点である。つまりこれは、改革・開放後の中国が国際社会に少しずつ融合していく情勢の下で、従来の教育では強く押し出されていた社会主義的世界観、国家概念、歴史認識から脱皮し、児童や学生に国際社会に対する理解、さらには中国が国際社会に溶け込んでいくことへの理解を深めるために、中国政府自らが教育改革の一環として導入した教育理念と言えよう。
　教育時期については、3年間かけて行う社会科教育を最初に実施することを決めた。すなわち社会の基礎教育として、周りの社会に関する理解を深めるための教育は5年制小学校の第3学年、6年制小学校の第4学年に行い、故郷と祖国に対する理解を深めるための教育は、5年制小学校の第4学年と第5学年の前期、6年制小学校の第5学年と第6学年の前期に行い、世界に対する理解を深めるための教育は5年制小学校の第5学年の後期、6年制小学校の第6学年の後期に行うよう規定した。
　表3-1から3-4までを見れば分かるように、小学校教育で1年ずつ行われていた地理科及び歴史科の内容を統合し、一部修正が加えられたものの、教育時期や時間はほとんど変更されなかった。そのため、「周りの社会に対する理解」は地理や歴史の教育の前に1学年の期間をとって、毎週2授業時数を割り当てて行われることになった。また、故郷・祖国に対する知識の部分が、1年半の時間をかけて教育するのに対して、世界に関する知識の部分と周りの社会に関する理解の部分は2つを合わせて、1年半で教育を行うよう設定されており、故郷・祖国に関する知識、理解を他の部分よりも明らかに重視していたことが分かる[14]。
　つぎに、「1988年版社会科教学大綱初審稿」では、新設された社会科の授業の具体的な教育内容に対し、どのような要求を提示したのか見てみよう。

「周りの社会に対する理解」では、教育内容の要点として、12項目あげられた。内訳は、自分の家庭や家庭と社会との関係、家庭の周辺環境、家庭生活に関する基礎知識など、家庭をめぐる基礎知識が4項目、学校の環境や教育に関する要点が2項目、残りの6項目は生活の常識である買い物、郵便・電話などの通信手段、農業と工業生産に関する簡単な知識、交通常識、公共秩序と公共安全、祝日などに関する社会常識・知識であった。

「祖国に関する理解」の部分では、教育内容の要点として14項目があげられた。そのうち、もともと地理科で教えていた地球の地理状況や地球儀の見方、地球上における中国の位置、また中国国内の地理状況や各省の分布、地形図の見方、国内の大きな川や山、環境保護などに関する紹介が半数以上の8項目を占めた。残りが以下の5〜10の6項目である。

「5. 我国（中国——筆者注、以下にでてくる「我国」は中国を示す）は悠久の歴史を持つ文明国で、人類の発祥の地の一つであり、黄河流域と長江流域は中華民族のゆりかごであり、元謀人と北京原人、華夏族の祖先である黄帝、歴史上の歴代王朝の順序、自分の故郷の所在県・市の簡単な歴史を知る。

6. 我国は古くから統一の多民族国家であることを知る。また歴史上に国家の統一に対して優れて貢献した以下の人物：秦の始皇帝、漢武帝、唐太宗と松賛幹布（ソンツェン・ガンポ）、チンギス・ハンとフビライ・ハン、康熙帝を知る。現在の我国は（ともに）友愛し団結する大家族であり、我国の少数民族の一部の風習を知る。また故郷の所在県・市に居住している民族の種類や各民族の生活習慣の尊重を知る。少数民族地域では自民族の歴史を知らなければならない。

7. 我国には華やかな文化があることを知る。古代における四大発明及びその世界への貢献を知る。我国の古代教育家である孔子を知り、また我国の数学、天文学の世界に対する貢献を知る。名高い古代の偉大な工事である万里の長城、京杭大運河を知る。中国医学（漢方医）の世界への貢献、我国と世界文化の交流を知る。故郷の科学文化に関する有名人、有名な出来事を調べ集める。

8. 中華民族が有する光栄なる革命の伝統を知る。秦末の陳勝、呉広の農民蜂起、林則徐とアヘン戦争、孫文と辛亥革命、中国共産党の成立、毛沢東・周恩

来・朱徳・劉少奇などの無産階級革命家の功績、紅軍の二万五千里の長征、抗日戦争、解放戦争と新中国の誕生を知り、児童に現地の革命烈士記念館を訪問させ、現地の革命に参加した老人に会わせる。また児童に故郷の人民の革命闘争のストーリーを知ってもらい、革命に関する物語を民間から聞き集め、自ら語れるように教育する。

9. 我国が社会主義国家であることを知る。我国に『中華人民共和国憲法』があることを知る。全国人民代表大会と国家政府機関とその常設委員会、国家主席、国務院を知り、また県（市）郷政府を知る。

10. 我国の社会主義建設の成果を知る。いくつかのデータから我国の経済、科学技術、文化教育の発展状況を知り、また我国の年間生産量が世界上位を占める主要物産を知る。対外開放政策と特区の建設を知る。石油の町である大慶、葛洲垻ダム、大亜湾原子力発電所を知る。我国は人口が多く、資源が相対的に不足し、1人当たりGDPは世界各国の中で後れを取っていることを知る。また故郷の社会主義建設の成果と直面している困難を知る[15]」。

　以上の教育内容の要点から見れば、祖国に関する理解での重点は児童たちに悠久の歴史を持ち、古代からの伝統文化、四大発明や天文学、中国医学などに代表されるような科学技術で古代より世界に貢献してきた祖国中国に誇りを感じること、中国が昔から多民族の統一国家であり、国家の統一のために多くの英雄が努力した事実を理解すると同時に、数多くの農民蜂起や辛亥革命、中国共産党による革命など、近現代の中国の紆余曲折、建国にまつわる苦難を理解してもらうことの2点であることが分かる。

　筆者が注目したいのは、祖国に対する理解の部分の9及び10項の中華人民共和国建国後の社会主義国家中国に関する知識の部分である。それまでの小学校の歴史教育では、1945年の第二次世界大戦の終結までしか教えなかったが、義務教育法の施行に伴い、1980年代後半から始まった教育改革では中華人民共和国建国後の歴史や国家建設の実績を小学校の児童に教えようとした。その背景には、改革・開放政策によって中国人が外部世界に触れる機会が増え、資本主義諸国の生活方式に対する憧れが社会に広がるようになる一方、共産主義への信頼感

は低下し、共産党に対する激しい批判へとつながったことがあると考えられる。なお、同様の傾向は 1980 年から 1988 年までの小中学校の歴史教育改革にも見られる。この時期の歴史教育における愛国主義教育の重点内容が「社会主義祖国への愛を強化する教育」へと変化したことは、筆者の過去の論文における検証で確認されている[16]。

「世界に関する理解」の部分の重点は、以下の 9 項目だが、地理科関連の単独項目はなく、歴史や各国の社会発展の中で少し触れられただけであった。つまり、「世界に関する理解」では、世界各地域、各国の歴史的な発展、現実社会の状況に重点が置かれたのである。

「1. 著名な探検家の功績を知る。南極科学フィールドステーションと中国の南極科学フィールドステーションを知る。

2. 「世界政治区域図」から世界上のいくつかの国家及びその首都を探し出すことができるように学習する。いくつかの国家の国旗と国家体制を知る。地図上で我国の陸上の隣国と海を隔てる隣国を見つけられるようになる。我国と世界各国の人民との友好往来を知る。華僑・華人及び彼らの現地での貢献を知る。

3. 世界の人口と人種を知り、人種差別に反対する。世界的に通用している言語の種類を知る。

4. 世界の古くからの文明地域を知る。世界における重要な文化人を知る。

5. 世界科学技術の発展と社会生活の関係を知る。蒸気発動機の発明と応用、電気の発明とその応用、コンピューターの応用と発展を知る。

6. 一部の国家と地域の社会生活状況を知る。日本の風土民俗、十月革命とソ連、西欧の文化と社会風習、ニューヨークのウォール・ストリートと自由の女神、オーストラリアの牧畜業と羊毛、アラビア国家と石油、黒人の故郷、北極付近のイヌイットの生活を知る。

7. マルクスとエンゲルスの革命業績を知る。

8. 第一次と第二次世界大戦を知る。戦争が人類にもたらした被害と世界平和を守る重要性を知る。国際的な組織である国連とオリンピックを知る。

9. 人口の急増、環境汚染、エネルギー不足などの国際的な社会問題を知

る[17]」。

「1988年版社会科教学大綱初審稿」に盛り込まれた上記内容から、小学校で社会科を新設した意図は、次のように説明できる。

まず、歴史科と地理科で教えていた知識を統合し、小学校レベルの児童に、周りの社会、祖国そして世界への認識、個人や家庭・社会との関係性、規則と法律の遵守、中国と世界の地理、歴史と現状などをより分かりやすい形で理解させることである。その上で、初歩的な水準ながらも、民主を尊重する意識を持たせ、グローバル化が進む世界の中で自らの民族や祖国に自信と誇りを持ちつつ、中国及び世界、あるいは人類の発展に貢献できる人間に育てていくことであると言えよう。

また、社会科教育の重点は、小学校高学年の児童に家庭や周りの社会に対する認識を深めることからスタートして、祖国中国の地理や歴史、中華人民共和国建国後の国家建設や経済発展の状況を学習した上で、小学校の最後の学期で世界の地理、歴史、文明、主要国・地域の社会状況などを理解してもらうことであった。とりわけ、世界に関する理解の部分の要点を見ると、世界の発展に融合していく中国の改革を理解するためにも、西側先進諸国を中心として世界各国の状況を教えようとしたことが分かる。これは筆者が研究した同時期の歴史教育に関する改革の傾向とも一致している[18]。

2　天安門事件の影響を受けた教学大綱の変更

「1988年版社会科教学大綱初審稿」は当初、1988年9月に全国各地の教育行政機関に通達を出し、全国中小学教材審定委員会での審査を経て、1991年或いは1992年に実施される予定であった。ところが、1989年に発生した天安門事件の影響を受け、江沢民などの国家指導者からの指示が入り、教育に関する一連の見直しが行われた[19]。小中学校の教育課程改革に関しては1992年に、1988年制定の「義務教育全日制小学、初級中学教学計画（試行草案）」を修正した「九年義務教育全日制小学、初級中学課程計画（試行）」（以下：「1992年小中学課程計画

（試行）」）と 24 科目の教学大綱（試用）を制定し、同年 8 月に公布した。そのうち、社会科の教学大綱「1992 年九年義務教育全日制小学社会教学大綱（試用）」（以下：「1992 年版社会科教学大綱（試用）」）も含まれていた。

　「1992 年小中学課程計画（試行）」の公布によって、小学校における地理科と歴史科の教科を廃止する代わりに社会科を新設、中学校では、歴史科の授業時間を増やし、1 年生と 3 年生は毎週 2 授業時数、2 年生は毎週 3 授業時数行うことが正式決定された。さらに 1993 年秋から中国全土で順次に実施していくことも決まった。従来になく多くの時間を割いて歴史教育をするようになった背景には、共産党内部で「この 10 年近く、我国の思想政治工作が弱くなり、強化する必要がある。特に愛国主義教育と国情教育を強化する必要がある」という考えが天安門事件の教訓として形成されたことがある[20]。社会科は、5 年制小学校の第 3 学年、6 年制小学校の第 4 学年に開設される科目であるため、社会科が教育現場で正式に教えられ始めたのは 1995 年 9 月に 5 年制小学校の第 3 学年に進学した児童たちからであり、1992 年から 1995 年までの間は、新設科目の教育準備、一部の小学校での導入実験や教師の育成に充てられた[21]。

　愛国主義教育や国情教育を強化する目的と方法について、江沢民は当時教育政策を主管していた国務委員兼国家教育委員会[22]主任の李鉄映と同委員会副主任の何東昌への 1991 年 3 月 9 日の手紙で共産党の革命運動を含む近現代史教育の強化を述べた後、以下のように要求した。

　「（この教育を実行する）目的は中国人民とくに青少年の民族的な自尊心、民族としての自信を高めさせ、外国の事物を崇拝し外国に媚びる考えの台頭を防止することである。むろん、「左」の雰囲気も再び作り出してはならない。

　国情教育においては、プラス面の宣伝を多く行うことを勧める。中国は 5000 年の文化を持ち、比較的豊富な資源を有し、中国人民は勤勉で勇敢である。中国は非常に多い人口が特色的な国情を作り出している。我々の一部の製品の生産量（たとえば石炭）は既に世界第 1 位になっている。しかし、人口で均すと、水準は極めて低くなる。中国の人口問題は非常に困難な状況に直面しており、厳しくコントロールしなければ、事態は今後一層深刻になる。都市人口のコントロール

は比較的に容易だが、農村人口の増大があまりにも速く、これが大きな問題である。地域や種類に分けて指導を行わなければいけない。重要なのは実行することである。国情教育の中で必ず説明しなければいけないのは、社会の安定と団結、安定した政治環境がなければ、経済は発展できない。もし人口をきちんとコントロールできなければ、経済が発展しても、また様々な困難や問題が発生するであろう。歴史を知らない多くの人は、往々にして資本主義制度を実行し、西側諸国の議会民主制度を真似しさえすれば、人々はすぐに資本主義先進諸国の生活が手に入ると思っている。彼らは資本蓄積の時期に数多くの労働者の血と汗が搾取され、今でも先進国と途上国の間で不等価交換が行われていることを知らない。

　私のこれらの主張は参考意見として述べたまでである。もしかすると、あなたたちが策定した教科書はすでに印刷に回され、あるいは一部の地域ではすでに印刷完了しているのかもしれない。教科書は千篇一律である必要はなく、地方の実情に合わせ、重点を絞ることも良いであろう。しかし、一部の主要な内容については必ず含めるべきである[23]」。

　以上の手紙の強い文言から、天安門事件後、江沢民をはじめとする中国共産党の指導者は教育に対して危機感を持ち、教育分野における思想教育の強化を教育主管部門に求めたことが理解できよう。こうした経緯の下、修正された「1992年小中学課程計画（試行）」では、新設する社会科の課程設置説明にも若干の修正を加えている。1988年版の「故郷、祖国、世界の社会常識を初歩的に理解する」という文言が1992年版では「故郷、祖国、世界の歴史と地理、社会生活などの常識を理解する」へ変更され、社会常識の前に「歴史と地理」が追加された[24]。

　前述の「1988年版社会科教学大綱初審稿」においても、歴史科と地理科を無くし、新設された社会科では、小学校の最後の2年間で中国と世界の歴史と地理の基礎知識を教える計画になっていた。にもかかわらず、1992年教学計画で「歴史と地理」をわざわざ強調したのは、江沢民の1991年3月の手紙に象徴される共産党上層部の要求に従って愛国主義教育及び国情教育を強化し、「歴史と地理」の教育内容について修正を加えたことをアピールするためであったと判断す

るのが妥当であろう。

　天安門事件で得た教訓に基づく共産党上層部の意向は、実際の教育内容にも反映された。「1988年版社会科教学大綱初審稿」と「1992年版社会科教学大綱（試用）」を比較してみると、文字の微修正以外にも、以下のような違いが見えてくる。

　もっとも重要な変更点は「教育の要求」の部分で、「初歩的な民主的意識を育成する」という文言がなくなる一方、「集団主義の観念と社会へのサービス精神を初歩的に育成する」という内容を追加したことである。つまり、1988年の教育改革に伴って行う予定であった小学校児童に対する「民主的意識を育成」するための教育は、天安門事件の影響で計画が撤回され、集団主義重視の教育が代わりに行われることになった。これは、教育を通じて中国社会の民主主義意識を高める活動の大幅な遅れを意味するものであり、同時期における中国共産党主導の政治改革が大きく後退した流れと共通している。

　また、同じ「教育の要求」の部分で、「児童を指導して、祖国と故郷の歴史伝統、地理環境と現代生活との関係を知ってもらう」という文章は、「児童を指導して、故郷と祖国の歴史、地理常識を初歩的に理解させ、初歩的に我国の国情国策を理解してもらう」に変更された。歴史や地理環境と現代生活との関係を重視する教育から、江沢民の書簡で指摘された国情教育重視へ方針転換したことが分かる。また同じ部分での「幼い頃から世界への関心を持ち」という文言も削除され、世界への関心を高める教育は見直された[25]。

　さらに、具体的な教育内容の要点部分で1988年版に変更が加えられた結果、1992年版の特徴として、以下の4点があげられる。

　第一に、過去から現在までの変化を強調するようになったことである。

　たとえば、「周りの社会を認識する」という部分では、「自分の家庭の変化を知る」と「家庭所在地域の変化を知る」の2項目が追加された。改革・開放後、多くの中国人は中国と西側先進諸国における暮らしぶりを比較するようになり、自国に対する自信を失い、共産党批判が強まったことへの反省から、自分の家庭や住んでいる地域の過去と現在の変化に目を向けさせ、改革・開放政策による生活水準の改善を認識してもらい、民族としての自信を高める内容を付け加えたと考

えられる。この特徴は、前述の江沢民の要求と一致している。

　第二に、中国の社会主義建設に関するマイナス面の紹介をできるだけ減らす半面、プラス面の教育は増やしたことである。

　たとえば、1988年版教学大綱の「祖国に関する理解」の第10条の社会主義建設の特筆される成果を知る部分では、「建国以降我国の社会主義建設によってもたらされたいくつかの特筆すべき成果を知る。その一部である改革・開放後の大きな変化を知る。具体例である「解放」ブランド自動車の誕生、大慶油田の開発、原子爆弾の成功、人工衛星の打ち上げ成功、葛洲埧ダム、経済特区の建設などを知る。故郷の社会主義建設の成果と人民生活水準の向上を知る」と書き改められ、「我国は人口が多く、資源が相対的に不足し、一人当たり GDP は世界各国の中で後れを取っていることを知る」というセンテンスが削除され、世界的に見た中国の1人当たり GDP の低さというマイナス面を教えることは要求しなくなった。

　この点に関しては、江沢民の指示を受け、国家教育委員会が1991年8月27日に出した「≪中小学校で中国近代、現代史及び国情教育を強化するための全体綱要≫の配布に関する通知」に書かれた「（共産）党の業務関連の過ちについては、できるだけプラス面から述べて、前向きな結論を引き出すように教育する」との要求事項と完全に一致している[26]。

　また、当時大きな批判を浴びていた人口政策や環境問題に関する説明では、地理を説明する条項の中での「人口増加をコントロールする意義を理解する」というわずか一文から文言を追加し、以下のように一つの条項と位置付けられた。

　「我国の人口、資源、環境に関する基本的国情と国策を初歩的に理解する。我国の面積が広く、地形が複雑で、気候が多様で、資源が豊富であることを知る。我国の人口が多く、一人あたりの資源が不足していることを知る。人口の増加をコントロールし、合理的に資源を利用し、環境を保護する理由を初歩的に理解できるようになる。計画出産（一人っ子政策──筆者注）、環境保護は我国の基本国策であることを知る。我国には環境保護法、森林保護法と野生動物保護法などがあることを知る。故郷の環境を保護し、故郷の資源を合理的に利用することを知る[27]」。

この条項の追加も、前述の江沢民の手紙で言及された中国政府の人口政策について教育するようにとの要求と合致している。

　第三に、教育内容に関する説明の中で中国の歴史に関する部分がより詳細になったことである。

　たとえば、古代中国における数学、天文学、中国医学での世界的な貢献や世界との交流に関する条項では、「我国古代の教育家孔子、軍事家孫武、歴史学者司馬遷、数学者祖冲之、天文学者張衡及び彼らの世界に対する貢献を知る。我国の医学者華佗、李時珍と中国医学の世界に対する貢献を知る。使者としての張騫の西域訪問、玄蔵和尚の西方巡礼、鄭和が使者として派遣された西洋への船旅及び我国と世界の文化的交流を知る」と書き直され、人物名や事例を入れ、より具体的な記述になった。それも、児童に分かりやすい具体例を用いて説明し、中国の歴史に対する民族的自尊心、自信を持たせるためだと言える。また、国共内戦について1988年版では「解放戦争」の4文字にとどまっていたが、「アメリカと蒋介石が共同で内戦を起こした事実と三大戦役」と書き換え、具体的かつアメリカと蒋介石勢力が一緒になって内戦を始めたことを強調し、当時高まっていたアメリカ式の民主主義と文化に対する崇拝にストップをかける意図も込められた。改革・開放初期の中国国内では、外国の文化が大量に流入したため、自国との比較で、自国に対する自信を失い、外国崇拝の風潮が社会に蔓延していた。こうした状況を改めたいとの共産党の方針に沿って、1992年版の第三の特徴は醸成されたと言えよう。

　第四に、外国に関する説明の部分では、各国の特徴を端的に示す記述を削ったことである。

　これまでの3点と方向性が異なり、世界に対する理解の部分での現代の世界各地の国や地域の社会生活状況に関する部分での説明は、1988年版の第6条での具体的なものから「いくつかの国家と地域の社会生活の状況：日本、東南アジア、ロシア、西欧、米国、ラテンアメリカ、オーストラリア、アラブ諸国、黒人の故郷、北極付近のイヌイットの生活、南極と中国の科学フィールドステーションを知る」へ単なる地名の羅列と、1988年版の日本と欧米先進諸国を主に紹介する内容から、世界各地をより網羅的に紹介する内容へと変わった[28]。

社会科新設の目玉であった戦後の世界における組織や社会の変容に加え、日本や欧米諸国などの外国文化に対する理解を深める項目は削除されなかったものの、重要度は特徴のある紹介から弱まったと言わざるを得ない。こうした傾向は、1994年7月14日に国家教育委員会が発表した「九年義務教育全日制小学校社会教学大綱（試用）に関する調整意見」で一段と強まり、社会科の「世界に関する理解」の部分のうち、以下の内容項目については必修から選択学習へ変更されたことから、社会科の中で現代世界に関する学習の重要度は、ますます低下したと判断される。

「第1条の中の「世界地図から世界上の名山、大きな川と主要な平原を見つけられるように学習する」、「我国と世界各国の人民の友好往来、我国は国と国の関係を処理する際に行っている平和共存五原則を知る」、「華僑、華人の現地への貢献」。

第2条の中の「世界通用する言語の種類を知る」。

第3条の中の「世界における重要な文化人を知る」。

第5条の中の「ラテンアメリカ」、「北極付近のイヌイットの生活、南極と中国の科学フィールドステーション」。

第6条の中の「マルクスとエンゲルスの革命業績を知る」。

第7条の中の「国際的な組織である国連とオリンピックを知る[29]」。

3　教科書から見た社会科の教育内容の変遷

1988年、人民教育出版社は新たに開設されることになった小学校社会科の教科書編集のために、社内の地理社会室の編集者及び社外の教育研究者や小学校の教師から構成される人民教育出版社社会教科書検討グループを発足させた。中華人民共和国建国以降、社会科の教科書は使われていなかったため、同検討グループは外国及び香港、台湾の小学校社会科の教科書を参考にしながら、試験版の教科書を編纂した。社会科が中国全土の小学校で正式に導入されたのは1995年だが、その3年前の1992年から全国28の省、自治区、直轄市の一部の小学校で試験的に導入する予定があったことから、試験版の教科書は1991年10月から

1994年4月の間に全6巻が編集・出版された。1992年から全国20万人以上の小学生に試験版教科書を使用する社会科の導入実験が行われた[30]。

　1995年の社会科の5年制小学校（6年制小学校での導入は1996年から）における正式な導入に向け、教科書の修正業務も行われた。特に、1994年の「九年義務教育全日制小学校社会教学大綱（試用）に関する調整意見」の規定に基づき、5年制小学校での社会科教育の最終年度の授業時数は半分に減らされたため、5年制小学校と6年制小学校の社会科の教科書は別々で出版されることになった。ただし、5年制小学校の教科書は、6年制教科書の掲載内容の一部削減や必修から選択学習へ一部振り替えなどの対策を含めて編集されたものであった。そのため本稿では、人民教育出版社地理社会室によって編集され、人民教育出版社で1994年から1998年までに出版された『九年義務教育六年制小学教科書　社会』第1〜6巻（以下：人教版社会科教科書）を用い、社会科の教育内容について説明する[31]。

　まず、1992年の社会科教学大綱に基づき、編集・出版された人教版社会科教科書は彩色豊かな絵本のような体裁となり、従来の白黒の歴史、地理の教科書と比べて、児童の学習意欲を掻き立てるものであった。

　そして全6巻の教科書の教育内容は、以下の通りである。

　第1巻と第2巻は「周りの社会に関する理解」についての内容で、「家庭生活、学校での生活、我々の周りの社会生活環境、商業と生活、工業と生活、農業と生活、交通運輸と生活、通信と生活、貯蓄と保険、祝日と文化生活、科学を信じて迷信に反対する」という11の部分に分けて説明している。1992年教学大綱での修正もふまえて、「民主的意識の育成」についてはまったく言及されていない。

　第3巻から第5巻は「祖国中国に関する理解」という内容で、第3巻は「世界における中国、我国の行政区画、祖国の綺麗な山と川」という3つの中国の地理的概況の紹介と「中華民族の祖先と早期文明、統一の多民族国家、我国の古代文化」という3つの中国古代史の部分で構成されている。第4巻は中国の近現代史に関する内容で、「近代の中国（一）——中国人民と革命家と義士たちの勇敢な奮闘」（アヘン戦争から辛亥革命まで）、「近代の中国（二）——中国共産党成立後の近代革命」（1910年代中国における共産主義思想の伝播から国共内戦の勝利

まで）、「中華人民共和国と国家機構」（1949年の中華人民共和国の建国と憲法、国家機構の説明）、「社会主義建設の輝かしい成果」（建国後の中国の自動車ブランド、油田開発、原爆の実験成功、人工衛星、葛洲堰ダム、対外開放政策などの成果）の4つの部分に分けられており、近代の戦争や建国後の国家建設における中国共産党の貢献がより多く紹介された。第5巻は地理科の内容をより多く盛り込んだものになっており、「違う環境の下での人々の生活」、「我国の交通運輸事業」、「我国の観光名所」、「我国の基本国情」（中国の人口、資源、環境、発展途上国としての現実）の4つの部分に分け、現代中国の地理的な状況や基本的な国情について説明した。

　第6巻は「世界に関する理解」の内容で、「我々の世界」（世界の人口、言語などについて）、「人類文明の足跡」（古代から現代までの文明史と科学技術史）、「変化する世界」（共産主義学説の創設から2度の世界大戦、国連とオリンピックなどについての世界近現代史）、「世界の様々な地域の人々の生活」（内容後述）、「我々の共同の家——地球を愛し保護する」という5つの部分に分けられ、古代から現代までの世界史、世界の主要国と地域の文化・社会、地球規模の環境問題などについて紹介している。

　以上の内容構成から見れば、「1992年版社会科教学大綱（試用）」に書かれた内容をそのまま反映させていることが分かる。ここで筆者が特に注目したいのは、第6巻の「世界に関する理解」の第4部分、「世界の様々な地域の人々の生活」の部分での世界各国の文化や社会状況に関する説明の部分である。全部で70頁を使って10課に分け、「日本、東南アジア、アラブ諸国、サハラ以南のアフリカ、欧州西部、ロシア、アメリカ、ラテンアメリカ、オーストラリア、北極と南極地域」という中国から近い順でこれらの国と地域を紹介している。その内容は、各国の伝統文化、地理環境、経済状況などに関する紹介であった。たとえば、図3-1に示した通り、冒頭で紹介された日本を見ると、1か国であるにもかかわらず、東南アジア10か国の計6頁より1頁多い7頁を使って、発展している現代日本社会について詳しく説明している。

　具体的には、日本の国花とされる桜、聖なる山である富士山、日本の経済発展の象徴である神戸の人工島と発達した地下街、資源の少ない国でありながらも経

102　第1部　歴史と現在のなかの中国教育

図 3-1　人教社社会科教科書の日本の社会・文化情況に関する部分
出典：人民教育出版社地理社会室編著『九年義務教育六年制小学教科書　社会』第6巻、人民教育出版社、1998年、58-65頁

済大国に躍進を遂げたことと日本製の家電製品、日本人の風習、文化としての着物、茶道、生け花、相撲、そして食文化としての刺身及び漁業などの内容を、写真をふんだんに取り入れて解説している。

　社会科の中での日本についての紹介は、第4巻の中国近現代史における日清戦争や日中戦争、第6巻の第二次世界大戦における日本軍の行為といったマイナス面の叙述と共に、第6巻で現代日本の社会及び文化に関するプラス面にも言及し、戦前の歴史と戦後に築かれた現実社会の両方に触れることで、日本に対する小学生の理解のバランスを取ろうとしたのである。

　こうした特徴は、アメリカの紹介でも同様に見られた。第4巻の国共内戦に関する部分における共産党の敵であり、国民党の盟友であったアメリカを批判すると同時に、第6巻では1課7頁を割いて、アメリカの主要都市、多民族社会、発展した経済、便利な交通網、学生の休日などを紹介し、歴史と現代について総合

第3章　改革・開放後中国の小学校における教育改革の理念と挫折　103

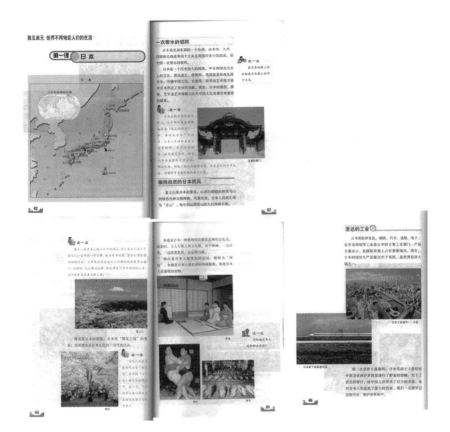

図 3-2　地質出版社社会科教科書の日本の社会・文化情況に関する部分
出典：河北省教育科学研究所編『九年義務教育五年制、六年制小学教科書　社会』第6巻、地質出版社、1999年、62-66頁。

的に理解させようとした[32]。

　人民教育出版社は1950年代以降、中国の国定教科書の編集・出版を担当してきたが、1986年の「一綱多本制」という教科書検定制度の導入後、多くの出版社や大学、研究機関が教学大綱に基づき、教科書の編集と出版を独自に行うようになった。しかし、それまでに蓄積された人民教育出版社への厚い信頼もあって、時期によって採用率の変動はあったものの、人民教育出版社の教科書が中国で最も多く採用され続けていることから、本稿で分析した人教版社会科教科書も

多くの小学生の社会科教育に使用されたと考えてよい。また中国の教科書審査では教学大綱の内容を忠実に反映していることを求めていることから、他の出版社で出版された教科書でも基本的には同じ内容構成になっている。筆者が確認したところ、図 3-2 に示した通り、河北省教育科学研究所によって編集され、1999 年に地質出版社によって出版された『九年義務教育五年制、六年制小学教科書 社会』(第 1〜6 巻) は、教科書の紙面の大きさが B5 サイズに拡大され、教育内容の順番などの微調整が行われたものの、基本的な教育内容は人教版と同じであった。たとえば、第 6 巻の「世界の様々な地域の人々の生活」の部分の「日本」に関する紹介は人教版と同じく、当該部分の冒頭に置かれ、5 頁を使って、中国の一衣帯水の隣国である日本、富士山や桜、茶道、相撲、発達している工業について紹介している[33]。

おわりに

1988 年に国家教育委員会が公表した小中学校の教学計画と社会科の教学大綱の内容から、中国の小学校における社会科の導入目的は 1980 年代まで地理科と歴史科で別々に行われた教育内容では十分に理解できない周りの社会、中国、世界各国の歴史、地理、戦後社会の変容・文化などの知識を社会科に統合し、規則や法律を守り、グローバルな理念と国際意識を持ち、世界や人類の発展に貢献できる人材を育成しようという意図があったと考えられる。また民主的意識の育成も教学大綱に明記され、明らかにグローバル化の流れを汲んで、小学校の児童に国際社会と融合していく中国の改革を理解させるとともに、国際社会について自発的に理解し、民主的意識を持ってほしいとの意向も社会科新設の計画に含まれていた。

しかし 1989 年の天安門事件の発生によって、中国共産党上層部から国家教育委員会の責任者に対し、愛国主義教育と国情教育の強化が指示された結果、新設予定の社会科の教育内容では、中国の歴史、特に中国共産党による革命運動が社会の発展に多大な貢献をしたことが一層強調されるようになった反面、社会科で実施される予定であった民主的意識の育成や世界への理解に関する教育などは大

きく後退した。

　また天安門事件後の見直しによって、世界各国、とくに先進国との横の比較を希薄化させる一方で、児童の家庭や周りの社会の過去と現在の縦の比較を強調することを通じて、中華人民共和国建国後の社会主義建設の成果を幼い児童にも十分認識させ、改革・開放政策実施後の外国文化の流入によって社会で蔓延していた社会主義制度に対する批判、民主主義国家への礼賛を弱め、社会主義中国の国家建設に貢献できる人材を育成することに重点を置くようになった。グローバル化に向けて行われた教育改革であったにもかかわらず、結果的に中華民族の苦難の歴史及び中国共産党が率いる中国人民の功績を強調する教育へと転化し、ナショナリズムの拡大につながったと考えられる。これは1980年代の中国の教育改革の挫折であり、歴史重視、共産主義思想教育重視の学校教育への逆行とも言えるであろう。

　また、1994年から人民教育出版社より出版された小学校社会科の教科書に対する分析を通じて、教科書の編集は、基本的に教学大綱の要求事項通りに行われたことが分かった。そして、1988年版社会科教学大綱初審稿と比べて、「世界に関する理解」の部分の重要度は下がったものの、日本やアメリカなどの外国及び地域に関する教科書での描き方を工夫して、近現代史における衝突や紛争について歴史の中で触れることはあっても、世界の各地の文化や社会の現状を紹介する部分により多くの紙面を割き、その国や地域の伝統文化や特徴のある産業、風習などについて紹介し、児童に外国に対する総合的な理解を深めさせようとする意図があったと判断される。

　2001年以降、中国の教育では「新課程改革」が実施され、「教学大綱」は「課程標準」に名称を変え、さらにその作成は教育部ではなく、競合入札制が導入され、各教科の研究者や教材開発の専門家、そして教育現場の教師たちによって作成され、教育部が認定する制度に変更された。改革の結果、小中学高等学校の教育に最新の研究成果や教育現場の経験を迅速に反映できるようになった。国際理解を強化する目的で高校の歴史科に関する大胆な教育改革も行われた。当然ながら、社会科教育も9年制義務教育のなかにおける小中学校の教育課程のバランス調整によって、思想品徳という科目と合併し、新しく「品徳と社会」という科目

に生まれ変わった。しかし、「新課程改革」の実施時期は各地でばらつきがあったため、5年制小学校では 2007 年、6年制小学校では 2008 年になってようやく社会科の教科書はその歴史的な役割を終えた[34]。「新課程改革」実施以降の「品徳と社会」科目の教育面での変化については紙幅も尽きたので、今後の課題としたい。

（本研究は、JSPS 科研費 JP25285057 の他、JP25380187、JP21730149 の助成を受けて行われた。）

注

1　呉益中「現行小学社会課簡評」課程教材研究所編『課程教材改革之路』人民教育出版社、2000 年、545-548 頁。
　　「1988 年　関于印発《義務教育全日制小学、初級中学教学計画（試行草案）和二十四個学校教学大綱（初審稿）的通知》」課程教材研究所編『20 世紀中国中小学課程標準・教学大綱滙編：課程（教学）計画巻』人民教育出版社、2001 年、350-358 頁。
2　王建・新井聡「第一章　基本概況」趙晋平・単谷編『中国の初等中等教育の発展と改革』科学技術振興機構中国総合研究交流センター、2013 年、3-26 頁。
3　高慎英「新中国的小学課程改革」熊明安編『中国近現代教学改革史』重慶出版社、1999 年、171-198 頁。
4　課程教材研究所編著『新中国中小学教材建設史 1949-2000 研究叢書　自然・社会巻』人民教育出版社、2011 年、421 頁。
5　高慎英、前掲論文、171-198 頁。
6　課程教材研究所前掲書『新中国中小学教材建設史 1949-2000 研究叢書　自然・社会巻』、427 頁。
7　「初審稿」とは、審査のために提出された第一版の原稿である。
8　「1988 年九年制義務教育全日制小学社会教学大綱（初審稿）」課程教材研究所編『20 世紀中国中小学課程標準・教学大綱滙編　自然・社会・常識・衛生巻』人民教育出版社、2001 年、171-175 頁。
9　「附件一　義務教育全日制小学、初級中学教学計画（試行草案）」課程教材研究所編『20 世紀中国中小学課程標準・教学大綱滙編：課程（教学）計画巻』人民教育出版社、2001 年、351-354 頁。

第 3 章　改革・開放後中国の小学校における教育改革の理念と挫折

10　前掲「1988 年九年制義務教育全日制小学社会教学大綱（初審稿）」171-175 頁。
11　当時の政治改革については、唐亮『現代中国の党政関係』慶應義塾大学出版会、1997 年などを参照のこと。
12　前掲「1988 年九年制義務教育全日制小学社会教学大綱（初審稿）」171-175 頁。
13　課程教材研究所編著前掲書『新中国中小学教材建設史 1949-2000 研究叢書　自然・社会巻』、423 頁。
14　前掲「1988 年九年制義務教育全日制小学社会教学大綱（初審稿）」、171-175 頁
15　前掲「1988 年九年制義務教育全日制小学社会教学大綱（初審稿）」、171-175 頁
16　王雪萍「中国の歴史教育における愛国主義教育の変遷―建国後の『教学大綱』の変化を中心に」『現代中国研究』第 29 号、2011 年 11 月 15 日、51-71 頁。
17　前掲「1988 年九年制義務教育全日制小学社会教学大綱（初審稿）」、171-175 頁
18　王雪萍「中国の歴史教育と対外観（1949-2005）――『教学大綱』と歴史教科書を中心に」添谷芳秀編著『現代中国外交の六十年―変化と持続』慶應義塾大学出版会、2011 年、51-69 頁。
19　課程教材研究所編著前掲書『新中国中小学教材建設史 1949-2000 研究叢書　自然・社会巻』435-436 頁。
20　課程教材研究所編著『新中国中小学教材建設史 1949-2000 研究叢書　歴史巻』人民教育出版社、2010 年、419 頁。及び「江沢民総書記致信李鉄映何東昌強調進行中国近代史現代史及国情教育　使小学生中学生大学生認識人民政権来之不易,提高民族自尊心自信心」課程教材研究所編『20 世紀中国中小学課程標準・教学大綱滙編　歴史巻』人民教育出版社、2001 年、607-608 頁。「1992 年　関于印発《九年義務教育全日制小学、初級中学課程計画（試行）和 24 個学科教学大綱（試用）的通知》」課程教材研究所編『20 世紀中国中小学課程標準・教学大綱滙編　課程（教学）計画巻』人民教育出版社、2001 年、371-381 頁。
21　「1992 年　関于組織実施《九年義務教育全日制小学、初級中学課程方案（試行）的意見》」課程教材研究所編『20 世紀中国中小学課程標準・教学大綱滙編　課程（教学）計画巻』人民教育出版社、2001 年、382-384 頁。及び課程教材研究所編著前掲書『新中国中小学教材建設史 1949-2000 研究叢書　自然・社会巻』、441-446 頁。
22　国家教育委員会は 1985 年から 1998 年にかけて中国の教育行政を統括していた政府機関であり、1998 年の国務院機構改革で教育部に改称された。
23　前掲「江沢民総書記致信李鉄映何東昌強調進行中国近代史現代史及国情教育　使小学生中学生大学生認識人民政権来之不易、提高民族自尊心自信心」、607-608 頁。

24 「1988 年　関于印発《義務教育全日制小学、初級中学教学計画（試行草案）和二十四個学校教学大綱（初審稿）》的通知」課程教材研究所編『20 世紀中国中小学課程標準・教学大綱滙編：課程（教学）計画巻』人民教育出版社、2001 年、350-358 頁。

　前掲「1992 年　関于組織実施《九年義務教育全日制小学、初級中学課程方案（試行）的意見》」、382-384 頁。及び前掲「1992 年　関于印発《九年義務教育全日制小学、初級中学課程計画（試行）和 24 個学科教学大綱（試用）的通知」371-381 頁。

25 前掲「1988 年九年制義務教育全日制小学社会教学大綱（初審稿）」171-175 頁。

　「1992 年　九年義務教育全日制小学社会教学大綱（試用）」課程教材研究所編『20 世紀中国中小学課程標準・教学大綱滙編　自然・社会・常識・衛生巻』人民教育出版社、2001 年、176-180 頁。

26 「1991 年　国家教委関于頒発《中小学加強中国近代、現代史及国情教育的総体綱要》（初稿）的通知」課程教材研究所編『20 世紀中国中小学課程標準・教学大綱滙編　歴史巻』人民教育出版社、2001 年、609-636 頁。

27 前掲「1992 年　九年義務教育全日制小学社会教学大綱（試用）」176-180 頁。

28 前掲「1992 年　九年義務教育全日制小学社会教学大綱（試用）」176-180 頁。

29 「1994 年　関于印発中小学校語文等 23 の学科的教学大綱に関する調整意見的通知」課程教材研究所編『20 世紀中国中小学課程標準・教学大綱滙編　自然・社会・常識・衛生巻』人民教育出版社、2001 年、181-183 頁。

30 課程教材研究所編著前掲書『新中国中小学教材建設史 1949-2000 研究叢書　自然・社会巻』441-446 頁。

31 課程教材研究所編著前掲書『新中国中小学教材建設史 1949-2000 研究叢書　自然・社会巻』446-450 頁。及び人民教育出版社地理社会室編著『九年義務教育六年制小学教科書　社会』（全 6 冊）人民教育出版社、1994-1998 年。

32 人民教育出版社地理社会室編著『九年義務教育六年制小学教科書　社会』（全 6 冊）人民教育出版社、1994-1998 年。

33 河北省教育科学研究所編『九年義務教育五年制、六年制小学教科書　社会』（全 6 冊）地質出版社、1999 年。

34 課程教材研究所編著前掲書『新中国中小学教材建設史 1949-2000 研究叢書　自然・社会巻』417-418 頁。

第4章　教科書から見た「中国」自画像の変容：
改革開放以降の国語・歴史・政治の3科目を中心に

武　　小　　燕

　教科書ほどその国で次世代に伝えようとするメッセージが分かりやすいものはない。近代以降、学校教育は国家という想像の共同体をつくる上で重要な役割を果たしてきた。学校教育における最重要な教材が言うまでもなく教科書である。教科書でいかなる「国家」や「国民」をめぐる言説と想像が動員されたのかは、その国の自己認識と関連し、またその国がつくろうとする国家像や国民像によって変わる。そこで、不完全で時には歪曲されたものでありながらも、その国や地域の歴史と文化に関する記述は国民の文化的リテラシーとして求められ、人々の共通認識が形成されていく。

　1978年末、中国は階級闘争から経済建設へと国策の舵取りを切り替えて改革開放を進めてから、社会は大きな変化を迎えた。本文では、1980年代以降激変する中国ではいかなる自己認識の下で国民教育に取り組んできたかを考察する。それにより、変化する中国社会の軌跡を確認し、その延長線にある国家像と国民像を考えたい。

　これまで中国の国民形成やナショナリズムを教科書の視点から分析するものは数多く出されているが、そのほとんどは歴史教科書に関する考察であり、かつ近現代史の分析を中心としている[1]。本論文では多くの先行研究で示された日中関係への関心から行われた日中戦争を中心とした教科書分析と異なる課題意識の下で、ナショナル・カリキュラムで伝えようとする中国そのもののイメージがいかなるものかを探るために、国民形成ともっとも関係の深い国語・歴史・政治の3科目を考察する[2]。国語教育で求められる国民の精神的気質がいかなるものか、

歴史教育で自国の過去と現在をどう捉えているか、政治教育で語られる社会認識と求められる公民像がいかなるものかを中等教育段階の教科書を通して分析し、その中に潜んでいる中国の自画像を明らかにする。

1　国語教科書における中国の自画像：政治中国から文化中国へ

　国語教育は近代国家以降、国民的アイデンティティを形成するのに重要な役割が与えられてきた。地域や階層によって使われた異なる言葉または話し言葉と書き言葉の隔たりをなくし、統一した言語教育で国民意識を育てるには、国語教育の働きが大きい。1949年に中華人民共和国が成立してから、国語教育は社会主義国の国民意識を育て、社会主義の思想教育を行う有力な道具に位置付けられた。そのプロパガンダの性格が薄れて文学教育の性格が強まってきたのは改革開放以降である。

　国語教科書の内容構成は、大きく中国の現代文、中国古典、外国作品の3種類からなる。80年代と90年代に中国の現代文は全体の半分以上を占め、もっとも重んじられた。しかし、2000年代以降その比重が小さくなり、中国古典と外国作品が増えた（表4-1）。中国の現代文が多かったのは文学的な観点ではなく、後述の通り社会主義教育の役割を果たすように、社会主義や共産主義の理想や精神を主旨とする作品が多く扱われた結果である。

　以下は表4-1で調べた教科書に掲載された中国の現代文を中心に年代ごとに国語教育の特徴を分析していく。

(1) 1980年代の国語教科書

　1980年代は改革開放の初期であり、階級闘争論や文化大革命を反省しながらも社会主義の理念を再建しようとする時代であった。この時期の国語教科書では次の特徴が見られる。

　第一に、社会主義や共産主義の理想や精神を主旨とする作品が多く、社会主義教育の色が濃厚である。中1前期の教科書を例にすると、中国の現代文は約半数

の21点あるが、そのうち社会主義教育の主旨が特に強かったものが13点ほどである。13点の詳細は次の通りである。牢屋に入れられた中国共産党員の地下活動を描いた「挺進新聞」、中国の革命を応援に来たカナダの共産党員・医者であるベチューンの技術と自己犠牲の精神を描いた「切断と輸血」、ベチューンの死を悼み、その無私の精神への見習いを主張する「ベチューンを記念する」、国民党に殺害された民主運動の闘士の聞一多を謳った「気骨を論じる」、ソ連革命の足跡を描いた「トビリシの地下印刷所」、人民英雄記念碑を紹介した「人民の英雄は永遠に不滅だ」、革命家の死と革命家同士の信頼を記した「同志の信頼」といった共産党員や人民の革命精神と自己犠牲の精神を謳った作品の7点、中国共産党の長征の様子を描いた「老三界（山の名前）」「草地での夕食」「紅軍の靴」の3点、人民奉仕の精神を謳った「人民の勤務員」「峠の娘」（峠で通行人のための休憩所を用意した娘）の2点、中華人民共和国の成立を謳う古文体の詩の「浣溪沙　柳亜子先生に応える」の1点である。

　こうした傾向はほかの国語教科書にも共通する。長征で火種を大事に保管した出来事の「七本のマッチ」、朝鮮戦争の戦地ルポである「誰が最も愛しい人か」、食品中毒の労働者を迅速に救助した事件を描いた「61人の階級的兄弟のために」、鉄道工事に奮闘する労働者の賛歌である「霊官峡の夜行」など、革命・労働者・階級性などのテーマで共産党と社会主義体制を賛美する文章が数多く登場している。

　第二に、国の指導者や革命家が書いた作品及び国の指導者や革命家を記念する作品が多い。国家主席・副主席または国務院総理・副総理を務めたことのある人物が書いた作品に限定しても中学校の国語教科書には12篇、高校の国語教科書には10篇あった。そのうち毛沢東の作品が最多で中学校に8篇、高校に7篇も収録された。「引き続き刻苦奮闘の精神を堅持する」「批判と自己批判」「自由主義に反対する」「私たちの文芸は誰のためのものか」「我々の学習を改革する」など、人々が持つべき姿勢と党の方針を主張する毛の論文が多く扱われた。毛沢東以外にもう一人の作者が注目に値する。大文豪の魯迅である。魯迅の作品は中学校の国語教科書に8点、高校には14点も掲載されて他の作者よりずばぬけて多い。魯迅は共産党員ではないが、毛沢東に「中国の文化革命の主将」「党外のボ

ルシェビキ」と称され、革命家として高く評価されている。この時期に国民党政府や封建社会に対する鋭い批判に満ちた魯の作品は多く採用されている。たとえば、外国に弱腰の国民党政府を批判する「友邦驚愕を論じる」、文化人の梁実秋を批判する「「宿なしの」「資本家の無気力な犬」」、文学の価値を抽象的な人文性と見なす文学観を風刺する「文学と汗」、封建的文化を批判する「雷峰塔の倒壊を論じる」など。これらの作品からは、魯迅は文学者というよりは革命家としての側面が評価されていることが分かる。毛沢東と魯迅のほかに、周恩来の「広範な民衆を団結させて共に進もう」、元国務院副総理の陶鋳の「松の風格」と「太陽の輝き」、国民党に逮捕・殺害された共産党員の惲代英の「牢屋の中の詩」、民主運動闘士の聞一多の「最後の演説」など、政治家や革命家の作品が多かった。

　そして、人物記念作品の主人公も政治家や革命家が中心であった。周恩来を記念する「貴重なシャツ」「周総理よ、今はどこに」、魯迅を記念する「面識」「同志の信頼」「魯迅を論じる」、ベチューンを称えた「ベチューンを記念する」、聞一多を記念する「聞一多先生の言ったこととやったこと」、中国共産党の指導者であった任弼時を記念する「任弼時同志に関する二、三件の出来事」、学生運動の指導者・犠牲者であった劉和珍を記した「劉和珍氏を記念する」、国民党に殺害された5人の若い左派作家を悼む「忘却のための記念」など数多い。これらの作品では政治家と革命家たちの無私・奉仕・勇敢・反骨の精神が謳われ、こうした気質が国民に求められた。他方、科学者や身近な人を記念する作品は少なかった。

　第三に、著名作家の作品については革命や下層労働者への同情や賛美が反映されたものが選ばれている。前述した魯迅のほか、女性作家の謝冰心の「オレンジの提灯」は父親が革命参加の疑いで失踪し、一人で母親の看病をする貧しい家庭の女の子の勇敢さと楽観さを描いた作品である。小説家の老舎の「烈日と暴雨の日に」では下層社会の人力車夫の悲惨な生活を描いた。小説家・評論家の茅盾の「ポプラ賛歌」では、自然環境の厳しい黄土高原で力強く成長するポプラへの賛美を通して忍耐強く素朴で勤勉な労働者たちの気質が謳われたなど、枚挙にいとまがない。ほかに、より直接的に革命を称えたり愛国を謳ったりする楊沫、楊朔、郭小川などの左派作家の作品が多く扱われている。

表 4-1　改革開放期の国語教科書における種類別の作品数の変化

		1980 年代		1990 年代		2000 年代	
		作品数	割合（％）	作品数	割合（％）	作品数	割合（％）
中学校	中国の現代文	122	53.04	167	61.4	93	33.94
	中国古典	95	41.3	86	31.62	138	50.36
	外国作品	13	5.65	19	6.99	43	15.69
	合計	230	100	272	100	274	100
高校	中国の現代文	99	51.3	79	50.97	34	34.69
	中国古典	81	41.97	64	41.29	46	46.94
	外国作品	13	6.74	12	7.74	18	18.37
	合計	193	100	155	100	98	100

注：作品数については、一つのテキストに複数の作品が掲載されている場合には複数の作品として数えた。また精読文・略読文・授業外閲覧文・授業外暗記漢詩など目録に入っている全作品を集計対象とした。
出所：人民教育出版社が発行した次の教科書に基づいて筆者が作成。中学校用教科書：① 1980 年代：人民教育出版社中学語文編輯室編『語文』（中学校）、1981 年（第一、三巻）／1982 年（第二、四、五巻）／1983 年（第六巻）。② 1990 年代：人民教育出版社語文一室編著『語文』（四年制中学校）、1992 年（第一巻）／1995 年・第 2 版（第二巻）／1993 年（第三巻）／1994 年（第四、五巻）／1995 年（第六、七巻）／1996 年（第八巻）。③ 2000 年代：課程教材研究所・中学語文課程教材研究開発中心編著『語文』（中学校）、2001 年（7 学年上巻〜八学年上巻）／2002 年（八学年下巻）／2003 年（九学年上巻、下巻）。高校用教科書：① 1980 年代：人民教育出版社中学語文室編『語文』（高校）、1983 年（第一巻）／1984 年（第二、三、五巻）／1985 年（第四巻）／1985 年（第六巻）。② 1990 年代：人民教育出版社語文二室編『語文』（高校）、1990 年（第一巻）／1995 年・第 2 版（第二〜五巻）／1991 年（第六巻）。③ 2000 年代：人教教育出版社課程教材研究所・中学語文課程教材研究開発中心・北京大学中文系語文教育研究所編著『語文』（高校・必修）、2004 年（語文 1〜5）。

(2) 1990 年代の国語教科書

　1990 年代は天安門事件で左派勢力が台頭した初期の頃の保守政策を経て、市場経済のさらなる発展が改めて強調され改革開放が一層進んだ時代であった。国有企業の民営化、移動制限や言論統制の緩和が進み、社会の自由化と価値観の多様化が加速した。この時期から社会主義イデオロギーが後退する代わりに、個人や科学への注目が高まった。この時期の国語教科書で見られる特徴は次のように

挙げられる。

　第一に、政治や革命をテーマとする作品が減り、一般人の生活をテーマとする作品が増えた。たとえば、中1前期の教科書には中国の現代文が25点あるが、うちに革命や政治と関係のない一般人の生活をテーマとするものが8点もある。なかには、おばあちゃんのことを思い続けた子どもの気持ちを語る小説「それが流れ星ではない」、子ども同士の友情とそれに対する大人の姿勢を問いかける小説「木彫羚羊」、雨を避けながら楽しく語り合う兄弟の愛情を描く詩「金色の大きな笠」といった無邪気な子どもが主人公である作品は80年代にないものである。また、幼少期の貧しい食事を思い出しながら共産党の左傾路線をやんわりと批判した「楡の実の蒸しご飯」、田舎の花市場の活気と聡明な花売り娘を描いた「花市場」のような、政策を批判したり市場経済を肯定したりするような作品も目新しい。家族愛を描いた随筆の「父の後ろ姿」「散歩」、故郷を恋しく思う華僑の気持ちを描いた小説の「ナツメの種」も政治や革命と無関係の視点から一般人の家族愛または故郷愛を表現したものである。

　第二に、自然科学または物事に関する客観的な説明をテーマとする作品が増えた。たとえば、同じ中1前期の教科書において、80年代は自然科学に関する作品がなかったが、90年代は中国の現代文の3点（「大自然の言語」「反響」「影の話」）と外国作品（「リス」）の1点、計4点も掲載されている。中高の教科書を通して「中国のアーチ橋」「砂漠に進む」（砂漠の説明と緑化の勧め）、「浮かぶ海の死海」「地球が丸いか」「曇で天気を予測する」「笑いについて」「故宮博物館」「蘇州の庭園」「カラフルな花」「生態圏とは」「人類の言語」「食物はどこから来るか」など、建築物、地理、生物、言語など幅広いテーマの作品が扱われている。

　第三に、人物記念作品では政治家や革命家を記念する文章が減り、芸術家や科学者または身近な人を描く作品が増えた。中学校の教科書を例にみると、京劇俳優の梅蘭芳を記念した「京劇を観る」、風刺漫画家の華君武を記念した「笑いの武器」、幼少期の隣家のお兄ちゃんを描いた「優しいお兄ちゃん」、著名作家の茅盾の「自伝」、著名な農業科学者を記した「ハイブリッド米の父、袁隆平」などが登場し、共産党員や革命家の任弼時、聞一多、劉和珍、左派作家を記念する文

第 4 章　教科書から見た「中国」自画像の変容　115

章が消えた。

　第四に、作者構成についても政治家、革命家、左派作家が減り、政治的イデオロギーを持たない文学者や科学者が増えた。たとえば、毛沢東の作品は中学校で 80 年代の 8 点から 6 点に、高校で 80 年代の 7 点から 5 点に減り、革命家と見なされる魯迅の作品は中学校で 8 点から 7 点、高校で 14 点から 10 点に減った。一方、非プロレタリアの作家である劉紹棠の「楡の実の蒸しご飯」、張潔の「カラシナを食べる」、劉新武の「起点の美」、賈平凹の「小さな桃の木」などの作品が追加された。また、自然現象や文化に関する説明文の増加と関連して、橋梁専門家の茅以昇による「中国のアーチ橋」、数学者の華羅庚による「オペレーションズ・リサーチ」、気象学者の竺可楨による「砂漠に進む」、地理学者の陳尔寿による「地球が丸いか」、言語学者の呂叔湘による「人類の言語」など科学者や専門家の作者が増えた。

(3) 2000 年代の国語教科書

　2000 年代初期、改革開放以来の 20 年余りの経済・言論・人々の移動の自由化、価値観の多様化の変化を経て、政治的イデオロギーや経済至上主義よりは人間性が問われるようになり、国語教育の脱政治化の傾向がいっそう加速した。この時期の特徴を次のようにまとめられる。

　第一に、政治的プロパガンダの作品は消え、中国文化の美の感受性または人間や動物への愛情に満ちたヒューマニスティックな作品が増え、国語教育の文学性が高まった。たとえば、淡い哀傷を帯びた愛情を描く「雨巷」、ロマンチックな別れの感傷と美しい風景に思いを馳せる「康橋に再び別れる」、文革中に処分せざるを得なかったペットへの追憶とお詫びの心情を語る「ワンちゃんのパオディー」などが挙げられる。また、中国の神話で人間を創ったと言われる女神の女媧を描いた「女媧の人間創り」、雲南における民間人のさまざまな歌の集まりを描いた「雲南の歌垣」、故郷で端午の日に飾りとしても使われる地元名産の塩漬け卵を紹介する「端午の日のたまご」、昔の北京街頭における呼び売り商人のいろいろな呼び方を描いた「呼び売り」など、伝統文化や民俗文化を描く作品が多く登場してきた。

同じ作家だが掲載された作品が変わった例が少なくない。その場合に例外なく政治的で社会主義思想と親和性のあるものから人文性と美的感受性の強いものに代わっている。謝冰心の作品を例にすると、80 年代と 90 年代の中学校教科書では前述した「オレンジの提灯」が掲載されたが、2000 年代はインド舞踊の美しさを描いた「インド舞踊の鑑賞」とさまざまな苦悩や喜びを経験する命の豊かさと大切さを語った「生命について」に取って代わった。

　また、同じテーマでも異なる趣旨が反映されている。たとえば理想について 90 年代の教科書では「理想の階段」と「崇高な理想」が扱われた。前者はマルクスやノーベル、魯迅などの姿勢を例に挙げながら、勤勉さや努力を通じて国の近代化という理想に向かって奮闘しようと訴える内容である。後者は共産主義の実現という崇高な理想を樹立し、それに奉仕するよう呼びかけたものである。ところが、2000 年代の教科書に掲載された理想をテーマとした作品は、詩人の流沙河の「理想」である。そのなかで「理想は石であり、火花をたたき出す。理想は火であり、消えた灯りを点す。理想は灯りであり、夜行の道を照らす。理想は道であり、黎明まで導いてくれる……」と語り、人々の心に潜んでいる希望であり、優しい光であるような理想が述べられている。理想は、国や社会に奉仕し、信念を徹するような共産主義の大きな理想ではなくなったのである。

　第二に、作者構成について、政治家と革命家がいっそう減り、さまざまな立場の人、さまざまな文学観を持つ人の作品が登場し、作者構成がより豊かになった。毛沢東の作品は中学校で 90 年代の 6 点から 3 点に、高校で 5 点から 1 点にさらに減った。魯迅の作品は中学校では 9 点で 90 年代の 7 点より増えたが、革命の闘志を示す文章が減り、幼少期に弟の凧を壊したことへの後悔の気持ちを記した「凧」、雪風景の描写を通して孤独な心情と世の中への希望を示した随筆の「雪」が登場し、人文性の満ちた作品へのシフトが見られる。また、高校では魯迅の作品が 90 年代の 10 点から 3 点になり、政治性の強い時事評論が少なくなった。

　一方、魯迅と同時代の人間として、ロマン主義作家の郁達夫（「古都の秋」）、中国郷土文学の父と呼ばれる沈従文（「辺城」）、象徴主義詩人の戴望舒（「雨巷」）、ロマン主義詩人の徐志摩（「康橋と再び別れる」）、さらに新文化運動にお

ける自由主義主張の代表者、魯迅の論敵である胡適（「私の母親」）といった革命家や左派作家とは程遠い文化人の作品、ひいて国民党政府体制内の要人であった蔡元培の作品（「北京大学校長の就任演説」）も掲載されるようになった。また、台湾作家の作品が多く登場するようになった。命の大切さを語る杏林子の「生命」、幼少時における父の死を偲ぶ林海音の「父の花が萎れた」、家族と故郷への想いを語る余光中の「郷愁」、中国の民族主義者の第一人者と言われる梁啓超の講演を記念する梁実秋の「梁任公先生の講演の思い出」など、台湾作家の作品では政治的なプロパガンダを超えた共通する文化の感受性と民族意識が示されている。

　第三に、中国の現代文の比重が小さくなり、中国古典の作品が増えた。前記の表4-1で示されたように、中国の現代文の数は80年代と90年代に中学校でも高校でも50％以上を占めたが、2000年代にいずれも3割程度になった。それに対し、中国古典の作品数は90年代に比べて中学校は3割から5割に、高校も5％増えた。中学校では漢詩の増加が特に目立つ。授業内で扱われる漢詩のほか、授業外に暗記せよとされる漢詩のリストが挙げられ、中国古典に関する教養が重要視されている。そして、中国古典のテーマも闘争や批判という政治的・革命的なものから愛情や風景または人生の道理を語る人文的なものに変わった。たとえば、80年代と90年代の高校教科書に採用された『詩経』の詩は「伐檀」（檀を切る）と「碩鼠」（大きな鼠）の二つであり、労働者の苦労と労働者を搾取する統治者への怒りを描くものであった。それに対し、2000年代に採用されたのは『詩経』の「氓」（人物の名前）と「采薇」（野えんどうを採る）であり、それぞれ男女の愛情と出征する兵士の故郷を思う気持ちを語るものであり、繊細な感情が描かれている。また、白居易の詩は80年代と90年代の中学校教科書では炭売りで生計を立てる年寄りの悲惨な境遇を語った「炭を売る翁」が掲載されたが、2000年代では春の西湖の美しい風景を描いた「銭塘江春行」に取って代わった。

(4) まとめ

　1980年代から2000年代までの中学校と高校の国語教科書に掲載された作品の分析を通して、国語教育で求められる国民の精神的気質が大きく変わったことが

分かる。80年代には共産主義や革命を謳歌し、労働大衆との連帯意識を持ち、共産主義者や社会主義者としての気質を求め、社会主義国としての自画像が鮮明であった。90年代には一般人の生活、科学的事象への関心が高まり、社会主義国の面影が薄まって個人や科学を重んじる近代社会の側面が強まった。2000年代には文化、伝統、人間、美への関心が高まり、文学的教養とヒューマニズムの精神が求められ、国語教育の政治性がいっそう薄れて文化中国の自画像が前面に出されるようになった。そこで描かれた人間像も政治的人間・革命的人間から人文性と美的感受性の満ちた人間に変わった。

こうした変化は採用された外国作品にも反映されている。高校教科書における外国作品を例にすると、80年代と90年代に掲載されたのは「マルクスの墓の前での講話」「箱に入った男」「守銭奴」などの資本主義批判の作品であったが、2000年代に「私には夢がある」「老人と海」「父母と子どもの間の愛」などの作品が扱われ、人類に共通する希望や愛のテーマになった。自国を見つめる視線の変化により、他者への眼差しも変わったのである。

2 歴史教科書における中国の自画像：革命中国から文明中国へ

中国では歴史叙述は古い伝統を持ち、近代以降の国民教育において歴史教育はとりわけ重要視されている。歴史教育はほかの教科に比べてより直接的に国家認識と歴史認識を示すものであり、国民のナショナルアイデンティティに大きく影響する。中華人民共和国成立以降の歴史教育では唯物史観が徹底された。改革開放以降、社会主義イデオロギーの後退につれ、唯物史観が薄れ文明史観と呼ばれる歴史観が次第に台頭してきた。

中国の学校で歴史教育は主に中等教育段階で行われる。改革開放以降、中学校と高校で設置された歴史教育の必修部分のカリキュラムは表4-2の通りである。1980年代前半は累積方式で中国古代史、中国近現代史、世界史の順で学んだが、1986年に義務教育法の成立と同時に、義務教育段階における世界史教育の欠落が問題視され、中学校にも世界史が取り入れられた。天安門事件後、アヘン戦争

第4章 教科書から見た「中国」自画像の変容 119

表 4-2 中学校と高校における歴史教育の課程設置（必修のみ）の変化（括弧中の数字は週間授業時間）

時期	中1	中2	中3	高1	高2	高3
1970年代末〜1980年代前半		中国古代史 (2)	中国近現代史 (2)	世界史 (2〜3)		
1980年代末〜1990年代前半	中国古代・近代史 (3)	中国近現代史 (2〜3)		中国近現代史[注2] (2〜3)		
1900年代〜	中国古代史 (2)	中国近現代史 (2〜3)	世界史 (2)	中国近現代史 (3)		
2000年代〜	中国古代史 (2〜3)	中国近現代史 (2〜3)	世界史 (2〜3)	歴史Ⅰ（政治） (1)	歴史Ⅱ（経済） (1)	歴史Ⅲ（文化） (1)

注1：中国近現代史は1840年アヘン戦争以降の歴史を指す。近代史と現代史の時期区分について、1980年代までは1919年の五四運動であったが、1990年代以降1949年の中華人民共和国の成立に変わった。

注2：天安門事件の直後、1990年版の中学校高校教学大綱により高校で中国近現代史が追加された。1992年版中学校歴史教学大綱により中1〜中2で中国史、中3で世界史を学ぶこととなり、1996年版の高校歴史教学大綱により中国近現代史は高1で学び、それ以外に文系の生徒のみが高2で世界近現代史、高3で中国古代史を履修することとなった。

注3：1980年代後半以降のカリキュラム改革は、局地の試行を経て内容を改善しながら逐次に全国に広げる形で展開しているため、2000年代には1990年代のカリキュラムを実施している地域もあった。

出所：各教学計画、教育課程計画、教学大綱、課程基準を参照の上、筆者が作成。

以降の中国近現代史教育の充実が求められ、1990年から高校で文系理系を問わず中国近現代史のみが必修となった。そして、2000年代初期のカリキュラム改革では、グローバル化の進行と中国のWTO加盟を背景に、高校の歴史教育は従来の自国史と世界史（＝他国史）の枠組みを取り払って、両方を統合したテーマ史を打ち出した。「政治」「経済」「文化」をテーマとした3冊は全員必修であり、ほかに「歴史上の重大な改革」、「近代社会の民主思想と実践」、「20世紀の戦争と平和」、「中外歴史人物評論」、「歴史の謎の探索」、「世界文化遺産」をテーマとした選択の6冊がある。高校以降の進路を問わず、すべての生徒が循環方式

で自国史と世界史もしくは統合史を二通り学ぶことになった。

また、アヘン戦争以来の約150年間の中国近現代史を学ぶ時間は、5000年ほどの期間を扱う中国古代史を学ぶ時間と同じもしくはそれ以上であることが、表4-2を見て分かる。これは歴史教育における「厚今薄古」の原則である[3]。すなわち、古代史を手薄く近現代史を手厚く扱うことである。それは1950年代後半、学問や教育がプロレタリア政権に奉仕しなければならないという左傾的な教育政策で強調されて以降、長らく歴史教育を支配していた。以下は1980年代初期、1990年代前半、2000年代の中国史教科書を中心に歴史教育の変容を考察する[4]。

(1) 1980年代の歴史教育

1980年代初期のカリキュラムにおいて、中国史は表4-2の通りに中2と中3で学び、計4冊の教科書が使用された。この時期の歴史教育は社会主義のイデオロギー教育の役割を背負い、唯物史観が教科書の隅々まで浸透している。80年代後半にカリキュラムの変更があったが、歴史教科書の内容に大きな変化はなかった。ここで80年代初期の教科書から80年代の歴史教育の特徴をまとめてみる。

第一に、階級対立をベースに歴史教育の内容を構成し、社会の現状と課題を分析する視点が徹底されている。北京原人から中華人民共和国成立までの歴史は原始社会・奴隷社会・封建社会・半植民地半封建社会のテーマで区分されている。古代史では2～3つの王朝を一つの単元とし、いずれも次のようなパターンで叙述されている。すなわち、まず王朝が生まれた際の生産力と生産関係を分析し、この時期の政治面・軍事面・経済面の主な施策と出来事を記述し、それから民衆の蜂起を受けて王朝が崩壊していくことを述べ、最後にこの時期の文化をまとめる。たとえば隋・唐について、「封建社会の繁栄―隋・唐」の単元で「隋の統一と隋末の農民蜂起」「唐前期の繁栄」「唐の衰弱と唐末の農民蜂起」「隋唐期の文化」のテーマで内容が構成される。こうした構成で統治と被統治の関係を描き出し、両者の対立からくる階級闘争こそ歴史の進歩を推し進める原動力だという唯物史観を全面的に押し出している。隋の最後では「腐敗した残虐な隋政権は農民革命の嵐のなかで転覆されてしまった」とまとめられ、唐の最後では黄巣蜂起が

「魏晋以降の腐敗した士族の勢力をさらに砕き、歴史の前進を推し進めた」との評価で締めくくった。

　アヘン戦争から辛亥革命までの近代史に関する叙述は「アヘン戦争・太平天国運動」、「中国資本主義の誕生・日清戦争」、「戊戌の変法・義和団運動」「辛亥革命」「近代中国の文化と科学」の単元で構成されている。こうした構成は中華人民共和国成立以降の歴史教育で展開された毛沢東の「二つの過程」論とマルクス主義歴史学者の胡縄による「三つの革命の高潮」論を踏襲したものである。すなわち、この期間の歴史は「帝国主義と中国封建主義が中国を半植民地・植民地に変化させる過程であり、中国人民が帝国主義とその手先に反抗する過程」（「二つの過程」）であり、「太平天国、義和団、辛亥革命」の三つの革命的事件がそれに対する中心的な出来事であり、その期間における中国社会の発展が封建主義と帝国主義の圧迫で停滞・没落していく過程だとみなされる[5]。こうした歴史観の下で、アヘン戦争の国内的要因を「統治階級の残酷な搾取と略奪が国内の階級的対立を激しくした」としたり、西洋の技術を導入した官僚主導の洋務運動を「清王朝の統治を維持するため」であり、「政治的経済的特権をもって民族工業の発展を抑圧した」と批判したり、中国民族主義に対しても「外国の資本主義及び国内の封建主義と妥協する側面を持つ」とその限界を指摘した。

　一方、農民蜂起や革命運動が教科書にふんだんに取り入れられている。古代史の目次では「秦末の農民蜂起」「後漢末の農民蜂起」「隋末の農民蜂起」「唐末の農民蜂起」「北宋初期の農民蜂起」「南宋の階級闘争」「明末の農民蜂起」などのテーマが設けられ、王朝ごとに農民蜂起の詳細を記している。たとえば、隋末の農民蜂起について山東の長白山蜂起、河南の瓦崗軍蜂起、河北の蜂起、江淮の蜂起などの数々が述べられ、唐末の黄巣蜂起について4頁ほどの紙幅をもって詳述された。近代史では前述の三大革命のほかに、捻軍の反清運動、少数民族の蜂起、中国におけるプロレタリア階級の誕生、北洋軍閥への反対運動なども詳述し、かつ高く評価している。太平天国は20頁ほどの紙面で詳述された上で、「偉大な反封建反侵略の農民運動」で「数千年以来の中国の農民蜂起の最高峰」であり、その「輝かしい成果は中国人民が引き続き闘うようにずっと励ましてくれている。」と高く評価された。中国共産党成立以降の現代史部分でも数々の運動や

革命が語られた。各教科書の最後にまとめられた年表には古代史は26件、1840～1949年の近現代史は28件の農民蜂起や革命運動が載せられている。

　第二に、イデオロギーの対立はナショナリズムの対立より優位である。この特徴は中国共産党成立以降の記述で特に目立つ。この部分の教育内容は「中国共産党の創立と第一次国内革命戦争[6]」「第二次国内革命戦争[7]」「抗日戦争」「第三次国内革命戦争[8]」の単元で構成され、ほとんどイデオロギーの異なる中国共産党と中国国民党の対立を軸に据えられていることがわかる。中国共産党の成立、中国共産党が指導した数々のストライキや農民運動、内戦や抗日戦争における中国共産党の戦略や功績、中国共産党の会議と方針など、中国共産党の歴史と功績に多くの紙面を費やしており、中国共産党史といっても過言ではない。そして、中国共産党の敵である中国国民党に対する批判がもっとも多かった。日中戦争に関する記述のなかでさえ、「国民党の反共産党の活動」「国民党の暗黒な統治」「抗日戦における国民党の敗退」など、国民党批判を惜しまなかった。国民政府の抗日活動をほとんど言及しておらず、国民党はいかに積極的に共産党を圧迫したか、いかに無能で腐敗しているかを中心に国民党と国民政府を描いた。それに比べて日本軍の侵略と暴行に関する記述は付随的なものでさえある。

　第三に、文化史においても階級批判が中心である。「隋唐期の文化」では白楽天が「詩と歌で統治階級の罪業を暴き、風刺し、人民の苦しみを表現した」、柳宗元が「散文で当時の政治的腐敗と社会の暗黒を暴き出している」と評価されている。莫高窟の絵についても「唐における経済の繁栄と統治階級の贅沢な生活を反映したと同時に、労働人民の勤労ぶりと苦しさも示した」と指摘する。また、「春秋時代の文化」では『詩経』について、「労働者たちの勤労の様子を描き」「奴隷たちが圧迫や搾取に反対し、奴隷主の貴族たちを非難する怒りの声を反映」した作品が収録されたことを評価し、搾取者たちを食料を盗み食いする大きな鼠になぞらえた「碩鼠」の詩を取り上げた。孔子については「孔子の思想は後に封建社会で統治階級に改造され利用され、封建制度を維持し、人民を統治する精神的な道具になった」とし、その思想の封建性を批判した。近現代史部分の文化史に関する扱いが少なく、西洋文明を紹介した魏源と厳復、科学者の李善蘭や詹天佑及び新文化運動を中心とした記述に止まった。

第 4 章　教科書から見た「中国」自画像の変容　123

(2) 1990 年代の歴史教育

　表 4-2 の通り、1990 年代前半において、中国史は中 1 と中 2 で一通り学んでから高 2 で中国近現代史を再度学ぶことになる。中国史の必修教科書は中学校の 4 冊と高 2 の 2 冊で計 6 冊ある。この時期の歴史教育の特徴は次のように指摘できよう。

　第一に、階級論の視点が薄れた。これは中学校の教科書では特に顕著である。中学校の 4 冊では中国古代史、中国近代史、中国現代史で時期を区切っているだけで、奴隷社会や封建社会による区切りではなくなった。扱う範囲は北京原人の時期から 1980 年代までであり、中華人民共和国成立以降の内容が充実した。

　古代史も近現代史も目次では唯物史観で単元をまとめることがなく、年代を追って王朝や出来事を淡々と並べるスタイルになった。たとえば、隋・唐に関する目次は「一時的に繁栄した隋」「貞観の治から開元の治まで」「盛世における経済の繁栄」「周辺地域との融合」「海外との交流」「唐の衰弱と滅亡」「封建文化のピーク」となり、隋・唐の経済繁栄、民族融合、文芸開花を中心に内容がまとめられている。近代史の目次では「アヘンの輸入と禁煙運動」「中英アヘン戦争」「太平天国運動の興起」などのタイトルで主な出来事が続く。三大革命は重要な出来事として扱われているが、80 年代ほど突出させることがなくなった。

　階級闘争に関する内容が少なくなった。たとえば、隋末の農民蜂起については長白山蜂起と瓦岡軍蜂起の 2 件に限定した。唐末の黄巣蜂起と清末の太平天国運動はそれぞれ 1 頁余りと 13 頁程度になり、前述した 80 年代初期の 4 頁と 20 頁に比べて大いに簡略化された。実際に 90 年代の歴史教科書の記述は全体的に膨らませていたため、黄巣蜂起や太平天国の扱いはいっそう小さくなっていることが分かる。また、大事年表における農民蜂起や革命の件数を見ても古代史は 5 件、1840～1949 年の近現代史は 19 件になり、前述した 80 年代教科書の 26 件と 28 件に比べて大いに減った。

　歴史的な人物や事象に対する評価も階級の視点が薄れた。孔子の影響について、81 年版の教科書では孔子の思想が「封建制度を維持しながら人々を統治する精神的な道具となった」と批判的であったが、92 年版の教科書では孔子の学説は「わが国の 2000 年以上に及ぶ封建社会の正統な思想となり、後世に多大な

影響を与えた」と淡々とした評価になった。また、封建社会の官僚による洋務運動について、81年版の教科書では「経営と管理が腐敗し、生産効率も極めて低い」「政治と経済の特権をもって民族工業の発展を抑圧した」と厳しく批判したが、94年版の教科書ではこうした批判がなくなり、「洋務派は軍事工業を発展すると同時に、『富を求める』のスローガンも提起して民用工業を作った」と淡々とした記述に変わった。そのうえ、参考資料の小文字で代表的な紡績会社の生産量と労働者数を記載してその規模の大きさを示し、洋務派による漢陽鉄廠が「当時の中国における最大規模の製鉄工場である」と誇らしげに述べている。

　第二に、教科書の分量が増え、各時代の愛国者と侵略者の暴行に関する詳細な記述が充実した。階級闘争などの唯物史観を示す記述が減ったものの、教科書の分量は古代史と近現代史を問わず大いに増えた。80年代初期の4冊に比べて文字数は32.9万字から88.9万字になり、3倍近く増えた[9]。主に増やされたのは本文よりポイントを落とした文字で書かれた、本文を補う閲覧資料の部分である。そこで様々なエピソードや出来事のより詳しい紹介がなされている。

　たとえば、南宋の際に黄河を渡って失った領土を取り戻そうと主張した大臣の宗澤が亡くなる前に「『川を渡れ』を三回も連呼して大きな遺恨を抱いてこの世を去ってしまった」とのエピソードが絵入りで紹介された。清末の林則徐についてはアヘン禁止だけでなく、飢餓した民衆を救ったり水利工程の監督に風雨にも負けずに努めたりした在任中のほかの出来事も詳述されている。太平天国の指導者の一人である洪仁玕が清の軍隊に殺される前に残した「祖国がなくなった。しかし、将来のいつか、祖国は必ず復活するだろう」という詩が掲載された。また、日中戦争において抗日救国運動を展開した華僑リーダーの陳嘉庚についてその略歴と運動の詳細を絵入りで紹介したり、華僑たちが寄付した金額や物質の一部も具体的な数字を挙げて述べたり、「中国が存在する限り、最後の1ドルでも寄付して祖国を救いたい。もし中国が不幸にして亡くなったら私もこの世を去ってしまうことを誓う」というアメリカ在住のある華僑の話を取り入れた。これらのエピソードに共通しているのは階級や時代に拘らない愛国心であることが明らかである。また、この時期の教科書では中国共産党の歴史と共産党員に関する記述も詳細となり、名前の挙げられた人物肖像のなかには中国共産党員とその支持

者が42名も描かれたが、プロレタリア政党のイメージというよりは、国内外の敵と勇敢に戦う愛国者像としてのイメージが強い。この時期の歴史教育で描かれた国家像は階級国家像というよりは祖国像であり、求められた国民像はプロレタリアの自覚をもつ社会主義者というよりは祖国や祖国の人々を大切にする愛国者だといえる。

　他方、80年代の近現代史では国民党批判はもっとも多かったが、90年代では中国を侵略した国々の暴行に関する記述が大いに充実した。たとえば、円明園破壊について本文における簡潔な記述を補って、円明園のすばらしさ、フランス・イギリス連合軍の破壊ぶり、ユーゴーによる破壊行為の批判などを内容とした閲覧資料が載せられている。日中戦争における日本軍の暴行について本文のほかに、閲覧資料では南京大虐殺、石井部隊、資源略奪、抗日拠点に対する掃蕩などを、多くの絵および数字や名前の入った具体的な事例を通して詳述した。国民党批判は相変わらず主題の一つであるものの、全体的に日中戦争期の記述はイデオロギーの異なる国民党と共産党との対立から、侵略された中国と侵略した日本との対立へとシフトし、階級意識よりも民族意識が強調されるようになった。日本軍との戦いについてこれまで中国共産党の働きを中心に述べられたが、国民党が払った犠牲も詳しく語られるようになった。

　第三に、中学校の歴史教育に比べて高校の方は唯物史観の視点が相対的に色濃い。高校における中国近現代史の教科書で取り扱われている出来事は中学校と大きな違いがないが、政治、経済、思想面について、より唯物史観的な解釈が示されている。たとえば、太平天国運動について中学校では「農民階級は科学的理論による指導がないため、太平天国は清王朝の統治を倒すことができず、最終的に国内外の反動的勢力の連携でつぶされた」とその限界を指摘した。高校ではこうした趣旨を述べた上でさらに「太平天国の悲劇は次のことを明確に示した。すなわち、階級と時代の制限により、農民階級は中国革命を指導して勝利を収めることができない」という。戊戌変法に対する評価も「彼らは帝国主義と封建主義に反対してそれらと闘う勇気がなく、改良の手段で実権のない皇帝に希望を託して一般の人民や群衆から浮き上がった。そのため、封建的で頑固な旧勢力が維新派を反撃した際に、維新運動は月下美人の花のようにすぐにしぼんで失敗に帰し

た。戊戌変法の失敗はブルジョアジーによる改良の道が半植民地半封建社会の中国では通らないものだと証明した。」という中学校の教科書で見られない批判が加えられ、階級の視点がより鮮明であった。辛亥革命についても高校ではその功績を称えると同時に「ブルジョアジーの軟弱性と妥協性によって彼らは帝国主義と完全な決裂を図ることをせず、広範な農民や民衆を喚起して封建的勢力をぶち壊して土地制度の改革を行うこともしなかった。それゆえ、辛亥革命は帝国主義と封建主義に反対する歴史的な任務を果たせず、中国の半植民地半封建社会の性質を変えることができなかった。今回の革命の失敗は帝国主義の時代に、半植民地半封建社会の中国が西洋側と同じ道を歩んではいけないことを証明した。ブルジョア共和国の方案は中国では通らないものである」と厳しく批判した。

第四に、文化史に関する記述が充実した。中学校の4冊における文化史の割合は80年代初期には13％程度だったが、この時期に21％になり、特に古代史の文化に多くの紙面を割くようになった[10]。たとえば、中1の後期で学ぶ教科書では隋から明までの時期を扱っているが、そのうち文化史の記述が全体の3分の1ほどを占め、科学技術、文学や芸術、宗教や教育など文明の発達が幅広く紹介されている。また、近現代史における文化史について80年代初期の教科書では清末から民国初期の思想や文学を紹介した程度で12頁しかなかったが、90年代には民国期と中華人民共和国成立後の文化を含めて計48頁もの紙面が割かれた。いずれの時期の文化史においても唯物史観を示す言葉が少なくなり、政治性以外の技術や芸術などの幅広い内容が補充された。

(3) 2000年代の歴史教育

2000年代初期のカリキュラム改革では高校の歴史教育は自国史と世界史を融合したテーマ史となり、「政治」「経済」「文化」の3テーマが全員必修である。中学校の教科書は簡素化され、4冊の中国史は計57.6万字で90年代の約3分の2になった。カラフルな図表や生き生きとしたエピソードの参考資料が随所に入れられている構成は90年代と同じだが、内容の主旨が大きく変わった。以下では、この時期の歴史教育の特徴を見ていく。

第一に、唯物史観はさらに薄れ、文明の発達を軸にした文明史観の台頭が目立

つ。中学校で扱われた古代史の目次を見ると、「中華文明の起源」「国家の誕生と社会の変革」「統一国家の成立」「政権の並立と民族間融合」「繁栄と開放の社会」「経済的重心の南方への移転と民族関係の発展」「多民族国家の中央集権の強化と社会の危機」といった単元名で2～3つの王朝ごとをまとめながら、文明発展の過程を示している。春秋戦国とそれまでの王朝の文明は「中華文化の勃興」と評したり、「隋文帝は精励して国をよく治めようとする皇帝である」と述べられて明主であれば皇帝をほめたたえることも躊躇しなくなった。これまであまり語られなかった科挙制度についても「科挙制の創設」というテーマが新たに設けられた。

　中学校で扱われた近現代史では洋務運動や戊戌変法について「近代化の探求」という単元にまとめられ、洋務運動が「中国の近代化の道を切り開いた」との評価に転じたことが目新しい。また「経済と社会生活」の単元が設けられ、近代的民族工業の発展を評価したほか、交通手段の発展、映画の伝播、新聞の登場といった政治や革命と関係の薄いものも初めて歴史教育の射程に入るようになった。前述のように、唯物史観に基づく革命史観では清末期は中国社会が封建主義と帝国主義の圧迫で停滞・没落していく過程とみなされたが、2000年代の歴史教育ではその時期における社会進歩の側面を見出そうとしているのである。他方、三大革命とされた太平天国・義和団・辛亥革命のうち、前二者は目次に登場すらしておらず、本文でも太平天国に関する記述は1頁足らず、義和団の記述は数行しかなく、従来の存在感がなくなった。こうした変化は古代史も同様である。かつて詳述した隋末と唐末の農民蜂起についていずれも「農民蜂起が生じた」との一言に止まった。中学校の4冊における歴史大事年表に掲示された農民蜂起や革命の運動が計5件しかなく、80年代の10分の1以下、90年代の4分の1以下になった。

　高校の必修分野は政治・経済・文化のテーマ史となり、政治史と経済史に偏ったそれまでの歴史教育に比べて文化史の存在感が増している。文化史では歴史の流れを追って「中国伝統文化における主流思想の変容」「西洋における人文主義の起源と発展」「古代中国の科学技術・文学・芸術」「近代世界における科学の発展」「近代中国における思想解放の動き」「20世紀以降の中国における科学技術・

教育・文学・芸術」「19世紀以降の世界における文学と芸術」の単元からなり、階級闘争ではなく文明発達の視点で歴史の発展をまとめた。政治史における「古代中国の政治制度」の単元では、中央集権制度の形成と発展を中心に記述し、農民闘争の記述は皆無である。アヘン戦争から中華人民共和国成立までの歴史を「侵略に反対し、民主化を求める近代中国の動き」の単元にまとめ、屈辱や苦難の満ちた時代だけでなく、独立と民主を勝ち取ったことの意義が評価されている。経済史では「近代中国における社会生活の変容」の単元が設けられ、そこで物質的生活と社会風習の変化、交通手段や通信技術の進歩、マスメディアの発展が記され、近代文明がもたらした利便性が評価された。

　第二に、国家統一や民族融合を重要視する内容構成で国民国家の視点が全面的に打ち出されている。古代史では記述の視座が国家の統一と多民族の融合、経済発展に置かれていることが目次からでも読み取れる。たとえば、「秦の統一」「漢の統一」「北方民族の大融合」（北魏）、「一大家族への統合」（唐）、「台湾の収復」（明）、「多民族国家の強化」（清）など、王朝と周辺地域または漢民族と少数民族の歴史的なつながりを示すテーマが増加した。近現代史の部分においては、たとえば19世紀後半における清の官僚である左宗棠が新疆を取り戻したことについて、94年版の教科書では1頁足らずの記述しかなかったが、2000年代の教科書では「新疆の回復」とのテーマが設けられて4頁ほどの紙面で詳述し、「新疆が再び祖国の懐に帰った」と強調した。

　日中戦争は「中華民族の抗日戦争」というテーマの下で国民党と共産党の階級的対立にまったく言及しておらず、これまでの教科書でふんだんに記された国民党政権の腐敗や民衆に対する搾取の内容も消えた。国民党の軍隊を「中国軍隊」と呼び、これまで共産党の功績とされてきた抗日民族戦線が「国共両党が再び協力して・・・全民族の抗戦を指導し始めた」ものとし、団結して抵抗する側面が強調された。最後に日中戦争が勝利したことの意義を「台湾も祖国に帰った」にも求めた。高校の政治史においても抗日戦争を「全民族の抗戦」と称し、その勝利によって「全国の人々の民族的自尊心と自信が高まった」と評価した。

　また、改革開放以降の内容が充実した。中学校と高校の教科書を問わず、少数民族の地方自治と経済発展、香港とマカオの中国返還および台湾との交流が詳述

され、民族融合と祖国統一の国策の伝達が図られている。中学校の教科書では「香港、マカオが祖国に帰り、中国の人々は百年の国恥を雪いだ。我が国は祖国統一の大事業を完成するのに大きな一歩を踏み出した。」「中国共産党は台湾同胞を含む中華民族のすべての人々とともに中国を分裂するあらゆる陰謀を断固として阻止し、祖国統一の大事業を完成するように努める」などと記し、政治史を扱う高校の歴史教育の分野でも同じ趣旨が述べられている。

(4) まとめ

以上、中学校と高校の歴史教科書の考察からは、改革開放後における歴史教育の趣旨と内容が大きく変わったことが分かる。80年代には唯物史観に基づく革命史観の下で農民蜂起や革命の運動、中国共産党の歴史がもっとも重視され、多くの紙幅が割かれた。90年代に入ると、階級の視点が後退し、愛国心教育の強化が見られる。そして2000年代以降、文明史観の下で文化史が充実され、文明発展を軸にした内容構成と歴史認識が示されるようになった。こうした変容の過程で、革命的・階級的な国家像は近代的・文化的な国民国家へとイメージが変化しつつある。

3 政治教科書における中国の自画像：社会主義国家中国から近代国家中国へ

政治教育は中華人民共和国成立以降、中国共産党のイデオロギー教育を施す中心科目として設けられた。そこでは系統的・学問的な知識を学ぶというよりは、一定の政治的・道徳的な価値観の下で社会制度、政治的理念、人生の価値観、社会生活の規範道徳などの習得が求められる。政治教育は初等教育から高等教育まですべての学校で行われる。改革開放以降、中学校と高校における政治教育の授業時数は週に約2時間だが、その趣旨と内容は時代によって異なる。たとえば、中1が学ぶ政治教科書のテーマを時代ごとにリストアップすると、その違いが歴然である（表4-3）。政治教育は価値教育であり公民教育であり、国が求めようとする理想的国民像が凝縮している教科だと言える。

(1) 1980年代の政治教科書

　80年代の政治教育は文革後の社会主義に対する不信について、いかに共産主義に対する求心力を再建し、社会主義国の建設に尽力するように人々を動員するかが最大の課題であった。80年代前半、中学校では「青少年修養」「政治入門」「社会発展略史」の3分野、高校では「政治経済学入門」と「唯物弁証法入門」の2分野が設けられ、共産主義道徳とマルクス主義の基本知識の習得が中心であった。80年代後半は政治教育改革の下で一部の地域での試行が始まり、中学校では「公民」「社会発展略史」「中国社会主義建設入門」の3分野に、高校では「科学的人生観」「経済入門」「政治入門」の3分野に改められ、社会主義教育の趣旨を引き継ぎながら、法教育と国の現状に関する学習が充実された。この時期の政治教育の特徴は次のように挙げられる[11]。

　第一に、共産主義道徳とマルクス主義理論の習得を中心とし、社会主義教育の色が濃厚である。「青少年修養」（中1）では修養とは「人の進むべき道」であり、生徒たちにとって「主に共産主義の道徳を身につけ」「その名に恥じないプロレタリア事業の継承者になるように成長していく」とし、上下2巻で祖国愛、人民への愛、中国共産党への愛をはじめとする16のテーマをもって共産主義の理想や社会主義国の建設に自分を捧げるようにと求めた（表4-3）。ここでの祖国愛とは、「祖国の優れた社会主義制度を愛し、かつ自分のすべてを社会主義の祖国に捧げる」ことであり、帝国主義や覇権主義への批判もインターナショナリズムの発揚もその一部とみなされる。つまり、祖国愛は郷土愛の延長にあるものではなく、社会主義への愛が必須であるとされる。

　「社会発展略史」（中3）では「なぜ社会発展史を学ぶのか」との問いに対し、「社会が発展する法則とは何か」を学ぶことにより「資本主義社会が必ず社会主義、共産主義社会に発展することが分かり、社会や歴史が発展する方向性と未来像を見抜き、共産主義の事業のために奮闘する高い志を立てること」との答えが示されている。上下2巻のテキストはマルクス主義の理論に即して、人類社会の誕生と労働の役割、原始社会、奴隷社会、封建社会、資本主義社会、社会主義と共産主義の順で社会発展の歴史を生産力と生産関係の対立、階級闘争の視点から述べるものであった。最後に「社会発展史をマスターし、共産主義の人生観を立

てよ」とのテーマで全体が総括された。

また、82年版の中学校高校教学大綱によれば中学校の「政治入門」（中2）ではマルクス主義の観念をふまえて階級・国家・政党の概念を理解し、社会主義革命・運動の歴史および中国の政治体制を学ぶ内容とされた。80年代後半高3に移行したこの分野の教科書を見ると、「階級」が真っ先に学ぶテーマであった。「階級の存在、階級間の対立と闘争が階級社会におけるもっとも普遍的でもっとも基本的な政治の事象である。」としたうえで、資本主義社会と社会主義社会の階級関係と階級闘争について述べられた。階級のほかに「国家」「政党と社会団体」「民族と宗教」「国際関係と国際組織」のテーマが扱われ、いずれもマルクス主義の理論に即して説明された。

ほかに、高校の「政治経済学入門」（高1）ではマルクス経済学における剰余価値説、再生産と恐慌論など、「唯物弁証法入門」（高2）では物質と観念の関係、矛盾の普遍性と特殊性などに関するマルクス主義の理論を学ぶ内容でなければならないという枠組みが教学大綱から確認できる。

第二に、改革開放以降の新しい社会秩序の再建に向けて、80年代後半の教科書では法教育と国の経済建設の現状に関する記述が充実された。「青少年修養」から取って代わった「公民」（中1）では表4-3で示されたように、祖国愛や人民愛の優先度が落ち、共産主義や革命の精神のテーマが減り、マナーや法の規範教育と時間の概念や民主主義などの近代的精神の内容が追加された。中華人民共和国成立以来、人民という言葉はよく使われたが、人民とは国民ではなく、反革命分子などの一部の国民は含まれていない[12]。ところが、公民という言葉は人々の政治的立場を問わないすべての国民の意味として登場した。公民の教養としてマナーや法意識、民主の観念を身につけることが求められた。たとえば「民主の観念」のテーマでは人民代表大会制度と企業における職員代表大会制度を紹介し、公的事務への積極的な参加と意見表明を奨励した。法教育は中国の法律の基本について学ぶ内容であり、社会主義制度の打倒を目的とする「反革命罪」、国の経済管理に違反する社会主義経済秩序破壊罪などの学習も含められている。それらの内容からは、この時期の法教育は従来の政治運動ではなく法律の手段で社会秩序を維持する趣旨であり、国家権力の束縛や人権保障という視点のものでは

表4-3 各時期における中 1 が学ぶ政治教育の内容

	1980 年代前期	1980 年代後期	1990 年代	2000 年代
1	祖国を愛する	集団を愛する	自分を知る	新生活を迎える
2	人民を愛する	規律を守る	健全な心を鍛える	新しい自分を知る
3	中国共産党を愛する	礼儀正しく付き合う	情緒をコントロールする	情緒豊かな生活を送る
4	科学を愛する	労働を愛する	強い意志を鍛える	健康で安全な生活を送る
5	労働を愛する	科学を愛する	失敗にくじけない	自尊心と自信を持つ
6	集団を愛する	時間を大切にする	進取の気性に富む	自立自彊の人になる
7	師を尊ぶ	健全な趣味を持つ	自尊心・自信を持つ	意志の強い人になる
8	社会規範を守る	祖国を愛する	良い性格を育てる	法を知る・守る・使う
9	共産主義の理想を掲げる	人民を愛する	友情を大切にする	
10	是と非、美と醜をわきまえる	刻苦勉励	情緒を育む	
11	健全な好みと趣味を持つ	民主の観念	愛国心を養う	
12	明朗活発	法を学ぶ、法を知る	自律性を育てる	
13	誠実に謙虚に	義務教育		
14	刻苦に倹約に	軽度な違法行為		
15	意志を鍛えよ	厳重な違法行為		
16	革命的英雄主義を発揚せよ	法を守る、法を使う		

出所：人民教育出版社が出版した次の教科書の目次による。呉鐸他編『青少年修養』（上巻）1981 年、（下巻）1984 年 3 版。譚玉軒他編『公民』（上巻）1989 年、（下巻）1988 年 3 版。小学思想品徳和中学思想政治教材編写委員会編著『思想政治』一年級（上）1997 年、一年級（下）1998 年版。課程教材研究所・思想品徳課程教材研究開発中心編著『思想品徳』七年級（上巻）2007 年 2 版、七年級（下巻）2006 年 2 版。

ないことが分かる。

　中学校で新設された「中国社会主義建設常識」（中2）の分野では改革開放政策を中心に中国社会と制度の現状を紹介するものであり、高校で学ぶ「科学的人生観」（高1）と「経済入門」（高2）では共産主義の理念や自国の経済制度を中心に語られている。これらの内容はいずれも中国の現状理解と共産主義理念の確立を求めるものであり、他の資本主義国を批判する内容は少なくなっている。

(2) 1990 年代の政治教科書

　90年代の政治教育は1989年の天安門事件を受けて一時的に左傾化する傾向が現れた[13]。しかし、1992年に改革開放路線をいっそう展開するという政府の方針が決定された後、政治教育は社会主義教育を後退させ、公民教育を充実する方向に向けて改革が進められるようになった。1992年から中高の政治教育は分野名を設けずにすべて「思想政治」の教科名に統一した。1993年から中学校では道徳教育、マルクス主義の社会発展論、中国の社会制度などの現状について、高校では経済制度、マルクス主義の弁証法を内容とする哲学、政治制度について逐次学ぶ。1997年以降中学校では道徳教育、法教育、社会発展略史の分野に再度整理された。政治教育の改革にともない、90年代後半は前半に比べて社会主義教育の色彩が薄れている。ここでは90年代後半の教科書を中心に考察し、政治教育の特徴をまとめてみる[14]。

　第一に、個人を扱う内容が増えた。同じく中1が学ぶ内容としてメンタルケアの視点、独立した人格の確立の視点が充実した。「健全な心を鍛える」「情緒をコントロールする」「友情を大切にする」など、思春期の生徒がいかに健全な精神状態と人間関係を保つかに対し関心が表れた。たとえば、「健全な心を鍛える」では、健全な精神を「性格が明るく、他人とのコミュニケーションを積極的に取る」「情緒豊かで感情が豊富である」「性格がよく、自制力を持つ」「意志が強く、困難を恐れない」と見なし、健全な精神によって生活の美しさを十分味わったり、知恵をより働かせることで失敗しても自信を持ったりすることができるという。「情緒を育む」では生活の美と生活の楽しさを発見する心を持ち、文化的または科学的な趣味を持つことが推奨された。「友情を大切にする」では真摯に平

等で助け合ったり共に高めたりする友情の大切さを語っている。

　これらのテーマは個人の心身の発達に関心を寄せただけではなく、公民教育の視点が充実している。たとえば、「進取の気性に富む」テーマの下で向上心・実務家の精神・奉仕・現状に満足しない・高い見識といったものを身につけるようにと求め、社会生活への積極的な参加が奨励された。また、中２の法教育では環境問題、選挙権や言論の自由などの権利に関する内容、高１で学ぶ経済の分野では税に関する教育が登場したことも注目に値する。

　第二に、社会主義や階級性に関する扱いが少なくなった。81年版の教科書では前述のように、祖国を愛することは「社会主義制度」の祖国を愛することでなければならなかった。ところが、この時期の教科書では愛国心を「祖国や故郷に対する熱愛と強い愛着」、「国家統一や民族間融和に対する強い希望」、「祖国の尊厳を大切にすること」とし、祖国を思う台湾の学者と海外の留学生も愛国者の見本として取り上げている。社会主義制度へのこだわりがなくなり、地縁的・共同体的な祖国に対する愛情を求め、愛国者が必ず社会主義者でなければならないということではなくなった。高校の「政治」の分野では中国の社会主義体制、中国共産党が中心とする政党制度、民族政策と外交政策を中心に内容が組まれ、資本主義国への批判がなくなった。「経済」の分野においては商品経済や納税制度を学び、公有制を基本とする国の社会主義経済制度などの現状を習得するが、搾取や余剰価値の内容はなくなった。

　ただし、社会主義教育の趣旨がまったくなくなったわけではない。中３では社会発展論を学び、「社会主義が資本主義を乗り越えることは社会発展の必然的な趨勢である」「社会主義しか中国は救えない」と主張して社会主義制度の優越性が強調される。また、中学校でも高校でも共産主義の理想を持つことが求められている。なぜならば「共産主義の理想はプロレタリアと全人類の根本的な利益が現れるものであり、人類社会が発展する法則から導かれた科学的な結論であり、百年余りの共産主義運動の実践によって証明された客観的な真理であり、人類上もっとも崇高で進歩的で科学的な理想である」ためとされる。

　第三に、法教育がさらに充実している。中２は法教育が中心である。中華人民共和国成立以降の社会秩序は長らく政治運動に左右され、本格な法制度の整備は

改革開放以降である。中華人民共和国刑法の公布は 1979 年であり、民事の基本法にあたる中華人民共和国民法通則の公布は 1986 年であった。80 年代後半「公民」の分野で法教育は始まり、90 年代以降充実する一方である。中 2 の前期では法の規範性、社会生活・経済生活・文化生活・環境保護・青少年の保護における法の必要性と重要性、そして憲法について学ぶ。後期では公民の基本的人権、家庭生活・経済生活・政治生活における権利と義務を学び、「公民の権利を正しく行使し、公民の義務を自ら果たす」ことが求められた。

　無法状態の政治運動では政治的判断で人々の罪が定められ、恣意性は免れえなかったが、改革開放で普通の国家像が追求されると、法によって社会を秩序立てる必要性に迫られた。たとえば、ちょっとしたトラブルで映画館の看板を壊した若者や殴り合いのけんかをする生徒たちのことを、いずれも違法行為として説明した。こうした無法状態の政治運動の時代に横行した行為は法で規制するようになったのである。また、無許可で国有地の鉱石を採掘したり誇大広告をしたりする事例を社会主義経済建設を妨げた違法行為と説明する。さらに社会主義精神文明の建設を保障・促進するように、教育や文化事業を整備する法律、迷信の喧伝やポルノグラフィーの販売を禁止する法律についても紹介されている。環境問題も取り扱われるようになったのは目新しい。後期で学ぶ公民の権利については生命健康権、肖像権、名誉権、氏名権、プライバシーを守る権利などの基本的な人権、法によらない拘束や家宅への侵入を受けない権利、言論や通信の自由、結婚の自己決定の自由、教育権、労働権、財産権、選挙権と被選挙権などが紹介されると同時に、親孝行、納税、国の安全と統一を守ることなどの義務も述べられた。80 年代の「公民」に比べると、反革命罪のような社会主義イデオロギーの法教育がなくなり、基本的人権と公民としての権利教育が大いに充実することになった。

(3) 2000 年代の政治教科書

　2000 年代の政治教育では、社会主義イデオロギーの後退と社会の自由化、価値観の多様化のいっそうの進展につれ、公民教育の重要性がより重視されるようになった。社会主義的道徳やマルクス主義の理論に関するものがいっそう減り、

規範意識や民族意識に関する内容が増えた。2000年代初期に公布された中学校と高校の課程基準により、中学校の政治教育の教科名は「思想品徳」に改称して政治性を弱めたと同時に、私、私と周囲の人々、私と集団・国・社会との関係という同心円的拡大の内容構成に改められた。高校では「思想政治」のままだが、「経済生活」「政治生活」「文化生活」「生活と哲学」の4分野で構成されるようになった。中学校の政治教育では個人の視点を据えて内容を展開し、高校では生活と文化の視点が取り入れられた。この時期の特徴を以下にまとめてみる[15]。

第一に、個人に立脚点を置き、個人の生活体験を大切にする。中1の教科書では社会主義や共産主義の面影を感じさせるような内容が皆無であり、これから迎える中学校の生活で学びも青春も楽しみながら、自律性や自尊心をもつ人間に大きく成長していくような内容構成である（表4-3）。たとえば、趣味を持つことについて、84年版の「青少年修養」では「正しい好みと趣味を育てるには、必要性と好みとの矛盾を正しく処理しなければならない」とし、国や集団に求められることと個人の好みが一致しない場合に「国や集団が必要とする仕事の中で新しい好みや趣味を育てなければならない」と求めている。それに対し、2007年版の中1後期用の「思想政治」では、「趣味は興味から生まれるものである」とし、心身の健全に有益な趣味を持つようにと求めることに止まった。また、中学校の最後で学ぶ「希望に満ちた人生を選ぼう」という単元では、大学院に入る夢、プロの音楽家やバスケット選手になる夢、留学する夢、十分な学歴がなくても自らの努力でテレビ局の司会者や腕の良い技術者になったといった例が挙げられ、生徒たちにとってより身近な悩みと理想が語られるようになった。

第二に、政治参加の公民教育がより充実している。中学校では「政治生活に参加する」単元が設けられ、「法をもって政治的権利を行使する」ことが奨励される。たとえば、「政府の公務員に対して批判したり意見を出したりする権利を持つ。違法行為があれば関係の窓口に申し立てたり控訴したり検挙したりする権利を持つ」という。また、「訴訟を恐れない」との見出しの下で法律を守るだけでなく、法を使って自分の権益を守ることも推奨されている。

高校で学ぶ「政治生活」の教科書にも政治参加のテーマが設けられている。「公民の政治生活」の単元に「我が国の公民の政治参加」のテーマが新設され、

中国の選挙制度と諮問制度を紹介し、公民の政治参加の重要性を肯定した。また、「人民に奉仕する政府」の単元には「我が国の政府は人民の監督を受ける」のテーマが新設された。そこでは官僚の賄賂や大きなプロジェクトの決定過程の事例を通して、政府の権力は法に基づいて行使するものであり、民衆の監督と民主的な審議が政府権力の制約に重要な意義を持つと指摘した。

　第三に、文化の視点が追加され、伝統文化や中華民族の価値観を大切にし、ナショナルアイデンティティの養成が重視されるようになった。中学校では「中華文化と民族精神」の単元、高校では「私たちの中華文化」「私たちの民族精神」の単元が設けられ、燦爛たる中華文化の継承、勤勉で困難に屈しない民族精神の発揚を奨励した。また、今日の時代において自立心・競争心・民主と法の観念・知的探求心・創造力などの新しい気質で民族精神を充実させることが求められる。高校で新設された「文化生活」の分野では「文化は民族が生き続ける重要な標識であり、国民の素質と科学技術の水準を示す重要な印である」とし、政治生活と経済生活に並ぶ文化生活の重要性を訴えている。この分野の学びを通して中華文化の魅力、中華民族の精神を知り、近代化・世界・未来に目を向けた新しい文化の創造も奨励されている。その前書きでは「中華文化の魅力を感じ、中華民族の精神発揚の道理を知り、中国的特色のある社会主義文化が全国のあらゆる民族を団結させる重要な力であることが分かる」と語り、ナショナルアイデンティティの形成における文化発揚の重要性が訴えられている。また、中学校の教科書ではマルクスやレーニンの言葉の代わりに古代中国の警句や諺を掲載したり、高校の「生活と哲学」の教科書では古代中国の絵が使われたりしており、中国の伝統文化の価値観と美的感受性を伝えようとしている。

　この時期に社会主義教育は政治・経済・道徳などのあらゆる分野でその色彩が薄れているが、共産主義の実現は最終的な理想として依然として目指されている。ただし、それは政治的イデオロギーというよりは、理想郷としてのニュアンスが強く、階級闘争による階級消滅社会としての共産主義という文脈はまったくなくなった。

(4) まとめ

　以上の考察により、改革開放以降の政治教育は天安門事件の影響で90年代前半に一定の保守化傾向があったものの、全体的に社会主義のイデオロギー教育が薄れて、愛国心や公民意識に対しての近代教育が充実される方向にむかって改革されてきたことが分かる。1980年代にはマルクス主義理論の学習と共産主義的道徳が求められたが、1990年代に社会主義教育の面影が薄れて、心身の発達、愛国心、近代精神、法教育といった近代社会の課題への関心が高まった。そして2000年代になると子どもの身近な生活経験を踏まえたカリキュラムが展開されながら、公民教育とナショナルアイデンティティの養成がより重要視されるようになった。こうした変容の過程で、政治教育で示された国家像は社会主義国家中国から近代国家中国に変化し、求められる人間像も共産主義の理想とマルクス主義の教養を持つ社会主義者から近代精神と民族文化の教養を持つ公民像に変わったといえる。

4　総括

　以上の教科書分析により、改革開放後の国語教育・歴史教育・政治教育で示された中国の国家像が、プロレタリア革命の理念に満ちた社会主義国から人々の文化的・近代的な営みを包摂する文明国家に変化しつつあることが読み取れる。それに伴い、求められる国民像も共産主義的道徳と階級意識をもつ政治的人間から、人文的教養と民族意識を含む近代的気質を持つ近代的人間へと変容してきた。2010年代の教科書を概覧したが、そこに大きな変化はなく、基本的に2000年代の教科書の姿勢を継承している。たとえば、人民教育出版社による2007年版の高校歴史教科書は、20回以上の印刷を経て2010年代半ばの今日もまだ使用されていることがその証である。

　中国には「十年かけて木を育て、百年かけて人を育てる」という諺があり、その意味は人を育てるには長い目で見なければならないということである。改革開放以降の約30年間のうちに学校教育の趣旨と内容は上記のように大きく変わってきたが、その変化の方向性は一時を除いて一定していることに留意すべきであ

る。つまり、脱社会主義イデオロギー、脱政治的教化であり、ヒューマニズムと文明発展の視点で教育内容が再構成されつつあるのである。教科書で生じたこうした流れは中国社会のより根本的な変容を示し、かつこれらの教育を受けた人々は今後この流れを推し進める力になっていくだろう。

さらに、こうした教育上の変化は単なる中央集権制の中国における政府からのトップダウン式で推し進められてきたものだという理解をしてはならない。1980年代半ばの教育改革では国定教科書制度を廃止し、日本に見習って検定教科書制度を採用した。最初は国土の広さと地域の多様性から政府主導でいくつかの師範系大学に依頼して一つの教科に複数の教科書が現れた。中央の教育部が公布した全国のカリキュラムの基準となる教学大綱についても、90年代以降、一部の実験地域では独自の教学大綱の公布が認められた。80年代末ごろから、中国の教科書は「一綱一本」（一つの教学大綱と一つの国定教科書）から「一綱多本」（一つの教学大綱と複数の検定教科書）に、さらに「多綱多本」（複数の教学大綱と複数の検定教科書）の時代へと突入し、教育の中央集権制度は弱体化した。90年代以降、経済の市場化と社会の自由化が進むにつれ、教育の民主化はさらに進み、政府以外の専門家、教育者、保護者などの意見が教育改革のなかで反映されやすくなった[16]。

たとえば、2000年代の国語改革の背景の一つは、1997年に地方の文学雑誌に掲載された「中国の国語教育への憂慮」という特集であった。そこでは大学教員、小学生の親、高校の国語教師という立場の3人がそれぞれ自らの経験から、国語教科書の内容と教授法を痛烈に批判し、「人間」への関心が見られない国語教育の現状に深い憂慮を示す論文が3点掲載されている[17]。これらの文章は次々と大手新聞に転載され、そこにテレビ報道も加わった末、国語教育に対する世論の関心が高まった[18]。後に作者の一人が、当時中国の教育部門を担当していた国務院副総理の李嵐清の指示で開かれた国語教育とその教材に関する教育部主催の懇談会に呼ばれ、国語教育の改革に直接関わることになった[19]。

つまり、改革開放以降の教科書で生じた中国の自画像と求められる国民像の変容は、トップダウン式の政策の結果だけではなく、その政策形成に働きをかけた民衆の意見が無視できない。むしろそのボトムアップの側面こそ、教育内容が激

変したにもかかわらず、現場に混乱なく受け入れられてきた主要因ともいえる。こうした底流は教育改革ひいては改革開放の成功を支えてきた。今後いかなる教育改革を進めていくかについて、政策だけでなく、もっと「民意」に注目し、社会の変化と世論の動向に目を向ける必要があるのであろう。

注

1　菊池一隆『東アジア歴史教科書問題の構図：日本・中国・台湾・韓国、および在日朝鮮人学校』法律文化社、2013年。大澤肇「現代中国における教科書・ナショナリズム・公共空間」『國學院中國學會報』56号、2010年12月、73-85頁。王雪萍「中国の教科書から見る分断した日本像と日中関係」『東亜』466号、2006年4月、72-81頁などがある。

2　この3教科による国家認識や国民認識の形成への役割について次の調査結果が参考になる。2004年に上海の中学・高校生を対象に行われたアンケート調査で、9割以上の生徒が、自らのナショナルアイデンティティの形成にもっとも影響を与える科目として政治・歴史・語文のいずれかを選んだ。蔡旭群・夏志芳「上海市民族精神教育現状調査研究」『上海教育科研』2005年第11期、32-35頁。

3　歴史教育の「厚今薄古」論については、次の文献を参照されたい。範文瀾「歴史研究必須厚今薄古」『歴史教学』1958年6期、2-4頁。徐柏林「『厚今薄古』対歴史教学的指導意義」『歴史教学』1958年11期、43-44頁。孫健「1958年的『厚今薄古』大討論」『探索与争鳴』1999年1期、43-45頁など。

4　考察対象の教科書は人民教育出版社が出版した次のものである。陳光中・臧嶸編『初級中学課本　中国歴史』（第一巻）1981年。王剣英・王宏志編『初級中学課本　中国歴史』（第二巻）1982年。胡文彦編『初級中学課本　中国歴史』（第三巻）1981年。李隆庚編『初級中学課本　中国歴史』（第四巻）1982年。人民教育出版社歴史室編著『九年義務教育三年制初級中学教科書　中国歴史』（第一巻）1992年、（第二巻）1993年、（第三巻）1994年2版、（第四巻）1995年2版。人民教育出版社歴史室編著『高級中学課本　中国近代現代史』（上巻・必修）1992年、（下巻・必修）1995年2版。課程教材研究所・歴史課程教材研究開発中心編著『義務教育課程標準実験教科書　中国歴史』（七年級・上巻）2006年2版、（七年級・下巻）2001年、（八年級・上巻）2006年2版、（八年級・下巻）2006年2版。人民教育出版社・課程教材研究所・歴史課程教材研究開発中心編著『普通高中課程標準実験教科書・歴史1（必修）』2007年3

版、『普通高中課程標準実験教科書・歴史2（必修）』2007年3版、『普通高中課程標準実験教科書・歴史3（必修）』2007年3版。
5 　アヘン戦争（1840年）から五四運動（1919年）までの歴史に対する捉え方の議論について、次の文献を参照されたい。曾景忠「中国近代史基本線索討論述評」『近代史研究』1985年5期、164-189頁。関連吉「中国近代史基本線索問題討論的新進展——中国近代史体系体例学術討論会評介」『歴史教学』1988年1月、41-43頁及び郭世佑「近年来中国近代史宏観研究総述」『歴史教学』1990年6期、45-50頁など。
6 　1924年から1927年まで中国国民党と中国共産党が協力して帝国主義と封建主義に反対して行った戦いである。
7 　1927年から1937年まで中国国民党が指導する国民政府と中国共産党が指導する地方の独立政権との間で起きた内戦である。
8 　1945年から1949年まで中国国民党と中国共産党が全国の支配権を争った内戦である。
9 　各教科書における出版情報を記載する頁によれば、80年代初期の4巻は第一巻から第四巻まで文字数はそれぞれ7.2万字、8.5万字、8万字、9.2万字の計32.9万字であった。そして注4で挙げた90年代の中学校の4巻は第一巻から第四巻までそれぞれ20万字、22.1万字、19.8万字、27万字の計88.9万字であった。
10 　ここで示したパーセントの数字は、各教科書の目次からページ数の割合を基に筆者が算出したものである。
11 　考察対象の教科書は人民教育出版社が出版した次の教科書である。呉鐸他編『青少年修養』（上巻）1981年、（下巻）1984年3版。姚森他編『社会発展簡史』（上巻）1986年、（下巻）1985年。李敬徳他編『政治常識』（全一巻）1986年。譚玉軒他編『公民』（上巻）1989年、（下巻）1988年3版。ほかに入手していない教科書の内容については学習要点を記している教学大綱や課程基準を収録した次の文献を参照した。課程教材研究所編『20世紀中国中小学課程標準・教学大綱匯編：思想政治巻』人民教育出版社、2001年。
12 　たとえば、1953年に教育部副部長で教育者の徐特立が発表した論文では「私たちの反帝国主義反封建主義の革命に参加し、かつこの人民民主国家の共同綱領に賛成する人であれば、いかなる階級であれ人民の範疇内である。しかし、あらゆる反革命分子は人民のなかに含まれない」とし、国民と異なる「人民」の範囲を示した。徐特立「論国民公徳」徐特立他『論愛国主義教育』群衆書店、1953年、42頁。
13 　たとえば、1992年に広東高等教育出版社と広東教育出版社より出版された、「公民」

の後継科目である「思想政治」(中1)の教科書では「祖国の利益が何よりも大事」「社会主義祖国を愛する」「人民奉仕の姿勢を持て」をはじめとする内容の構成であり、社会主義教育の主旨を強めている。国家教委思想政治課教材編写組編『九年義務教育初級中学試用課本　思想政治(一年級・上巻)』広東高等教育出版社・広東教育出版社、1992年。

14　考察対象の教科書は次の通りである。小学思想品徳和中学思想政治教材編写委員会編著『九年義務教育三年制初級中学教科書(試験本)思想政治』(一年級・上) 1997年、(一年級・下) 1998年、(二年級・上) 1997年、(三年級) 1997年。小学思想品徳和中学思想政治教材編写委員会編著『全日制普通高級中学教科書(試用本)思想政治(必修)』(一年級・上巻) 1997年、(一年級・下巻) 1998年、(二年級・下巻) 1998年、(三年級・全一巻) 1997年。入手していない教科書の内容は次の文献を参照した。課程教材研究所編(2001年)、前掲書。

15　考察対象の教科書は次の通りである。課程教材研究所・思想品徳課程教材研究開発中心編著『義務教育課程標準実験教科書　思想品徳』(七年級・上巻2007年2版、(七年級・下巻) 2006年2版、(八年級・上巻) 2007年2版、(八年級・下巻) 2006年2版、(九年級・全一巻) 2007年2版。教育部普通高中思想政治課課程標準実験教材編写組『普通高中課程標準実験教科書　思想政治1　必修　経済生活』2005年2版、『普通高中課程標準実験教科書　思想政治2　必修　政治生活』2004年、『普通高中課程標準実験教科書　思想政治3　必修　文化生活』2008年3版、『普通高中課程標準実験教科書　思想政治4　必修　生活与哲学』2008年3版。

16　この部分について次の文献における詳述を参照されたい。武小燕『改革開放後中国の愛国主義教育：社会の近代化と徳育の機能をめぐって』大学教育出版、2013年、134-149頁。

17　雛静之「女児的作業」王麗「中学語文教学手記」薛毅「文学教育的悲哀：一次演講」『北京文学』1997年11期、4-17頁。

18　汪瑩「我国中小学語文討論的回顧与啓示」『全球教育展望』2001年3期、28-33頁。

19　李大同(三潴正道監訳・且立会訳)『「氷点」停刊の舞台裏：問われる中国の言論の自由』日本僑報社、2006年、10頁。

第5章　中国回族女子青年の教育と社会移動に関する一考察：
「女学」を中心として

新 保 敦 子

　中国では1980年代以降、社会主義計画経済から市場経済へと、経済のメカニズムは大きく変貌を遂げた。中華人民共和国建国以来の歴史的転換の中で、2000年には、西部大開発が始まった。グローバリゼーションの波が、沿海部だけでなく、内陸部にも押し寄せているのである。

　社会変動は内陸部に居住する少数民族に、大きな影響を与えている。中国国内でイスラームを信仰する少数民族は10いるが、回族は、ウイグルに次いで、二番目に人口が多いエスニック・グループである。特に、内陸部の寧夏回族自治区から甘粛に広がる黄土高原に集まって居住している。黄土高原は、発展が遅れているものの、この黄土高原の回族も、グローバリゼーションの動きに、不可避的に巻き込まれている。

　中国では国家拡大戦略の一貫として、2014年に習近平主席によって一帯一路構想が打ち出された。一帯一路は、中央アジア、ヨーロッパの国々と中国とを陸のシルクロード、海のシルクロードで結ぶという経済圏構想である。この構想の中で、中国ムスリムの代表格である回族は、中国とイスラーム世界とをつなぐキーパーソンとしてその存在が注目されてきた。また、従来、回族女性は少数民族であり、かつ女性である、という二重のハンディキャップを背負ってきたが、回族女性も大きな変革のただ中にある。

　本論文では、これまで中国社会において周縁化されてきた回族、とりわけ回族女性というマイノリティに焦点を当てて、80年代以降の中国の社会変動が、中国の回族女子青年の個々人の人生にもたらした変化について検討していきたい。

この場合、アラビア語や宗教の教育を行う学校のうち、女子を対象とするイスラーム女子学校（一般的に「女学」「女校」と呼称。以下「女学」とする）に焦点をあてて論じていく。

女学は文革後の宗教政策の緩和に伴う宗教的かつ民族的な覚醒に伴い、中国に誕生した教育機関である。卒業生の中には、女学の教師の他、巨大卸売市場のある義烏や広州で通訳として活躍する者も少なくない。

中国回族女性に関する先行研究としては、松本ますみの女学に関する研究[1]、あるいはマリア・ジャショックや水鏡君のイスラーム女寺に関する研究がある[2]。本論文は、こうした先行研究の土台の上に、女子青年の進路選択やエンパワメントに女学が果たしている役割という観点から主に考察していきたい。

本稿においては第1章において、5校（同心、海原、銀川、賀蘭、呉忠）の女学を取り上げ女学の概略を述べる（2005年及び2016年訪問調査）。第2章では、女学や女性アホンの果たしている役割を検討していく。また、第3章で浙江省義烏においてムスリム女性に対して行った半構造化インタビュー（2007年及び2009年）を分析しながら、彼女達の学歴、義烏に来た理由、仕事、人間関係、結婚、イスラーム的価値観について検証していく。

1 女学

イスラームはその教えの中で男女隔離を唱道している。そのため、女性用の女学が設置されている。学生は中学卒業生を対象としているが、経済的な理由や成績、あるいは諸般の事情のため高校に進学できなかった者やドロップアウトした女子青年もいる。その意味で女学は、オルタナティブな後期中等教育機関として、ムスリム女子青年にセカンド・チャンスを与えているといえよう。

女学では、主に①クルアーンの学習といった宗教教育、②アラビア語の語学教育、を行っている。つまり女学は、単なる宗教教育機関ではなく、アラビア語の職業訓練学校としての役割も担っている。以下、調査を行った5つの女学について、紹介していきたい。

(1) A校（同心県）

　同心県は寧夏南部に位置し、人口約40万（2013年）のうち回族が約8割を占める。寧夏の中でも、回族が多数居住している地域である。

　A校は、宗教指導者の洪維宗氏（フーフィーヤ教主）によって、1998年に設立された学校であり、2003年に息子の洪洋氏（寧夏回族自治区政治協商会議・副主席、2013年）に受け継がれた。地域の女学にとって中心的な存在となっている[3]。

　教科としては、クルアーン、ハディース、アラビア語、漢語、教義、品徳、信仰などがある。3年制で定員は1学年約40人～50人であり、寄宿制によって女子青年が学んでいる。学生は同心県だけでなく寧夏の呉忠県、海原県などからも来ている。2005年の訪問時には、高校で学んだ者もおり、同校は他の寧夏の女学に比べると、学生の学歴が高かった。こうした中学、高校で一定程度の公教育を受けた彼女たちは、宗教教育機関で学ぶことをどのように考えているのだろうか。

　一人の女子青年は、「必ずしも望んで来たわけではない（できれば高校に進学したかったが受験に失敗）。しかし、ここで学ぶことで貴重な機会を与えられて嬉しい」と語っていた。回族地域は早婚の風習が残るため、学校に行かずに家にいると、15歳くらいでも望まない結婚を強いられることになる。女子青年たちは女学で学ぶことで、封建的な柵から解放されていると言えよう。

　教職員は15人、うち教師は8人である。教師である女性アホン（宗教指導者）の中には、女学のエリート校に当たる甘粛の臨夏中阿女校（2008年に甘粛臨夏外国語学校分校に改編）で学んだ者が多い。またA校の女性教員（25歳）の中には、サウジアラビアの大学で6年間学んだ夫とともに、メッカ巡礼をした者もいる。

　女子青年に、公立学校と女学との違いは何かと質問したところ、「高校ではマルクス主義、女学ではイスラームを学ぶ点」との明解な答えが返ってきた。「女学では起床が4時20分と早いところは、公立高校と異なる」との答えもあった。規律の厳しい生活を送っていることがわかる。またムスリム女子青年たちが、堂々と質問に答えていたのは印象的であり、女学の教育が彼女たちに自信と誇り

を与えていることを感じた。

同校は、現在においても、回族女子青年にとって中心的な宗教教育機関であり、2014年、2015年にも盛大な卒業式を挙行し、回族女子青年を社会に送り出している[4]。

(2) B校（海原県）

海原県は、寧夏南部に位置する。回族の人口が多い地域である。

B校では、午前中（7時〜10時30分）は退職した女性が中心となって、クルアーンを学んでいる。人数は70〜80人と多い。非識字の80歳の女性もいるが、彼女たちは熱心で、クルアーンを唱えることができるようになっても引き続き来るという[5]。

午後（2時〜6時）は20人ほどの女子青年が付近から通学して来る（同校は通学制）。教授内容は、クルアーン、ハディース、アラビア語（会話を含む）、宗教常識であり、学費は無料である。

2005年の訪問時には、女子生徒24人の内12人が小学校からのドロップアウトであった[6]。ある女子生徒は、10歳でありながら漢語の読み書きが全くできなかった。また経済的な理由から中学をドロップアウトした学生も数名いた。ただし、義務教育法の改正（2006年）以降、学費のみならず雑費の無償化がなされたため、現在、小中学校からのドロップアウトはいないと、思われる。

指導は、女性アホンのX女史が担っていた。彼女の父親はアホンである。X女史は8人兄弟の上から8番目である。3人の姉は小学校にも行けなかったが、彼女は末っ子であったので、同心県回民小学に入学させてもらった。ただし、中学校には進学せず、A校で宗教教育を受けた。その後、宗教指導者の洪洋氏から派遣されて、2005年にB校に来た。

X女史は未婚であるが、結婚は同じ宗教関係者としたい、との希望であった。X女史によれば、「自分はアホンなので、兄弟も自分のことを尊敬している」という。事実、あるハッジ（メッカ巡礼をした者、尊敬の対象）の家でX女史にインタビューしたが、その家の当主は、1脚だけある背もたれ付きの椅子を彼女に勧めていた。人々のアホンに対する敬意を感じた。

(3) C校（銀川市）

C校は、銀川の市内にある宿泊制の学校である[7]。かなり規模が大きい学校である。訪問時には、多くの女子学生が、校舎の外で教科書の音読に励んでいた。

カリキュラムにおいてはアラビア語とともに英語を重視していた。英語は世界で重要な言語、との認識からであった。

調査によれば、将来の職業として女性アホンの他、通訳などの仕事を希望する者が少なくなかった。また中国の公立学校で留学希望について質問すると、一般的にアメリカ、イギリス、オーストラリアなど、欧米の各国をあげる学生が多いが、当該校では、マレーシア、シリアなどイスラーム諸国への留学希望者が多かった。

指導にあたる女性アホンのY女史は臨夏中阿女校で学んだ後、シリアに留学した。堂々としていて優れた女性指導者、という印象を受けた。

(4) D校（賀蘭県）

D校は、回民の集住地域である賀蘭県立崗鎮に位置している。もともと、銀川市にあったが、老朽化に伴い移転した[8]。1929年生まれの海長泉校長と妻の楊淑萍女史は、ともに孤児であり、裕福とは言えない。しかし夫妻は私財を投じて学校を運営し、授業料は無料である。学校の運営費には、楊淑萍女史の退職金及び自分の子どもからの仕送り（300〜500元）を当てている。

同校は銀川市教育局から正式の認可を受けた中等専門学校レベルの学校である。共産党政権下では、一般的に宗教教育機関は政府の認可を受けていない。銀川中阿女子学校は、その点、政府の承認を受けており、特筆すべきであろう[9]。同校では、漢語、英語、アラビア語が授業科目として置かれている。

5人のアホン（女性3人、男性2人）が指導に当たり、ある女性アホンは、C校で学び、さらに銀川の「寧夏伊斯蘭教経学院」（高等教育機関）で女子学生の第1期生として学んだ後、本校に赴任したという。別の女性アホンは、同心県韋州回小、中学校を卒業後、A校で学び、河南省モスクでの勤務を経て本校に赴任した。女性アホンたちは、移動が多い。

同校は宿泊制の学校であり、2005 年の調査時点では、35 人の女子青年が学んでいた。訪問時に、たまたま新疆から父親が娘を入学させるため連れてきていた。新疆出身の女子学生は活発であり、円陣になってボール遊びをしていた。一方、回族の女子青年たちは、彼女たちが遊ぶのを周辺に立って見ており、両者の姿が対照的であった。

同校の卒業生の進路としては、通訳、アラビア語学校の教師などがいる。そして、100 名のアラビア語の初級人材を育成し（短期研修の受講者は、のべ 780 人）、卒業生のうち、全国のアラビア語教育機関で教員あるいは事務員として働いている者 14 人、国外に留学後に留学先の国に定住 3 人、義烏でアラビア語の通訳 14 人、寧夏伊斯蘭教経学院合格者が 18 人である[10]。その他も、同校で知識や技能を身につけ、様々な職場で活躍しているという。

(5) E 校（呉忠市）

同校は呉忠市及び霊武市の民族アラビア語職業技能培訓学校が合併して 2006 年に成立した。そして、2013 年、アラビア諸国との交易が拡大したため、「寧夏回族自治区人力資源及び社会保障庁」の批准を得て、アラビア語を主とする専攻を開設した[11]。

学校は主に卒業後に中国とアラビア諸国家との貿易・文化交流、あるいは通訳に従事するため、アラビア語や貿易の基礎を学び、アラビア国家の礼儀や風俗習慣に知悉している実用型の人材を育成することを目的としている。

また E 校は、回族女性の資質の向上をモットーとしている。そのため、女性の特性に注目して、カリキュラムの中に調理、茶道、服飾鑑賞、家事、切り紙、アラビア語書道などの選択科目を設置している。こうした科目を学ぶことで、「信仰心篤く、親孝行で、礼儀をわきまえ」、また「家の切り盛りに秀でた良妻賢母」、かつ「イスラーム文化とムスリムの礼儀に通じた全能の女性」を育成することを当該校の目標としている。

学校は初級クラス、及び進修クラスがある。冬と夏の 2 回、学生募集をする。初級クラスは、中学卒業後 15 歳になった女子青年、進修クラスは、他のアラビア語学校を修了後さらに学びたい女子学生のためのクラスである。

第5章　中国回族女子青年の教育と社会移動に関する一考察　149

写真 5-1　学生募集のポスター

写真 5-2　学校の様子 (1)

写真 5-3　学校の様子 (2)

　学費は1学期1,700元で、4年生、進修クラスは、1,200元である（中国の基準からするとかなり安い）。学校は、全寮制をとっているが、毛布、布団などを自分で用意する他は、食事も無料である。さらに寧夏6県の貧困家庭出身の学生は、2年間の生活保護を申請できる（年1,500元）。しかしながら同校は、政府の財政的補助は受けず、ムスリムの支援によって運営されている。訪問調査の際にも、支援を行っている回族の篤志家が同校において、女子学生を対象に講演を行っていた。

　2014年以降、「寧夏水電学校」（中等専門学校）と連携し、3年の修学期間後にさらに1年学ぶことで、学生は卒業後に、中等専門学校の学位を取得できることになった。また、民族学院アラビア語専攻との同時履修で、2年で短大卒業証書も取得できる道も開かれている。

　女子学生の将来の夢を聞いたところ、外国への留学を希望する者が多く、職業としては、通訳や女学の教師の希望者がほとんどである。すでに卒業生として、

200名以上を社会に送り出しており、アラビア語教師、通訳、貿易業務に従事している。

校長はシリア留学経験者で翻訳本も出版している。校長にインタビューしたところ、実態として、多くの女子学生は、公立高校に合格できずに来ている。同校では、「家庭からも、学校からも、社会からもスポイルされた女子に居場所を提供している」のである。問題を抱えた女子学生も入学してくるが、しかし1ヶ月で成果をあげている。具体的には女子学生に様々な役割を与える。たとえば炊事についても、給食の先生に学びながら、自分たちの力で行い、自活の能力を高めるようにする。またクルアーンを唱えることも良い効果をもたらしている、という。校長によれば、将来的にはスイスにあるような花嫁学校を目指しているとのことであった。

日本の青少年教育において、周囲の友人関係や地域のコミュニティから切り離され孤立する青少年にいかに居場所を提供するのかは、極めて重要な課題となっている。中国の回族女子青年たちにとって、女学は、重要な「居場所」を与えていることは注目に値しよう。

2　女学と女性アホンをめぐって

(1) 女学が地域社会において果たしている役割

女学が地域社会において果たしている役割としては、第一に、職業訓練機関として、重要な役割を果たしていることである。アラビア語を3年から4年、学ぶことで、卒業後に義烏や広州で通訳として働くことが可能になっている。広州で出会ったあるアラビア語の通訳は、「アラビア語は自分を成功に導くための武器である」と表現していたが、女学で学んだアラビア語という道具を使って、彼らは自分の社会的な地位を高めているのである。

また、女学から卒業し、義烏で通訳として働いているムスリムたちは、故郷に送金をしており（2007年義烏調査）、彼女たちの存在が地域経済の発展に繋がっていることも、看過できない事実であろう。

第二に、女学が公教育からドロップアウトしたり、高校に進学できなかったり

した女子青年のためのセーフティネットとして働いていることがある。

2000年代初頭まで、女学は未就学女児や中学からのドロップアウトを受け入れてきた。たとえば小学校未修了者は、A校では調査対象者17人中2人、D校では調査対象者24人中12人であった（2005年調査）。

その後、義務教育法の改正（2006年）に伴い、小中学校からのドロップアウトは基本的にいなくなった。ただし女学は、親や親戚が宗教関係者のため自発的に進学を選択するというケースはあるものの、現在に至っても、経済的理由、もしくは受験に失敗、あるいは諸般の事情から高校に進学できなかった回族女子青年を受け入れているのが現実である。

しかしながら、彼女たちは女学においてムスリムの仲間たちとともに学ぶことに喜びを感じているようである。指導者である女性アホンも、結婚前の10代後半から20代前半が多く、年齢的に近いことが、学生と親しみのある人間関係を築くことにつながっている（A校には、河南出身の19歳の女性アホン、あるいはジャムス出身の21歳の女性アホンがいた）。

女学の学生たちは、正規の学校教育のルートを歩むことができず、いわばグローバリゼーションの波に乗ることができなかった存在かもしれない。こうした女子青年を女学は姉妹的な人間関係で受け止め、居場所を提供し、別の人生を生きるチャンスを与えていると言えよう。

(2) 女性アホンを巡って―移動とエンパワメント

女学で教鞭を執る女性アホンは、イスラーム女子教育のキーパーソンであるが、彼女たちは女学で学んだ後、ある者は高等教育機関で宗教やアラビア語を学び、ある者は別の女学で教鞭をとっている。国外に留学する者もいる。女性アホンについて、移動とエンパワメントという観点から検討していこう。

第一に、学校教育以外の女学で育った女性アホンたちは、クルアーンやアラビア語の学習を通じ自らの能力を高め、社会的地位を向上させていることである。

彼女たちは高校に行く代わりに、女学でクルアーンやアラビア語を学んでいる。漢語を中心とするフォーマルな学校教育のルートからはずれてはいるものの、若い時からイスラームの教義を学んでいるため、イスラームの知識が豊富で

あり、地域の人々の尊敬を集めている。

　こうして女性アホンは、アラビア語学習を通じて、社会的地位を向上させているのである。

　第二に、女性アホンが移動によって、自分自身の世界を広げていることである。寧夏に居住する多くの回族女子青年たちの行動範囲やその世界は極めて限定されており、自分の出身地域である寧夏から離れたことが無い女子青年が多い。

　調査を行った女性アホンの多くは、寧夏から甘粛省に移動して臨夏中阿女子学校で学び、卒業後は、河南、北京、天津に居住している。また、寧夏の女学で教鞭をとったあと、浙江省の義烏に移動し、通訳を業務として行う者もいる（2007年義烏調査、義烏で通訳として働いていたあるムスリマは、寧夏のある女学の女性アホンとして教鞭を執っていた）。

　女学での月給は中国の基準からしてかなり低い（2005年寧夏調査で300元）。ただし、月給は低いものの地域の人々から尊敬を集めることができる存在である。そして、チャンスがあれば、義烏で通訳として働くというケースも少なからずある。

　移動はエンパワメントの1つ指標と考えられるが、女性アホンの頻繁な移動は、イスラーム宗教教育を受けることで、彼女たちが視野を広げ経験を積んでいることを雄弁に物語るものであろう。

　第三に、女学で学んだ女性アホンたちが、キーパーソンとなり、イスラームのネットワークを拡大していることである。彼女たちの中には、シリア、マレーシアといった国外にも留学したことがある者もいて、イスラーム諸国や諸外国とも繋がる存在である。こうしたイスラームによる広いネットワークは、欧米を中心とするグローバリゼーションに対峙するものとして、注目されよう。

3　女学卒業後の進路―義烏で働く回族女性の調査から―

　以上、寧夏の女学について、検証してきた。それでは、こうした女学で学んだ回族女子青年たちの卒業後の進路はどういったものなのか。彼女達が働く義烏とはどういった所で、移動後の仕事や人間関係、結婚、価値観はいかなるものか。

ここでは、義烏に居住する回族女子青年について検証していきたい。

義烏は、浙江省の中央に位置し、中国義烏国際商貿城などの世界最大級の卸売市場がある。同市場の店舗は約7万店（従業員約20万人、1日平均来客数20万人）に上っており、工芸品、装飾品などを中心としながらも、PC、自動車関連部品など多種多様な商品を取り扱っている[12]。

また、世界各国から商人が買い付けに来ており、特に、中東・アフリカなどのイスラーム諸国から多数の商人が義烏に駐在している。主要な国としては、イエメン、サウジアラビア、イラク、クウエート、パキスタン、イラン、レバノン、シリア、ヨルダン、リビア、エジプト、アルジェリア、チュニジア、モロッコ、スーダン、アフガニスタン、インド、マレーシア等の国である。

こうしたイスラーム諸国からの商人の流入に伴い、アラビア語での取引が活発化している。そのため、寧夏、甘粛、河南などのアラビア語学校で学習した回族が通訳として活躍している[13]。英語の通訳は多いが、アラビア語の通訳は希少価値であり、女学出身者が重宝されている。

義烏では、アラビア語の通訳は700～800人いるが、寧夏出身が半数以上を占める。特に寧夏の石嘴山出身が多く、200～300人いるという（2007年調査）。そして当初は通訳であっても、後には貿易会社経営やハラール食品会社経営者として義烏で成功を収めるケースが少なからずある。

筆者は、2007年及び2009年に義烏で回族調査を行っているが、以下は、主に2009年12月に義烏でムスリマに対して行ったインタビューに依拠している。7人の調査対象者（A、B、C、D、E、F、G）は、全員女性であり、年齢は20歳から38歳で平均年齢は28歳である。また、既婚5人、未婚2人、出身は寧夏が3人、その他は、甘粛、雲南、陝西、内モンゴルである。民族は、回族が6人、漢族は1人（結婚に伴いイスラームに改宗）である。仕事は、貿易会社などの事務4人、通訳2人、アラビア語の教師が1人である。

以下では、半構造化インタビューを分析しながら、彼女達の学歴、義烏に来た理由、仕事、人間関係、結婚、イスラーム的価値観について、検討していきたい。

出身学校は女学が3人、その他が4人である。インタビューをした7人の女性

の中には、女学出身でない者も含まれるが、共通する点も多いため、以下では、合わせて論じていきたい。

(1) 出身学校、学歴

出身学校及び学歴は、女学（卒業及び中途退学を含む）が3人である。この内、2人は中学卒業後にアラビア語学校に進学、1名は高校卒業後に女学進学である。女学への進学の理由として、叔母、叔父などの親戚の影響がある。

女学は年限が4年の所が多いが、3人のうち卒業したのは1人だけである。1名は2年で中退、1名は1年で中退である。中退の理由としては家庭の事情の他、就職や結婚がある。また大学卒業が3名、中等専門学校卒業が1名である。

義烏で働いている回族の中には、女学の出身者が多い。また高等教育機関を修了した者もいることは、注目できる。

(2) 義烏に移動した要因

義烏に移動した要因としては、姉妹や従姉妹などの親戚がいた者が4人、夫に同行してきた者が3人である（夫はアラビア語通訳。あるいは、最初は、アラビア語通訳、現在は貿易会社社長）。義烏に来た要因は、親戚がいること、あるいは夫に同行であり、移住のプル要因としては、家族のネットワークがある。

義烏にきてからの年数は、半年から3年半であり、7人の平均は、約3年である。近年の義烏の発展に伴い、急激に回族が義烏に流入していると言えよう。

(3) 仕事の状況

仕事は、通訳と貿易会社の事務員が多い（通訳3人、事務員4人、専業主婦1人）。

Aさんは、アラビア語の通訳で、客が市場で商品の購買をする手伝いをしている。「仕事は楽しく、達成感がある。顧客はイラク、サウジ、ヨルダンの商人が多い。彼らは自分のことを尊重してくれるので、とても幸せ」と語る。ただし、時々、工場が品物を納品できない。また、納品した品物が売れないという問題もある。

Aさんのアラビア語学校での同級生の中には、通訳として外地で働く者が多い。女学の教師、あるいは故郷に留まり家庭の主婦になった者もいる。「彼らは自分のこと羨ましがっている。義烏などの都会に出て来た方が良い。いろいろなことを学べる」と語る。

　Aさんは、女学でアラビア語を2年だけ学んだ。そのため、アラビア語があまり達者ではないので、3年半通訳をやっている割には給料が低く、2,500元である（この程度の経験年数の場合、通常は3,000〜3,500元）。ただ高校に進学したAさんの中学時代の同級生の場合、高卒後に工場労働者をして給与が約1,500元ほどである。それよりはかなり高い。しかし義烏は物価が高く、1年間の部屋代が4,500元に上るため、2人で居住している。

　Bさんは英語通訳である。元教師であるが、退職して義烏に来て通訳として働いている。教師という仕事をなぜ辞職したのかという筆者の問いに対して、Bさんは、「教師になったのは、自分の望みではなかった。教師として働いていたので、ベールを被ることができなかった（教師は禁止）」、と語る。

　Bさんによれば「通訳の仕事は大変なところもある。ただ、自分の内心に近い職業である。仕事の相手は、中東から来たムスリムなので、彼らからムスリムの常識を学ぶことができる。また、自分の信仰と近しいものを感じる。中東からのムスリムは、自分のことを尊重してくれる。宗教関連の場所にも行ける」と満足気に語っていた。

　他の4人は貿易会社などの事務員である（社長はリビア人や中国人）。Fさんは、「義烏は競争性もあり、機会も多い。とても良い所。今の会社での仕事に大満足で、充実している。学ぶことが多く、啓発を受ける。自分の視野も広がった」と語る。

　このようにアラビア語の通訳の他、貿易会社での事務員として働いている者が多い。彼らは義烏での仕事に満足している。また仕事の関係でムスリムとの接触があり、そのことも、彼女たちの満足感につながっている。

　Cさんは専業主婦の一方、アラビア語の指導をしている（寧夏の女学の元教師）。

(4) 結婚及び家族

　結婚は回族同士が多い。とりわけ親は回族との結婚を望んでいる。ただし、少数民族は人口規模からして少数であり、回族の結婚相手を探すのは必ずしも容易ではない。そうした時にしばしば利用されるのが、インターネットのチャットである。

　Dさんは、ムスリムが利用するチャットで、夫（アラビア語学校卒業後に、パキスタン国際イスラーム大学アラビア語学科でアラビア語と英語を学ぶ。広州でアラビア語通訳の後、義烏に移住して通訳）と知り合い、半年後に結婚した。ムスリムだけが利用するので、詐欺も無く安心できる。結婚の時にはチャットでの知り合いが助けてくれ、当日、彼らも祝いに駆けつけてくれた。Dさんは、結婚後に、夫と一緒に義烏にやってきた。

　また、Eさんは、ムスリムが多く、発展の機会がある義烏に満足である。Eさんは故郷にいる夫と別居であり、小学生の子どもは、夫の家族が面倒を見ている（留守児童）。母親や父親が都市への出稼ぎのために子どもを、祖父母に預ける留守児童は、中国では一般的な現象であり、回族の場合も例外ではないようである。

　またEさんによれば、彼女の周囲の回族の場合、「少数民族政策で子どもは2人まで産める。私たちの年代の若い者は、思想が開明的なので、大多数は子どもが1人」という。Eさんは、子どもには普通の大学に行ってほしいと願っている。回族の家族計画に対する意識や子育て観は、漢族とほとんど変わりはない。

(5) イスラーム的価値観

　Bさんの場合、4人兄弟だが、上から1番目と2番目は、大学に行けなかった。その後、家庭が経済的に好転したので、上から3番目の自分と、弟は大学に進学できた、という。弟は北京のエリート大学の理工系に、トップの成績で入学した。

　Bさんの家は信仰を大切にするムスリム家庭出身である。漢族と同じ公教育を受けると、ムスリムの伝統から離れるという考えが伝統的なムスリム家庭にはある。そのため、親戚、叔父は、自分と弟が大学に行くことに対してとても心配し

た。「外の空気にふれて、様々な人と出会うので、イスラームから離れてしまうのではないか。あるいは非ムスリムと結婚するのではないか」と危惧したという。しかし、「そんなことはない。骨肉となったことは、変えることはできない」とBさんは語る。

　Dさんの出身地域には回族もいる。しかし、「漢族が圧倒的であるため、義烏には回族が多く、嬉しい」と語る。Dさんは、家で礼拝をしている（モスクで礼拝をするのは男性）。

　Fさんは、義烏では、「給与がもらえて、物質的な報いがある上に、友達がいる。友達にはムスリムの友達もムスリムでない友達もいる。ただムスリムの同胞たちは、非常に充実している」と言う。

　Fさんは、初めは、2年で故郷に帰って結婚するつもりだった。しかし、「以前は精神的に空虚であったが、義烏に来てからムスリムの生活を身近に見て、自分も精神的な信仰を追求するようになった。今後、イスラームの学習を深め、信仰を堅くしたい」と語る。

　以前はベールをかぶる勇気が無かったが、最近、ベールを被るようになった。そうしたところ、尊重されるようになった。アラビア語は難しいが、ムスリムたちは「イスラームは実に簡単で、自分の心を用い、どのような形であれ、真面目で誠実であれば良い」と言う。「これは大変にいいこと」と語る。

　また、Gさんは、漢族であるが、大学の時に、夫（回族）と知り合い、ムスリムとなった。Gさんは、もともと仏教に興味があり、夫はイスラーム文化について学んでいたので、手紙を通じて本を紹介したりして、交流を深めた。結婚後に夫とともに義烏に来た。

　Gさんは、「精神的なものが大切である。南方人の多くは、空虚。退勤後、どこにいけばいいかよくわからないので、ビリヤード、カフェ、カラオケに行く。われわれは、インターネットで学び、読書をする。あるいは教師を訪問して話をする。物質的な満足は短くはかないので、精神的な学びを望んでいる」という。

　義烏の場合、寧夏出身の回族がある程度いるので回族のネットワークが形成されていることも、彼女たちのムスリムとしてのアイデンティティの強化につながっていると考えることができるのではなかろうか。

以上、義烏に移動してきたムスリマたちの語りとして、次のことが指摘できる。①出身学校は、女学（後期中等教育）が多い。ただし、大学で学んだ者もいる。②家族・親戚がいたために来ているケースが多い。③通訳、あるいは貿易会社の事務員が多い。④仕事への満足度は高い。通訳・事務員の仕事は苦労もあるが、楽しい。視野も広がる。故郷にいる同級生よりも給与は高い。⑤結婚については、親は回族との結婚を強く望んでおり、回族同士の結婚が多い。回族同士が知り合う方法として、インターネットのチャットがある。⑥伝統的な価値観を重んじる一方で、祖父母に子どもを預けて働きに来た者もおり、この点は漢族と同様である。また、子どもは一人で、多くはいらない。こうした家族計画に対する意識も漢族と同じである。⑦義烏にはムスリムも多く、宗教的な繋がりもあり、精神的な充足感がある。以上である。

　彼女たちは女学というイスラームの価値観の中で育てられ、義烏においてもイスラームのネットワークの中で安心感を持ち生活している。また、ムスリムのネットワークがあるから、故郷を離れることに抵抗は少ないし、親も娘を送り出しているのである。さらに海外のムスリムから刺激受け、満足度も高いし、中国とイスラーム世界とを結ぶ、重要な役割も果たしている。

　中国社会では、苛酷な受験競争が展開され、たとえば幼稚園の時から英語学習に取り組む親子は少なくない。しかしながら、女学を通じた女子青年の進路選択とその後の発展の姿は、社会変動の下での中国少数民族の新しい生き方の可能性を示すものとも考えることができる。

まとめ

　経済発展に伴い寧夏の変貌は著しく、寧夏南部の固原においても近代的ビルやマンションが増え交通量も格段に増加している。ホテルの部屋にはコンピュータが置かれ、世界各国と自由にメールの交換が可能になった。グローバリゼーションの波は、着実に内陸部にまで押し寄せている。

　しかしながら、その一方、沿海部との経済格差は著しく、都市部が豊かになっている分だけ農村部には取り残された人々の閉塞感は、より強まっているように

思われる。

　こうした中、女学は、グローバリゼーションの矛盾を吸収するセーフティネットとして一定の役割を果たしている。そこにおいて、経済的問題、あるいは受験の失敗などの理由で学校教育のルートからはずれたムスリム女子青年たちにセカンド・チャンスが提供され、姉妹の友愛を基盤とする関係性の中で守られ、自信をつけているように見受けられる。卒業後には、アラビア語という語学を武器として、ある者は女性アホンとして女学で教鞭を執り、あるいは義烏で通訳となって活躍している。

　また、義烏に移動してきたムスリマたちは、回族ネットワークの中でムスリムとしてのアイデンティティを保ちながら生活しており、さらに中国とイスラーム世界とを結ぶ役割も担っている。

　現在、グローバリゼーションによって、アメリカを中心とする市場化が全世界的に拡大している。しかしながら、こうしたグローバリゼーションに対峙するものとして、イスラームによるネットワークが構築され、女子青年たちのエンパワメントが行われていることは、今後の検討に値しよう。

　今後、グローバリゼーションの下で、中国のムスリム女子青年が、どのように自らの力量を高めようとしているのか、継続的に観察を続けていきたいと考える。

注

1　松本ますみ「中国西北におけるイスラーム復興と女子教育－臨夏中阿女学と韋州中阿女学を例として－」『敬和学園大学研究紀要』第10号、2001年2月、145-170頁。松本ますみ『イスラームへの回帰』、山川出版、2010年、113頁。松本ますみ「信仰深さによる「抵抗」イスラーム教育を受けた回族女性」澤井充生、奈良雅史編『「周縁」を生きる少数民族―現代中国の国民統合をめぐるポリティクス』、勉誠出版、2015、145-180頁。

2　水鏡君、瑪利亜・雅紹克『中国清真女寺史』、生活・読書・新知三聯書店、2002年、454頁。

3　「洪崗崗子中阿女校博客」〈http://blog.sina.com.cn/s/blog_5254351d01009kr9.html〉（2016年11月15日アクセス）。

4 〈http://www.2muslim.com/forum.php?mod = viewthread&tid = 612697〉（2016 年 11 月 15 日アクセス）。
5 松本ますみ、前掲書参照。記載事項は、X 女史へのインタビューによる。
6 本章では、小学生を含む場合は「生徒」とし、それ以外の場合は「学生」とする。
7 1990 年に保伏橋阿語学校として創設、後に銀川アラビア語職業技能訓練学校（銀川阿拉伯語職業技能培訓学校）と改称。2005 年の訪問時には、寧夏銀川阿語学校（寧夏銀川麗景南街阿語学校）という名称。「寧夏興慶区阿拉伯職業技能培訓学校在哪？」〈https://zhidao.baidu.com/question/590809731.html?fr=iks&word =%D2%F8%B4%A8+%B1%A3%B7%FC%C7%C5+%B0%A2%D3%EF%D1%A7%D0%A3&ie=gbk〉（2016 年 11 月 15 日アクセス）。
8 同校は、もとは銀川の新城南門清真寺にあった（海正忠「潜心弁学　回報社会－海長泉、楊淑萍和他門的中阿女子学校」『回族研究』2002 年第 2 期、寧夏社会科学院回族研究所、6-9 頁）。しかし老朽化に伴い、賀蘭県立崗鎮の回民小学跡地に 2003 年に移転した。
9 『銀川晩報』1996 年 2 月 22 日、2003 年 4 月 12 日。
10 「寧夏銀河中阿女子学校校舎失修急需援助」〈http:// tieba.baidu.com/ p/ 1019925897〉（2016 年 11 月 15 日アクセス）。2009 年の地震のあと校舎が壊れ、経済的に厳しいので、支援を求めるという記事も掲載されていた（2011 年掲載）。
11 E 校は、寧夏魯格曼職業技能培訓学校（校長　馬振国）である。同校についての紹介は、学生募集のポスター参照。
12 「百度百科　中国義烏国際商貿城」〈http://baike.baidu.com/view/2146902.htm?fromtitle =% E4%B9% 89%E4%B9%8C%E5% 9B% BD% E9%99% 85%E5% 95% 86% E8% B4%B8% E5% 9F% 8E&fromid =3108878&type = syn〉（2016 年 11 月 15 日アクセス）。
13 新保敦子「中東へのまなざし―マッカ巡礼、留学、ビジネスチャンス」『中国のムスリムを知るための 60 章』明石書店、2012 年、352-356 頁。

追記：本稿は、「グローバリゼーションの下での中国ムスリム女性指導者―公教育及び宗教教育の比較検討―」（『学術研究』55 号、2007 年、1-10 頁）、及び「社会変動下の中国ムスリム女性―マドラサとモスクに焦点をあてて」（『東アジア社会教育研究』No.20、東京・沖縄・東アジア社会教育研究会、2015 年、71-81 頁）を統合のうえ、加筆修正したものである。

第6章　中国の一人っ子政策と教育における諸問題

于　　小　薇

はじめに

　中国は1980年代から市場経済の導入を伴う改革開放政策を開始し、人口の増加が経済発展を阻害することを理由に、一人っ子政策を実施してきた。改革開放が進むなかで、経済成長が進んだ。さらに、2001年末、中国はWTOに加盟し、国際化が進むなかで、国際競争を勝ち抜く戦略の遂行として、国の教育のレベルアップを図った。その結果、2009年、経済協力開発機構（OECD）が実施する生徒の学習到達度調査（PISA）において、初参加の上海チームが総得点においても、読解リテラシーと数学的リテラシー、科学的リテラシーといった個別リテラシーの領域においても、すべて1位を獲得し、名実ともに学力世界一となった。この結果は、「万般皆下品、唯有読書高（あらゆる営みはどれも下等であり、ただ読書＝学問のみが高尚である）」という中国古来のエリート教育意識と相互に働き、1980年代から上昇している教育熱に拍車をかけるようになり、学校から家庭まで教育熱が一向に収まらず、ますます激化している。PISAの高得点を目標に、上海屈指の名門校W中学校では、生徒たちが教員の指示に従い、毎日大量の練習問題をクリアしなければならない[1]。社会状況の変化とも相まって、一人っ子政策をめぐる従来の学校・家庭・社会教育環境は大きく変化し、子どもの教育に親が一生懸命になる姿は至るところで見られる光景となっている。

　一人っ子政策において、1980年代には、一人っ子が研究対象として取り上げられ、その当時、親子関係や家庭教育を中心とする心理学的なアプローチが主流

であった。この点についての先行研究は数多く発表されており、その代表的な研究を紹介したい。まずは、1985年第6期『社会調査与研究』に掲載された陳科文の「独生子女与非独生子女行為特点和家庭教育的比較研究（一人っ子と非一人っ子の行動特徴と家庭教育をめぐる比較研究）」が挙げられる。陳によれば、非一人っ子に比べ、一人っ子は①わがまま、集団性欠如、②彼らを取り巻く環境は過保護、教育過剰といった結論が出された。次に、1990年代から2000年代にかけては、一人っ子の社会化をめぐる社会学的なアプローチが主流であり、その代表として風笑天が挙げられる。風は1992年社会科学文献出版社の著書『独生子女：他们的家庭、教育和未来（一人っ子：彼らの家庭と教育、未来）』のなかでは、結論として、一人っ子が親に甘やかされた「小皇帝」であるため、社会性を身につけるのが困難であると指摘した。さらに、2004年知識出版社の著書『中国独生子女：从小皇帝到新公民（中国の一人っ子：小皇帝から新世代の公民へ）』によれば、一人っ子は周りの環境になじめず社会に対する適応性が欠けていると指摘された。

　ところが、「一人っ子政策」は1980年代の中国経済及び社会改革政策の重要な部分をなしているため、これは、家族の問題だけにとどまらず、国民の資質や就労、高齢化等にかかわる多分野に跨る問題を誘発しており、中国社会のイデオロギーや思想観念、経済発展及び社会構造とも関連している。

　一人っ子問題は決して単なる子どもの数の問題ではなく、その規模と構造の変化は直接・間接を問わず国家に、民族に、文明の興廃に影響を与えるといえる。一人っ子世代は現在、国の労働人口の主流となり、国の発展を支えつつ未来の難題に挑むという重責を背負っていかねばならないのである。一人っ子政策による家族構成の単一化と社会の早すぎる高齢化は次世代の成長は無論のこと、国の未来にもリスクをもたらすものである。それゆえに一人っ子問題は国家戦略にかかわる問題であり、家庭教育等ミクロの観点と国家のマクロの観点からとらえた上で未来への展望を示すべきである。このような研究意識を主軸に本稿では一人っ子政策の実施経過を踏まえ、一人っ子政策のもとで展開されている中国の最近の教育状況について学校教育と家庭教育及び社会教育上の諸問題を取り上げつつ、その解決策として教育の在り方の本質に迫りたい。

1 「一人っ子政策」の登場と実施経過

「一人っ子」とは兄弟姉妹のいない子どもを指すことは万人周知の事実である。しかし、中国において「一人っ子」とは特殊な意味をもったことばであり、中国の「計画生育政策（以下は計画生育と称する）」と不可分の関係にある。中国の「一人っ子政策」の起源は中国共産党中央委員会（以下は中共中央と略す）と国務院が1980年9月25日に発表した「人口の増加抑制の問題に関するすべての共産党員・共産主義青年団員への公開書簡」より始まった。この公開書簡の要旨は「20世紀末までに中国の人口総数を12億以下に抑制するために、国務院はすでに全国民に対し夫婦一組につき子どもは一人を提唱することを呼びかけている。これは四つの現代化の速度の前進、子孫後代の健康と幸福にかかわり、全国民の長期的利益と当面の利益に通じる重要な措置である。中央はすべての共産党員、共産主義青年団員、特に各レベルの幹部が実際行動で率先して国務院の呼びかけに応え、積極的に責任をもって、辛抱強く、きめ細やかに、広範な大衆に宣伝教育するよう求める」というものである[2]。これに基づいて、中国の「計画生育政策」は広く「一人っ子政策」として理解されるに至った。この公開書簡の発表により中国の「計画生育政策」は正式に世に出され、「一人っ子政策」を国の政策として浸透させ、全面実施に至った。

この政策をさらに順調に推進させるために、1982年2月に中共中央と国務院は連携して「計画生育事業をさらに一歩進めるための指示」を出し、「計画生育政策」を具体的に次のように規定している。「計画生育事業は、継続して晩婚・晩育、少生、優生（比較的遅い結婚のあとに子育てし、少ない子どもをよりよく育てる）を提唱する。その具体的な要求は国家幹部・労働者・都市および農村市民は、特別な状況が承認された場合を除き、夫婦一組は子ども一人のみを育てることができる。農村においても、あまねく「一人っ子政策」を提唱し、実質的な困難な状況をきたす場合において当該者が二人目の子どもを産むことを要望するならば、公的な審査承認を経てはじめて配慮される。もちろんいかなる状況においても三人目は認められない。[3]」

1982年9月に中国共産党・政府は「社会主義現代化建設の新たな局面を切り開こう」という中国共産党第十二回全国大会報告を発表した。そこでは「中国の経済と社会発展において人口問題は終始重大な問題であり、計画生育の実行は中国の国策の重要な一つである」と述べている[4]。

　1986年12月に中共中央は国家計画生育委員会に「第六次五カ年計画[5]期間における計画生育状況と第七次五カ年計画期間における事業に関する報告」を伝え、「農村については長期かつ安定的に大多数の農民から計画生育による人口政策の支持を取りつけ、特別な状況において二人目の子どもを産むことを認める規定以外にも、二人目を望む独女戸（一人っ子が女である家庭）に対し、ある一定期間を経過した後に二人目を産むことを許可する。」という伝達であった[6]。

　1988年3月に国家計画生育委員会は中共中央政治局常務委員会に「計画生育報告大綱」を提示した。「中国計画生育事業の現行政策は『晩婚・晩育、少生、優生』、夫婦一組は子ども一人のみを育てることを提唱する。国家幹部・労働者・都市および農村市民は、第二子を産んでよいという特別な状況が審査承認される以外については、原則として夫婦一組は子ども一人のみを持つべきである。農村においては特に困難な状況にある者、および独女戸を含め、そのことにおいて実質的に困難な状況をきたす場合においてのみ二人目の子どもを産むことを要望する人たちに対しては、審査承認を経て計画的に配慮するものとする。もちろんいかなる状況においても三人目は認められない。少数民族に対しても計画生育が提唱され、具体的要求と方法は省や自治区の当地の実際の状況に応じて制定されるものとする。」という報告がなされた[7]。

　1991年5月に中共中央と国務院は「計画生育事業の厳格化による人口増加抑制に関する決定」を発し、より一層厳格に人口増加抑制を推進することを強調し、「今後10年間で人口の自然増を12.5％以内に抑制することを目指そう」[8]と重ねて既定の人口と「計画生育政策」の安定的遂行と継続を申し合わせた。

　2000年代に入り、経済・社会の発展と「計画生育政策」の相乗作用により、中国において人口の再生産形態の根本的転換が図られた。2000年3月に中共中央と国務院は「人口と計画生育事業の安定的な低生育水準に関する決定」を提示し、「中国は低生育水準段階に入ったが人口問題は今後一定期間において中国経

済及び社会発展の主要な制約要因であり、2010 年代末までに全国人口総数（香港・マカオ・台湾を除く）を 14 億以内に抑制し、年人口出生率を 15％以内に留め、現行の人口及び計画生育政策は変わることなく継続することを必須要件とする。」という内容であった[9]。2001 年 12 月 29 日に「中華人民共和国計画生育法」を発布し、2002 年 9 月より施行した[10]。これによって「計画生育政策」は基本的国策としての法律的整備が整った。「第十次五カ年計画」期間において多くの省は「計画生育政策」に適度な調整を加えている。目下全国 31 の省・市・自治区において、29 の省は「双独政策」（夫婦双方が一人っ子の場合は、二人目の子どもを産んでよい）、7 つの省の農村では「単独政策」（夫婦片方が一人っ子の場合は子どもを二人産んでよい）という政策を採っている。2007 年 1 月、中共中央と国務院は「人口と計画生育事業の統一した人口問題解決に関する決定」を発布した。この決定によれば「人口問題は終始中国の持続的発展を制約する重大な問題で、経済・社会発展に影響する要因である」と認識された。また、「優先して人的分野の発展に投資し、安定した低生育水準を保持しつつ人口の素質を高め、その構成を改善し合理的な配分に導き、人口の安定的なあり方を保障しつつ人口大国からマンパワー大国へと転換させ、人口・経済・資源環境の調和と持続可能な発展を促進させる」ことを強調した。決定はまた以下のような内容を提示した。「第十一次五カ年計画の末までに、人口の総数（香港・マカオ・台湾を除く）を 13.6 億以内に抑え、2020 年には人口総数 14.5 億前後に抑制し、総人口と生育率を安定的に水準以下に導いていく。都市及び農村を含めて経済・社会を発展させ、農村を安定的に低生育水準にもっていくことが人口問題解決の重要な要である」[11]ということである。

　このように、中国における一人っ子政策は子どもの数の変化に止まるばかりでなく、マンパワー政策の一環としての要素がある。経済発展を推進しようとする中国にとって、資質面から問おうとすると、人材育成が必要とされる。これは教育にかかわる問題である。

2　一人っ子政策の家庭教育への影響

　上述したように、中国では、一人っ子政策を国策として実施して 30 年余り経過した。一人っ子政策による一人っ子世代の登場は、家庭においても学校においても社会においても大きな影響を与えており、教育上さまざまな問題が生じている。

　以下、本節第 1 項では、一人っ子世代の家庭教育において発生しているさまざまな問題について概観する。一方、本節第 2 項においては、改革開放に伴う経済発展と人材観の変容、子どもの数の減少といった要因が、各家庭の教育に対する投資の増加につながっていることを明らかにする。

(1) 家庭教育の「学校教育」化

　中国では、「望子成龍、望女成鳳（子どもの出世への期待）」や「子栄父貴（子どもの出世によって親が偉くなる）」といった観念は伝統的な教育意識のなかに根強く残り、出世への期待という重要な任務を引き受けた子どもがただ一人である場合、親のすべての希望が子どもの肩にかかってしまう。

　一人っ子は家族や親しい周りの者から切実で重い期待を背負わされ、そのなかでもさらに学業成績への期待は大きい。多くの家庭は第二の教室になり変わり、学校活動の延長の場となっている。保護者はエネルギーと財力を注ぎ込み、習い事や試験勉強を促すばかりである。また、家庭教師を呼び、家で学校の勉強の補習をさせることや、むやみに子どもに圧力をかけ、喜びそうなことで釣り、各種の特別クラスや習い事のクラスに通わせる。

　たとえば、2010 年 5 月 13 日の『中国青年報』の記事によると、天津市の婦人連合会と家庭教育研究会が 1 千以上の家庭にアンケート調査を実施し、78％の保護者が「子どもが学習知識を習得するのは学校の本務で、保護者は実際的にはかかわるべきでない」との見解には同意していない。逆に、59.8％の保護者が「子どもの学習を補習してやるのは保護者の本分である」と言っている。しかも 41.4％の保護者は「勉強がよくできることが子どもにとってもっとも重要であ

る」とまで言っている。このほか、小中学生の保護者のうち65％がふだん子どもとの話題のうち一番多いのは「学校の勉強」についてである。また、本来子どもがしなければならないことを、しかも子どもができる能力を持っているにもかかわらず、親が自らやってしまう。たとえば、小学生の保護者のうち、65％は自ら子どもの学習を指導し、58.5％が子どもの宿題に付き添い、57.7％が宿題をチェックし、間違いを正し、45.8％が更に宿題を与え、40.9％が子どものために学習用具を揃えてやる[12]。

また、北京市のある小学校で保護者80人への聞き取り調査によれば、一部の親は、学校の試験において、自分の子どもの成績が親の定めた基準に満たされなければ、食事を一食減らす、と回答している。多くの親は試験対策のためだけに力を注いでしまうため、家庭が学校の教室の延長になってしまう[13]。

このように、家庭教育も学校教育の知識教育分野を大幅に引き受けているため、子どもの道徳や個性を涵養する領域を失っている。保護者は家庭教育の目標を学力重視の教育と位置づけてしまうために、家庭教育を家庭学習と理解し、学力＝試験の成績と思ってしまい、成績が良ければ良い子だという認識ができあがる。

普通の家庭では、基本的に子どもが自らの性格と知力、忍耐力という要因に基づいて自身の進路を選択することができるし、それと同時に家庭の経済条件あるいはその他の要因による制約のため、ごく自然に家庭から教育の多面的選択が準備される。しかし、一人っ子家庭では、保護者は子どもに名声や出世を望んでいるため、子ども自身が将来の進路を選択する余地が与えられず、親に敷かれたレールに乗らざるを得ない。子どもが初期の目的から逸脱すれば、自分の教育が失敗したと思われ、現実を受け入れることができない親が多く見られる。さらに、障害児を持つ親は全面的に否定的にとらえてしまい、挫折から立ち直れない傾向があり、子どもの退学を選択するケースがある[14]。したがって、一人っ子政策による家庭教育における主要な問題は子育て目標の偏向や家庭教育が学校化されている点であると言える。

いうまでもなく、一人っ子が家庭の中心となり、一人っ子家庭は複数の子どものいる家庭よりも経済的な恩恵を受け、愛情を受けやすい。しかし、ここ十数

年、中国では、「子どもに対する過度な溺愛、過度な注意、過保護、過度な期待」といった「四つの行き過ぎ」や「子どもが勉強についていけるか心配、子どもが出世するのか心配、子どもが親孝行になるのか心配、子どもがとんでもないことをしでかさないか心配」といった「四つの心配」[15]が話題となり、親の子どもに対する過度の関心と高すぎる期待という特徴が現れている。このような子どもへの過度の関心やお膳立てや期待は、子どもの健全な成長をスポイルすることになり、家庭環境がかえって子どもの成長にマイナスの影響をもたらすことがあると考えられる。

(2) 家庭における教育投資の増加

「一人っ子政策」による子どもの数の減少は、他方で、子どもに少数精鋭のような教育機会を社会から家庭から提供されることを意味している。以下に詳述しよう。

出生率の低下が教育の発展を促進する役割は以下のような社会的効果があると言える。まずは、出生率の低下と出生人口の減少によって、家庭においては、家族規模の縮小に伴い、親が子どものためにより多くの財力を投入することができる。社会の面においては、子ども一人あたりの教育経費が増加し、教育供給能力を高めることができる。次に、一人っ子政策は子どもの教育を受ける機会の増加に寄与できる。

1980年代末期から、年間出生乳幼児の数は1987年のピーク時2,522万人から2006年の1,584万人にまで低下し、相対的に漸減の方向に向かっている。2000年代上半期は、中国の人口抑制効果が出る時期であり、人口の伸びは低出生率とあいまって引き続き低いレベルに止まった。出生人数の減少は小学校入学者数とその後の中学校入学者数の減少を示している。1980年に中国全国の小学校入学率が93.0％であり、入学者数は2,942万3千人であったのに対し、2007年に小学校入学率は99.5％に達し、入学率が上昇したが全国の小学校入学者数はわずか1,736万1千人であり、1980年と比べ1,206万2千人の減少で、減少率は41％であった[16]。中国の子どもの減少は世界においても注目されている。国連児童基金（UNICEF）の年度報告書「2011年世界児童状況」によると、2009年の時点で、

世界の青少年人口は1950年から倍増、12億人に達し、世界総人口の18％を占めるに至った。しかし中国国内に目を転じると、青少年が人口全体に占める割合は、2000年の18％（2億2,800万人）から2009年には13％（1億8,000万人）にまで落ち込んだ[17]。子どもの数が減少し、国内労働力市場において雇用が技術レベルの低い産業から高付加価値産業へ転換したことに伴い、次世代の労働力となる青少年に十分な教育を提供することが、特に重要な課題となっている。

　すでに1978年に国務院計画出産指導者グループ第一次会議では下記のような報告がなされていた。「一つの家庭で子どもがなるべく少なく生まれることが児童の健康を守ることに貢献し、児童の教育を強化し、次世代をさらによく養成する。」、「（6～15歳までの学齢人口が減少すれば、国は）ゆとりをもって教育の質を高め、中等教育を普及させ、各種の余暇教育と大学教育を進展させ、徐々に全国民の文化科学水準を高めることができる」[18]。このように、年間出生人数の減少による学齢人口の減少は教育の発展に有利に働くことがうかがえる。学齢人口の減少は多くの資金を大量に増加した新規人口の扶養より教育に多く使うようにさせることができる。また，新生人口の減少自体も教育に対する負担を減少させ、総体的に教育発展の戦略を子ども数の増加への対処から教育の質の向上へと転換させることができると考えられる。

　低出生率によって発生するもっとも重要なニーズの一つは、親の子どもに対する教育投資である。一人っ子政策によって、多くの親は産む子どもの数を自由に選択することができない。そのため子どもの教育に対する要求はかなり高く、並大抵ではない。それと同時に、改革開放以来、人的資本を重要視する労働力市場の形成につれて、ハイレベルの人材需要が高まるため、過度の教育を受けるように子どもに強要する親が多く現れる。国民の収入が増え、生活に余裕が出てきていることは都市部の住民の所得の変化でも示される（次ページ表6-1）。同時に、2010年前後から、家庭における教育支出は上昇する傾向にある。中国青少年研究センターの報告によると、義務教育期間においては、都市部の家庭における教育への支出は1985年に2.1％で、1996年に5.2％であったが、2011年には収入の30.1％を占め、即ち家庭収入の約三分の一が子どもの教育費に用いられる状況になっている[19]。このように、教育に対する需要と支出能力も上がってきていると

表 6-1　都市部住民平均所得変化

年	所得（元）
2000	6,280
2007	13,785
2010	19,109
2011	21,810
2012	24,565
2013	26,467
2014	28,843

国家統計局編『中国統計摘要・2008』114 頁及び
国家統計局数拠平台 www.stats.gov.cn より作成

判断できる。

　親にとっては、「優生優育（素質の良い子を産み、良い環境で育てる）」という理念の浸透に伴い、子どもの質にいっそう関心が高まっている。このため、子どもの教育への積極的支援が増え、中国経済の成長による、家庭の経済条件の改善によって教育投資能力も高まり、教育投資が集中することになる。こうしたことすべてが一人っ子の教育に有利に働いているともいえる。

3　学校教育の一人っ子世代への影響

　本節では、一人っ子世代の学校教育において発生しているさまざまな問題について概観する。具体的には、本節第1項においては、中国の学校教育においては過度の点数競争が発生していること、第2項においては、それゆえに生徒のメンタル面やフィジカル面において問題が発生していることを、データを示しつつ論じていく。

（1）過度の点数競争

　中国の学校教育は現在、地質学の「造山運動」[20]にたとえられる。かいつまんで言えば、文化大革命後に重点小学校、重点中学校が鄧小平の「先富論（豊かに

なれる人は先に豊かになれ)」と同類の思想でつくられた。いったんできてしまうと自律的にそこに資金や優秀な教員が集まり、それ以外の学校との格差は依然として続いた。つまりこれが義務教育領域での「山」であり「高峰」ということである。中国の学校教育はその「高峰」を目指して終始進学率を指標に、知識の伝授のみ重視する傾向がある。

　中国ではここ30年余りの間、受験教育の影響を受け、学校教育の功利主義的色彩が濃厚になっている。全国各地の教育行政部門が受験成績・進学率を学校評価の唯一の基準としている[21]。多くの教育目標が狭く、教育内容が繁雑で難しく、学業競争が激しく、児童・生徒は、毎日試験の点数のみを考えることに強いられ、受験勉強以外のことを考える余裕がなく、生徒たちの感覚が麻痺して鈍化した状態が生まれている。日本青少年研究所の中、日、米三カ国の中学生・高校生の課外体育活動に対して行ったアンケート調査によれば、課外体育活動に参加した中学生は、日本は65.4%、アメリカは62.8%であるのに対し、中国はわずか10.5%である[22]。冒頭に言及したPISAの成績において、中国チームが世界一を獲得したが、課外活動参加の面では、中国の青少年は明らかに日米の青少年に立ち遅れている。

　中国青少年研究センターが公表した『中国少年児童十年発展状況研究報告(1999～2010年)』の示すところでは、中国の青少年睡眠時間は減少を続けており、8割近くの小中学生に睡眠不足の問題があり、たとえ登校日(月～金)でも週末でも、子どもたちの睡眠時間はみな8時間以下である。しかし、国が規定する小中学生の標準睡眠時間は9時間である。分析の結果は以下のようである。49.5%の小中学生は睡眠不足の原因は「宿題が多すぎるから」と言う。24.4%の小中学生は睡眠不足の原因は「学校が要求する登校時間が早すぎるから」と言う。13.4%の小中学生は「課外補習が多すぎるから」と言う。6.7%の小中学生は「家庭教師の補習のせい」だと言う。小中学生の学習圧力の増大、睡眠時間の絶えざる圧縮は一定程度上も彼らの学習積極性を損なう。調査によると、現在70%以上の小中学生には、程度の差はあるが、「嫌学(勉強を嫌がる)心理」があり、かつ学年が上がるにつれて、その人数の比率は次第に増加する[23]。

　目下、全国大学入試統一試験(日本のセンター試験にあたる)が一生を支配す

るという認識のもとで、学校教育の効能が無限に拡大し、受験教育を社会全体のなかで非常に高い位置に押し上げている。これらの問題によって、青少年の健全な成長を徳育・知育・体育のあらゆる面において全面的に促進させるという、本来の学校教育の役割が制約されており、現在の学校教育においては、本来の教育効果が十分に機能されていない。このような状況から見れば、従来の学校教育の内容だけでは今後の青少年の育成に十分に応えることができるとは言えない状態になっているうえに、前述したように家庭教育についても偏った方向性を持たせてしまう。

(2) 受験教育におけるメンタル面・フィジカル面への影響

　高い期待と激しい競争という背景の下で、一人っ子世代を取り巻く教育環境はしだいに受験教育によって支配されており、道徳心の涵養や教養を身につけること等はみな限られた範囲のなかに押し込められている。前述したように、功利主義・進学一辺倒に初等教育と中等教育がますます捻じ曲げられており、受験失敗への恐怖が子どもの心理に影響を与えることになり、子ども時代特有の喜びと純真さを失っている。

　受験教育のメカニズムの下で学校では成績（点数）への要求がますます高くなり、成績（点数）が学校と教員の業績を評価し審査する主要な指標になり、学校も教員も頭の中は点数のことしか考えていない。試験制度は生徒が教科書を丸暗記することに重きを置き、権威に盲目的に服従することを要求し、生徒の創造的思考と批判的思考は奨励されない。成績の点数と専攻科目に重点を置き、心理的な素質・資質と苦労に耐える精神を培うことは無視されている。中国の3.4億人の17歳以下の未成年者のうち、少なくとも3,000万人に学習上・行動上に適応障害がある。小中学生の心理的障害罹患率は21.6%～32%に達しているという[24]。

　さらに、過度の栄養摂取と身体鍛錬の欠如に加え、子どもの身体の総合的素質は明らかに低下している。1985年以降の四回の全国青少年体質健康調査によると、以下のような事実が判明している。生徒の肺活量と走る速度、耐久力、瞬発力等の身体能力や素質が20年にわたり低下している。小・中学生の近視の割合

が 60％に近く、高校生では 76％、大学生では 83％になった。高血圧、高脂血症、冠状動脈心疾患、糖尿病等の患者が 20 年前に比べ多くなった[25]。

4　教育制度の改革による改善の道

本節では、上述した一人っ子世代に対する中国教育の問題点に対して、教育制度の改革によって改善を図ることが可能なことを示していく。具体的には、本節第 1 項において学校教育自体で改革するべき点について簡単に指摘を行いたい。その後、第 2 項、第 3 項において、学校外教育において改善の余地があることを述べていきたい。

(1) 学校教育の「単線化」に伴う諸問題

中国の計画経済体制から踏襲してきた政府の統一管理と規制による教育方式は、教育の規模が急速に発展する時期には比較的有効かもしれない。しかし、教育の質の引き上げと社会への適応性の分野において、有効な反応を産むのは難しい。現在の中国政府による教育管理体制のなかでは、依然として地方における自主管理権は政府に比べれば極めて弱く、各地方における学校教育の多様なニーズを満足させることができていない。ここ数年来、政府はすでに財政支出権を部分的に地方政府に移譲しているが、しかし、義務教育に用いる教育資金は地方政府に移譲されたものの、地域によって教育レベルが多様なので教育資金が投入されても有効に機能していない。そのため、教育発展計画の制定と発展モデルの選択は、地域社会の状況、家族構成や学歴構成のあり方等の要素を含めて考慮すべきである。

さらに、一人っ子政策による人口の変化、技術のすさまじい発展と市場経済体制の完成等を含む様々な社会発展の状況に対し、改めて教育領域の基本的な責任と適切な評価から学校教育をじっくり考察する必要がある。

学校の現状を見れば、普通の中学校と高校の学校教育体系は進学を目標とする準備がなされてはいるが、生徒に対して必要とされる就職準備教育を行うことが欠けている。生徒がもし、学歴上 1 ランク上の学校へ進学できないならば、彼ら

の多くは学習意欲と生きがいを失い、就職の面でも大きな困難にぶつかる。更に、学校をいったん出たら再び正規の教育機関に入って教育を受けることが難しく、就職のハードルがいっそう高くなるし、生涯、生計を立てるための技能が持てないのは彼ら自身とその家族及び社会にとってみれば重大な損失である。そのため、前に触れた身体障害者の退学を含め、成績不良者や中途退学者といった生徒を対象とする基礎教育体系の多様性と柔軟性、包容性を高めることがとりわけ重要である。

　一人っ子の成長過程では、家庭や幼稚園、学校、社会等の異なるレベルと範囲の教育を経なければならないし、また各段階、各環境の一致性と相互マッチングを保持する必要がある。一人っ子が社会人へと成長する過程において、家庭が個人の成長のもっとも重要な初歩の社会化の組織であるが、学校教育は一人っ子家庭の成長環境で不足するところを補うものとして、また、一人っ子の認知・行為・社会性の発達等を促進するものとしてその役割を発揮すべきものである。子どもの個性を尊重し、社会環境に順応性を持つ学校教育を実施するには教育理念と教育内容、教育方法に変革を行わなければならないし、非知能的要素もないがしろにはできない。教育が一人っ子世代の道徳や知力、心理、身体能力等の分野での全面的な発展をどのように促進するかというのが今まさに中国社会が関心を寄せる重大な課題である。

(2) 就学前教育の重視

　世界銀行2006年の世界発展報告によると、貧困状態に身を置く子どもへの就学前教育投資は競争環境の公平化に役立ち、高品質の早期教育を受けた子どもの推理能力と問題解決技能はそれを受けていない子どもより高く、また就学前教育は子どもが小学校生活により早く適応し、他者との協調性を育み、他者のことを優先に考えるようにさせるのに役立つという[26]。

　このような新しい教育観は今まさに多くの国や国際組織を動かして就学前の教育を優先事項に挙げさせている。たとえば、ネパールの交通が不便な地域では、就学前教育を受けている子どもの95％が小学校に進学したのに対して、就学前教育を受けていない子どもでは75％しか小学校に進学しなかった。就学前教育

を受けていた児童の小学1年生時の落第率は、就学前教育を受けていなかった児童の7分の1であった。また、就学前教育を受けていた児童は、そうでない児童に比べて、1年生時の試験で著しく好成績を残した[27]。それゆえ、ネパールの事例でもわかるように、就学前教育を受けることは小学校での就学率や学業到達水準を向上させるためにも必要である。

しかし、就学前教育は中国の現在の教育体系のなかでは相当弱い部分である。2004年全世界的に就学前教育入学率は37％であるが、先進国では73％に達し、半数の先進国ではこの比率はすでに100％に達している[28]。2005年、中国全国の3～6歳の子どもは約6,000万人であり、おおよその保育所と幼稚園への入園率は41.4％しかない。6割近くの子どもは入園しておらず、それは主として農村部の子どもである[29]。筆者は2014年、北京市郊外にある農民工子弟学校で小学校5年生の担任教員とのヒヤリングを行い、1クラス（30人）児童のほぼ全員が正規の就学前教育を受けていないことが分かった[30]。中国では目下、就学前教育は相対的に立ち遅れているのみならず、特に農村部と都市部との地域格差が残存している。これらの問題の解決策として、農村の就学前教育開発を進めるには、就学前における教育開発への投資を増加させ、保育所等を増加させるだけではなく、臨機応変に季節限定の保育所や子ども活動所、遊戯サークル、特別指導センター等の多様な非正規早期教育分野の開拓も必要である。

(3) 家庭教育・学校教育・社会教育における連携

一人っ子政策による受験教育の下で、中国の現行教育体系では、学校教育、正規学歴教育は依然として教育体系の主流であり、正規と非正規、正式と非正式、学歴と非学歴、学校とコミュニティ、教育と社会との間の相互的なつながりと意思疎通が欠如し、ワンパターンな教育体系しか準備されていない。学校の教育体系と社会における教育体系との間には長期間にわたって相互に連携がないままで閉鎖的な状態が形成されて孤立した体系のままで推移してきた。

各教育分野の統合力の欠如は、それぞれの教育分野において、各教育機関が教育連携の重要性と必要性に対する認識の欠如によって生まれたと考えられる。各教育部門は依然として孤立したままで活動しており、それぞれの分野における教

育の重要性のみ強調し、その他の分野に対し無視をしている。このような状況は必然的に家庭教育と学校教育、社会教育の教育メカニズムの発展に影響し、教育の全体性、系統性、相互性と協調性による力の発揮に悪影響を及ぼす結果となっている。

　青少年が教育を受ける分野において、家庭教育と学校教育、社会教育の関係から見れば、それぞれ個別の立場に立ち、効能と作用を発揮し、お互いの独立性とともに緊密な関連性があるべきである。しかし、中国の現実は家庭教育と学校教育、社会教育の関係性はそのような姿ではなく、欠落と食い違いを生じさせており、共同歩調が取れていない現象が存在している。学校教育と家庭教育、社会教育を相互に結びつける教育ネットワークはなお体系的な長期計画を欠いており、相互連携の力はなお不足している。前述したように、家庭教育が学校教育の知識教育分野を大幅に引き受けているため、道徳や個性を涵養する領域を失っている。社会教育に対し、学校側においても家庭側においても、いまだにそれを重視する意識が低いため、青少年にとって、コストが低く、豊富な内容で、学校外の活動や教育を受ける機会が欠如しているのである。こういった状況では、もっとも広範囲な教育形式としての社会教育は学校教育と家庭教育の歩みに対して立ち遅れているといえよう。そのために、未成年者である青少年が多様な教育を受けるニーズを満たすことは非常に困難なのである。

　このような現状を踏まえ、青少年の各種の教育ニーズを満足させることができる教育内容を準備するように要求されている。社会教育は学校教育の延長継続であり、家庭教育の補充であるべきである。一人っ子の児童・生徒が無味乾燥な受験競争から解放されるように、社会教育は学校教育と家庭教育を「閉鎖式」から「開放式」へ向かわせ、学校教育の知識学習面での不足を補填し、家庭教育と社会全体との関連性を持たせ、教科書の知識の発展と進化を可能にする必要がある。

　21世紀に入り、中国共産党指導部もこの重要性に着目している。たとえば、中国共産党第十六回全国代表大会における報告「いくらかゆとりのある社会を全面的に築き上げ、中国の特色のある社会主義事業の新局面を切り開こう」[31]において「全民族の思想・モラルの資質、科学、文化の資質、健康の資質が目に見え

第 6 章　中国の一人っ子政策と教育における諸問題　177

て向上し、全人民の学習、生涯学習という学習型社会が形成され、人間の全面的な発展が促されることになる」[32]と述べている。さらに中国共産党第十七回全国代表大会では「継続教育を発展させ、全国民が学び、生涯にわたって学ぶような学習型社会を建設する」[33]とより強く提案された。このように、学校教育と家庭教育、社会教育の連携を深めることによって、中国社会全体が学校教育に対する共通の関心と学校教育に参与する風潮が次第に形成されたとき、はじめて学習型社会への転換が成功に向かっているといえるだろう。

おわりに

　以上述べてきたように、一人っ子政策による一人っ子世代の登場は、家庭においても学校においても社会においても大きな影響を与え、教育上さまざまな問題が生じている。本論では、そのような問題を踏まえて、問題の解決策としてのあり方、教育制度の改革の必要性を明らかにした。

　一人っ子政策の実施によって、中国では、人口の増加は大幅に抑制された。同時に労働人口が減少し続け、高齢者の増加傾向が顕著になった。国連人口基金（UNFPA）において、全人口に占める 65 歳以上人口の割合は 7％ である場合、高齢化社会であると定義されている。2007 年末までに中国における 65 歳以上人口の割合は 8％ になり、中国はすでに高齢化社会に入ったといえる[34]。一人っ子政策が世界的にも例のない速度で少子高齢化を引き起こした。一方、高齢者の社会保障が整わず、特に農村部においては、高齢者の 9 割は年金がない[35]。彼らにとっては、老後は子どもが唯一の頼りである。

　高齢者の社会保障が整わないまま、経済成長を支える労働人口が減少に向かうなかで、今後の社会の安定をいかに維持するかが焦眉の急である。中国共産党・政府は、2013 年 11 月に開催した第十八回大会三中全会[36]において、30 年余り続けてきた人口抑制の一人っ子政策の緩和を打ち出した。夫婦一方が一人っ子であれば第二子の出産を認める政策転換が決定されたのである。さらに、2015 年 10 月 29 日に閉幕した中国共産党中央委員会第五回全体会議（五中全会）が、経済の中期計画「第十三次五カ年計画」案を採択した。会議後に発表されたコミュニ

ケでは、一組の夫婦が2人の子どもを産む政策を全面的に実施し、人口高齢化への対策を進めるといった新たな二人っ子政策が決定された。

こうした社会の変容を受け、社会の変化を感じとっている一人っ子同士からなる家庭では、従来に比べ家族観が多様化し、これから生まれる子どもの教育に関連する課題も多岐にわたっている。そこで、中国では、教育の質を配慮しながら人口政策の上に教育政策を構築することが求められている。一人っ子政策の終焉に伴う総合的な教育施策の再検討を展開する必要があるのである。これらの分析は今後の研究課題としたい。

注

1 2015年12月、上海市W中学校における筆者のインタビュー調査による。
2 若林敬子『中国の人口問題と社会的現実』ミネルヴァ書房、2005年、127～128頁。
3 「関於進一歩做好計画生育工作的指示」(1982年2月9日)、『中国婦女研究網』〈http://www.wsic.ac.cn/policyandregulation/47594.htm〉、(2016年11月24日アクセス)。
4 「全面開創社会主義現代化建設的新局面」(1982年9月1日)『中国政府網』〈http://www.gov.cn/test/2007-08/28/content_729792.htm〉、(2016年11月24日アクセス)。
5 中国の五カ年計画は旧ソ連に倣って導入され、政府が中期的な重点事業や経済運営のあり方を5年ごとに定める計画である。1953年に最初の五カ年計画が始められ、1958年から第二次五カ年計画期になったが、同時期の大躍進(重工業重視の政策)の影響により有名無実化し、第三次五カ年計画の開始は1966年になり、その後は文化大革命が始まったのをはじめ、政治的な混乱が1970年代後半まで続いたため、延期や中断もあった。制度として定着したのは1981～1985年の第六次五カ年計画からであり、現在も実施している。
6 「中共中央批転『関於"六五"期間計画生育工作情況和"七五"期間工作意見的報告』的通知中発[1986]13号」(2001年12月25日)『上海市衛生和計画生育委員会』〈http://www.popinfo.gov.cn/http://www.popinfo.gov.cn/dr/ impdoc/coll/ collnation/ 2001-12-25/0031936.html?openpath = spfp/impdoc/coll〉、(2016年11月24日アクセス)。
7 張許穎「計画生育政策回顧与展望」、『縦横』2015年6月第6期、〈http:// read.

11185.cn/magazine/article_456829.html〉、(2016年11月30日アクセス)。

8 「中共中央、国務院関於加強計画生育工作厳格控制人口増長的決定」(1991年5月12日)『中国共産党新聞―十三大以来重要文献選編下』〈http://cpc.people.com.cn/GB/64184/64186/66684/4494174.html〉、(2016年11月24日アクセス)。

9 蔡昉『中国人口與労働問題報告 No.7―人口転変的社会経済後果』、社会科学文献出版社、2006年、11頁。

10 同上。

11 「中共中央関於全面加強人口和計画生育工作統籌解決人口問題的決定」(2007年1月22日)『新華網』〈http:// news.xinhuanet.com/ politics/ 2007-01/ 22/ content_5637713.htm〉、(2016年11月24日アクセス)。

12 韓妹「78.9%家長甘当助教使家庭教育被学業化」、『中国青年報』2010年5月13日。

13 東子『中国母親教育批判』広西人民出版社、2009年、138頁。

14 2012年8月、北京市S中学校における筆者のインタビュー調査による。

15 風笑天「独生子女政策対青少年教育的影響」、『探索与争鳴』2003年第3期。

16 国家統計局『中国統計摘要・2008』中国統計出版社、2008年、185〜190頁。

17 社説「青少年占中国人口比例急劇下降」、『中国青年報』2011年5月19日。

18 彭佩雲編『中国計画生育全書』中国人口出版社、1997年、13頁。

19 社説「教育消費何去何従」、『中国青年報』2012年3月16日。

20 『中国教育報』2006年7月24日において、正式にこの言葉を使用した。

21 「可怕的教育功利主義」(2014年5月24日)『weiyh的博客(伏牛石)』〈http://www.360doc.com/content/14/0524/22/13335947_380603041.shtml〉、(2016年11月24日アクセス)。

22 楊柳「他們為啥這麼皮実」、『中国青年報』2011年11月25日。

23 中国青少年研究センター『中国少年児童十年発展状況研究報告(1999〜2010)』、人民日報出版社、2011年。

24 社説「我国中小学生心理障碍患病率為21.6%至32%」、『文匯報』2008年10月6日。

25 王生「青少年体質健康事関民族発展大計」、『中国経済時報』2007年3月5日。

26 世界銀行『2006年世界発展報告―公平与発展』中国財政経済出版社、2006年、11頁。

27 EFA Global Monitoring Team編(浜野隆監訳)『EFAグローバルモニタリングレポート2007』、お茶の水女子大学、2008年、111頁。

28　ユネスコ「グローバルモニタリングレポート 2007」28 頁〈http://unesdoc.unesco.org/images/0014/001477/147785jpn.pdf〉、(2016 年 11 月 30 日アクセス)。
29　楊東平『中国教育的転型与発展』社会科学文献出版社、2007 年、109 頁。
30　2014 年 9 月、北京市 X 子弟小学における筆者のインタビュー調査による。
31　「在中国共産党第十六次全国代表大会上的報告―全面建設小康社会、開創中国特色社会主義事業新局面」『中国共産党歴次全国代表大会数据庫』〈http://www.generexpo.com/GB/64162/64168/64569/65444/4429125.html〉、(2016 年 11 月 25 日アクセス)。日本語訳は「中国共産党第 16 回全国代表大会における報告(全文)」『中国網』〈http://japanese.china.org.cn/japanese/50718.htm〉、(2016 年 11 月 25 日アクセス)によるものである。
32　同上。
33　「胡錦濤在中国共産党第十七次全国代表大会上的報告」『中国共産党新聞網』〈http://www.generexpo.com/GB/64093/67507/6429851.html〉、(2016 年 11 月 25 日アクセス)。日本語訳は「中国共産党第 17 回全国代表大会における報告(全文)」『中国網』〈http://japanese.china.org.cn/politics/archive/17da/2007-10/26/content_9130006_9.htm〉、(2016 年 11 月 25 日アクセス)によるものである。
34　王橋『東亜:人口少子高齢化與経済社会可持続発展』社会科学文献出版社、2012 年、289 頁。
35　王橋、前掲書、292 頁。
36　三中全会は、中国共産党を率いる約 400 人の中央委員・委員候補らが参加する「全体会議」のうち、5 年に 1 度の党大会のあと 3 回目に開かれる会議である。以下の五中全会も同様に、5 回目に開かれる会議である。本稿では、中国共産党第十八回党大会の三中全会と五中全会のことである。

第 2 部

周辺諸国・諸地域と「中国」の相互影響：
教育・アイデンティティ・ナショナリズム

第7章　台湾、香港、中国大陸における意識の変貌：
和解へのアイデンティティポリティクスとその展望

エドワード・ヴィッカーズ（桐明綾・訳）

はじめに

　香港と台湾は類似点が多い。文化的、言語的、そして民族的に圧倒的な漢民族社会で、ともに19世紀に清朝から分離している。外国の帝国主義者による中国「国辱」のシンボルであり、ナショナリストが求める「再統一」の対象でもある。さらに過去30年間、アイデンティティ意識の高まりによって、祖国にかれらを引き戻すことが難しくなってきている。大陸との和解という意味では、歴史的かつ政治的に重要な違いが両社会のアイデンティティ・ディスコースを条件づける。もっとも明らかなのは、1997年に香港の中国返還が実質的に成し遂げられた一方、台湾は事実上分離したままという点である。それでもなお、「祖国」への問題を抱えた復帰は、これら「擬似国家」によって共有される経験である。ただし、台湾の場合は国共内戦や冷戦によってその影を潜ることになっめた。政治的再統一そのものが、中国大陸もしくは大陸人との和解を必ずしも意味するわけではないことを、香港と台湾の歴史が示している。

　中国大陸との持続的な対立関係は近年、2012年の香港における「徳育と国民教育」導入に対する抗議[1]や、2014年の香港雨傘運動と台湾ひまわり学生運動によって強調された。両社会においては学校教育が、ローカルアイデンティティと、その政治的、民族的、文化的チャイニーズネス*との関係についての異なる見解が衝突する主要な場となっている。しかし、大陸や大陸人への態度は、少な

くともそのディスコースと同じ程度に教室外の経験によって形成されている。この論文では、台湾と香港におけるアイデンティティの進化を、政府の教育政策と学校教育を越えた情勢の関係を分析しながら辿る。そして両社会では、アイデンティティについてのカリキュラム表現の変化が、それを生み出すよりもむしろ、人々の意識の中の変化を反映していることを示す。政治指導者にとって自明であるべきはずの鍵となる洞察力が、アイデンティティを形成するトップダウン式の努力が実体験に反する時、疎遠になっているコミュニティを和解というよりもさらに遠ざける傾向があるということである。

1　現代の世界で中国人であることの意味

　20世紀初頭、世界の識者が、ソースティン・ヴェブレン（Thorstein Veblen）の「中国人は民族としてみなされるべきである」という考え[2]に疑問を呈した。そしてこうした疑念は、清朝の保全と主権への大いなる脅威に対し国家性の感覚を喚起することが急務、と感じていた多くの中国人ナショナリストに共有された。過去1世紀の間、代々の政権は旧清王朝の臣民を中国国民国家の国民へ変えようと懸命に努力してきた。中国とインドのナショナリズムは、反帝国主義者の国家形成神話に包まれた、広大で多様な帝国の継承国という特徴を共通点とする。この矛盾した遺産により、存続する植民地主義や帝国主義の現れとして中国支配下にある想像の国家共同体を、現代のエリートたちがコントロールし難くなっていると説明できる[3]。

　中国王朝のエリートたちは自身を、人類の思想や経験の中でもっとも賢く全てを集約する、完全な普遍的文明の守護者だとみなしていた。傲慢無礼なヨーロッパ人や日本人といった、衝撃的で侮辱的な帝国主義者たちとの接触によって、文明遺産が偏狭な「中国的」だとみなされることへの苦悩に満ちた自問をせざるを得なくなった。しかし他に選択肢があっただろうか。20世紀にさしかかる頃から、多くの中国人ナショナリストたちは、日本に対し礼賛の眼差しを向けていたのである。その理由は、エリート層にとっては現代西洋科学、技術、行政や軍事技術の集中的習得が可能なこと、そして一般大衆には強固な統一国家に忠誠な民

であることを植え付ける学校教育があることであった。

しかし、日本が中国の主権や完全性を最大限に脅かしていた20世紀初頭、両国の独立国家観はどの程度似通っていただろうか。ミッター（Mitter）によれば、中国のナショナリズムは「より世俗的で市民的」で、対照的に「ジャパニーズネス＊」は非合理的で原始的、非現実的な血統性に根差しており、精神的優越性と人種的純潔性といったファシズム思想と関連していた[4]。しかし、中国は限られた（「純潔」でなくとも）民族集団だという考えは、つねにナショナリストの頭にあり[5]、それは先祖代々の血の繋がりを強調することでいっそう強固になっている。今日まで、中国の国家性に関する議論では、民族的か市民的、あるいは精神的か世俗的かで論争される。

どのように「チャイニーズネス」が特徴づけられようとも、東アジアの他の地域のように、中国では現代の国家性の概念は、近代化の目的論と、本質的なネオダーウィニズムの世界観によって、深く形づくられている。ナショナリストとコミュニストの両者は国家を、国民全てに繁栄を約束する産業化と技術発達を伴う、想像上の進歩的コミュニティだと描写した。同時に、国内外の脅威は、国家の統一と安全を維持する際に国家の役割の重要性を強調するのに用いられる。しかし今日、限りない物質的進歩もかつてほどではなさそうである。ヨーロッパや北アメリカそして発展途上国の多くでは、外国やグローバル経済による仕事や収入への脅威に対する不安により、政府見解の国家性を危うくさせると定義される「他者」を遠ざける動きが急激にみられるようになった。こうした傾向と、近代中国社会におけるアイデンティティ政策の変遷との関係が、この論文の中心的テーマである。

2　台湾

(1) 歴史的背景

今日の世界で、中国人であることの定義についてもっとも活発に論じられる場は台湾をおいて他にはないだろう。ナショナリストたちは台湾を、野蛮な共産主義から伝統的な中国を守る砦だと表現するが、それは島が太古からチャイニーズ

ネスであるという主張に関連している[6]。しかし台湾の歴史はかなり複雑である。大陸からの相当数の移住はオランダ支配下の17世紀初頭に始まり、島が清朝に含まれたのは1680年代である。そして台湾の文化やアイデンティティにとって、半世紀（1895～1945年）にわたる日本統治の重要性はとりわけ熱く論じられる。日本の植民地時代は比較的寛容なものだとされるが、台湾人は日本の戦争に巻き込まれ、同化を強要されていた[7]。1945年の中国への返還はおおむね歓迎された。多くの台湾人分離主義者を生んだのは日本の統治経験によるものではない。1945年、政治的含意を漠然と認識してはいなかったが、ほとんどの人々が自身たちの「中国人」アイデンティティを確信していた[8]。ネイティブ（本省人）と大陸からの移住者（外省人）間に続いて起こった対立が、中国を「他者」とみなす台湾人意識に拍車をかけることになった。国民党の白色テロと40年間の弾圧的な戒厳令により、多くの「ネイティブ」台湾人が、ナショナリストの下での二級市民生活より日本の植民地時代の方が良かったと振り返っている。

ほとんどの台湾人が民族的にも文化的にも「漢民族」であることで、自分たちの祖先に関する主張（中国人ではなくオーストロネシア族）がやや説得力に欠け、民族文化的観点から国家を捉える分離主義者にとって都合が悪い。多くの分離主義者が、先住民遺産と同様にオランダ人、スペイン人、日本人に言及し、島は元来「多文化」であったと描写しようとする。しかし、大陸から離れ根本的に異なる政治コミュニティとしての台湾の実体験は、民族文化的よりも市民的観点による帰属意識の基盤を提供している。

(2) 戒厳令下における政府のアイデンティティ・ディスコース

日本植民地時代に失われたアイデンティティに対処しようと、国民党は激しい愛国主義的教育プログラムを規定した[9]。大陸で共産主義による「新文化運動」の促進とともに、国民党政権は経済近代化への責務と、回顧的で本質主義的なチャイニーズネスの概念とを結びつけて、中国古代文明の栄光の擁護に奮闘した。歴史家の錢穆のような新儒学の伝統主義者がこれを支持したが[10]、祖国を思慕する移住者と、「中国」が抽象的でしかない人々の間にある隔たりも反映する

ことになった。後者にとっては、国民党が常に大陸の共産党政権の悪評を立てていたために、遠い祖国の地との再統一を鼓舞しているとはとうてい思えなかった。

さらに、異質なものはこうした国民党プロパガンダの手段でもあった。標準語（北京語）は台湾の学校で使用される唯一の言語であり、閩南語あるいは客家語（日本語はいうまでもなく）は禁止された。言語や文学にくわえて、歴史や孫文の三民主義の指導では、中国のシティズンシップの性質と意味が教えられた。学校教育は、太古の昔までさかのぼって本質的な国民を描写した。高校レベルでは、台湾自体の歴史は教科書の最終章にのみ触れられ、大陸の「復興基地」を発展させた国民党の業績を称えるものであった[11]。

国民党の大陸帰還という勝利の幻想は、1970年代の米中国交樹立によって、取り返しのつかないほど打ち砕かれた。にもかかわらず教科書はさらなる四半世紀ものあいだフィクションを続けた。しかし、台湾の目を見張る経済成長、そして急激に良くなった生活水準により、政権はその実績で正統性を大いに得ることになる。裕福で教養のある中流階層の本省人が民主化を要求した時、蒋介石の息子で後継者でもある蒋経国は、それに余裕で応える自信が充分にあった。1986年、蒋は新しく結成された民進党が選挙に出ることを許可し、翌年戒厳令を解いた。1988年の彼の死後、台湾に生まれ日本で教育を受けた李登輝が後任となった。蒋経国の死と民主主義により、大陸からの古参のエリートたちによる影響が弱まることになる。

蒋経国時代、台湾海峡に雪解けが訪れた。国民党の高齢化した退役軍人についに大陸訪問が許可され、台湾の企業家は投資し始めた。それでもまだ双方の直接の往来は禁止されており、香港経由であった。香港は、鄧小平が最初に台湾に提案した「一国二制度」への導入役も担っていた。そして大陸との交流により、富、制度、規範、習慣が概念上の同胞と隔たりがあることが台湾人に明らかになる[12]。それにもかかわらず、大陸の民主化運動は、いつの日かの再統一への見通しに関して慎重な楽観主義を保証するものであるように見えた。

(3)「台湾本土化」運動と教育政策

　この点において、1989年は分岐点となった。天安門事件で国民党の弾圧時代を思い出した台湾人の中には、償いと犠牲者への追悼を激しく求め、台湾で産声を上げたばかりの市民的自由を強化するよう政権にプレッシャーを与えた。1990年代に李登輝は、大陸の共産党当局の好戦的な姿勢を利用して、台湾の独自性の意識の高まりを巧みに助長した[13]。

　一方で歴史記述の方向転換は、「台湾本土人」意識と知的自由化の高まりを反映した。海外で教育を受けた新しい世代の学者たちは、ナショナリストや新儒家による、方法論と政府中心の見解に異議を立てた。たとえば王明珂は、「歴史的記憶と共同体アイデンティティ」の関係を考察しながら、周辺からの中国歴史を分析し論じた[14]。中央研究院では、台湾研究は「中国史研究所」に数十年間包含されていたが、1993年に「台湾史研究所」のための「準備室」が発足した[15]。これは後に「学究的な歴史学」にとって重要なセンターとなり[16]、アイデンティティは形成され、変容し、条件次第で変わりうるものだと考えられるようになったのである[17]。

　このような修史論的変化は、「中国大陸とますます実体のない関係」が何かを考える点において、台湾研究を促進させる大きな動きであった[18]。1990年代末まで、台湾について学ぶのは小学校2年生から始まる一方、中国に関しては5年生からであった[19]。「（閩南語や客家語での）母国語教育」は、人々からの要求に応えて広がった。「重層的アイデンティティ」という話は憤慨した国民党保守派をなだめることをある程度目的としていたにもかかわらず、台湾人「層」は中国人「層」よりいっそう優先されていった。三民主義は必修科目でなくなり、よりリベラルで現地の文脈に根差した公民コースが取って代わった。改革者たちは、グローバル化と多様化した民主主義社会に必要な批判的「政治リテラシー」を促進させなければならない、というデューイの思想に傾倒した[20]。

　にもかかわらず、国家性とアイデンティティの確立されたパラダイムは頑強な状態が持続した。李登輝の包括的な「生命共同体」という見解は、中国人ナショナリストと台湾人「原理主義者」の両サイドから抗議を受けた[21]。後者は、中国ナショナリズムの原始的修辞を模してそれを台湾に適用した[22]。台湾と中国の

第 7 章　台湾、香港、中国大陸における意識の変貌　189

「原理主義者」はまた、かれらのコミュニティ特有の犠牲者観を共有している。「国辱」というディスコースは近代中国ナショナリズムの強力なテーマであり[23]、国民党と共産党がともに中国の道義的優越を主張し、強い国家の必要性を強調するために用いたものであった。多くの台湾人ナショナリストは同様に、国民党そしてオランダ、清朝、日本のせいで何の罪もなく犠牲になったことを主張し、一方で結果として生じた「多文化主義」をさらなる外部（すなわち中国）による略奪から守る必要性を強調した。しかしこの犠牲者観には重大な盲点がある。一つは、中国人移住者と現地のオーストロネシア語族の関係の歴史[24]、もう一つは太平洋戦争中の大陸中国人の苦しみに関係している[25]。

(4) 馬英九政権下でのアイデンティティ政策と中台関係

　陳水扁の民進党政権（2000～2008）によって提供された、台湾アイデンティティの「原理主義者」観は、中心的支持者に訴える一方で、いまだ祖国と感情的につながっている人々の間に憤りだけでなく、中台関係への不安を広範囲に誘発した。国民党内の多くの古参者たちを含む後者は、2008年の同党勝利の後、中国ナショナリストの正統性を復活しようと試みた[26]。こうした動きは、歴史教科書が中華民国憲法の規定を逸脱しているため従わなければならない、という2014年初めの声明で頂点に達した[27]。

　政治家の教育に関する考えがほとんど変わっていないのと同様に、こうした用語上の奮闘は、中台間の貿易交渉という文脈において、中国政府を懐柔する努力と結びついている可能性もある。近年、大陸の政府は台湾当局に圧力をかけようと経済的影響力を用いているが、それは分離主義者による島に関するレトリックを弱めるだけでなく、かれらをチベットやウイグルの分離主義者たちから引き離す狙いがある[28]。しかし、現在の台湾に深く確立している政治的、制度的多元論を考慮すると、言論の自由を阻むこうした試みは、中国の印象をさらに損ねるだけであろう。

　一方、人口学的転換は統一賛成派にとって都合の悪いもののようである。調査では、「台湾人」意識の堅実な伸びがみられ、とりわけ国民党政権時代（1996～99年及び2008～16年）にそれがみられた。台湾のアイデンティティもまた若者

表7-1 台湾人のアイデンティティに関する時系列データ

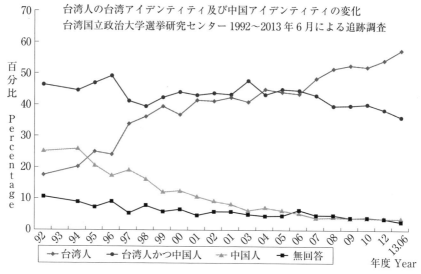

出典：国立政治大学選挙研究センター、2013年

表7-2 世代別の台湾及び中国アイデンティティー 2013年

	全体	20-29歳	30-39歳	40-49歳	50-59歳	60歳以上
台湾人	75%	87%	84%	74%	63%	69%
中国人	15%	9%	12%	17%	20%	16%
分からない／回答拒否	10%	5%	4%	9%	17%	14%

出典：TVBS

の間でもっとも強くなった。国立政治大学のデータ（表7-1）では2005年頃「二重のアイデンティティ」の回答で突出部分がみられたが、これはおそらく連戦元国民党主席による大陸訪問後に、海峡間緊張の一時的中断を願う気持ちを反映してのことであろう。しかしその頃、中国大陸への経済依存の伸びにもかかわらず—あるいはだからこそ—「中国系台湾人」と「中国人」の両方のアイデンティティが再び減少した。これは2008年と2012年の国民党勝利の大きな起因が、有権者が中国との良好な関係を求めたことからすると、一見逆説的である。

第7章　台湾、香港、中国大陸における意識の変貌　191

　しかし改善された海峡間の関係にもかかわらず、成長、失業そして収入の不平等に関して、2008年以降の国民党政権は前政権と比較すると見劣りのするものであった。2008年に発生したグローバル的な経済危機はもちろんその要因の一つであるが、民進党の掲げる「経済ナショナリズム」は、続く選挙での復活を成し遂げるものであった。大陸との統合を進めることは、多くの人々にとって自分たちの仕事や生活を脅かすものだとみなされている。2008年と2012年にほとんどの有権者が、馬総統は中国と良好な関係を築くことができる、と信じる傾向にあったが、地方選では社会正義に関する民進党のメッセージが好まれ、それは反大陸感情が強まった、2014年秋の香港での「占拠」運動の時がまさしくそうであった。

　祁冬涛の2008年のデータは[29]、とりわけ若い世代やより良い教育を受けた人々が、中国大陸に対する経済的な「開かれた扉」への強い支持を示している。これはまさしく「台湾人」であることをもっとも自認する人口構成であるが、その6年後の2014年には、かれら数千人が海峡間の貿易拡張に反対してデモを行った。老いも若きも多くの台湾人にとっては、大陸への経済的依存が予想していたより早く進んでいるようである。予期していなかったことは他にもある。それは海峡間の旅行に関する規制が和らいだことにより、大陸から大挙してやってくる観光客であった。これは前回の交流と劇的に異なるものであった。和解を推し進めるのとは程遠く、最近の調査では、観光貿易が中国政府に与える政治的恩恵への不快と、結果として生じた利益の分配を巡る懸念が「台湾人の間に社会的文化的に大きな疎外感」を生み出していることを示唆している[30]。もっとも一般的なレベルでは、大陸からの観光客の常軌を逸した習慣も住民を遠ざけており、大陸の新聞、文匯報もそのリスクを認識して「台湾で大陸の観光客がしてはいけない10項目」を掲載した[31]。

　経済統合はこのように、実効的な政治自治を守ろうとする台湾の人々の意志を固めたようである。中国の増大する富によって大陸を脅威とする見方がいっそう際立った一方で、国内の不平等の広がりにより、中国との貿易が不均衡なまでにエリートを優遇しているという疑念も高まった。どんなに台湾のアイデンティティと、その「チャイニーズネス」との関係を考えても、不変で完全統制的な中

国文化という古い概念は根本的に信用に値しなかった。多文化主義と民主的多元論は、同質かつ全体主義の国家が定める中国ナショナリズムに対して形成された「タイワニーズネス*」を区別する。このような文脈において、海峡間を狭めることと中国国家の主張を関連づけようとする国民党の独自の試みは、多くの台湾人にとって疎遠の要因の一つにしか過ぎないのである。

3 香港

(1) 歴史的背景

19世紀まで、香港は台湾のように、中華帝国周辺の人口が希薄な辺境の植民地であった。しかし、「大日本帝国」に台湾を組み入れようと熱心だった日本と異なり、英国は主に香港を中国へのゲートウェイとして重んじた。重要な点は、住民を英国風にすることではなく、中国貿易で利益を得るようにかれらを利用したことにある。住民たちはかれらの祖国との関係を積極的に保ち続けるように促された。エリートの多くは、自身を中国人と強く認識し、国家救済に有益な組織モデルやアイデアの源泉として香港を捉えることもあった。香港は、孫文のような中国からの反逆者や反体制派の避難場所を提供した。本土の政治への関わりは2通り考えられるだろう。反帝国主義中国ナショナリズムが1920年代から1930年代に確立されたために、香港もストライキやボイコットを目の当たりにした。そして中国と日本の戦争のために、侵略や残酷な占領経験に巻き込まれたのである。

大陸から分離したのは、香港へ大量の難民が流入することになった国共内戦後である。台湾における戦後の新来者が、かれらよりはるかに多い地元住民に対して幅を利かせたのと対照的に、香港では1950年代までに住民の圧倒的大多数を構成した。したがって戦後の香港は、大陸から追放という精神的外傷（トラウマ）によっておもに定義されることになったのである。

(2)「香港人」意識の台頭

当時でさえ大陸の政治は境界を越えて広がり続けた。1950年代の国民党と中

第7章　台湾、香港、中国大陸における意識の変貌　193

国共産党のストリートファイト、そして1967年の紅衛兵に触発された暴動が、植民地である香港を揺れ動かした。台湾の国民党が反共産主義の国家建設を追求したのに対し、英国は香港で同様の建設に乗り出さなかった。かれらは北京に対して外交的承認を拡大する一方で、台湾と商業的文化的な繋がりを続けたのである。同時に、国内の安定を維持するため、永遠のチャイニーズネスという非政治化した見方を支持し、難民である大多数の人口がこれを甘受した。

　皮肉なことに、台湾より香港では日常における中国の存在はさほど急激に感じなかったようである。台湾人意識は、「台湾は中国であった」ことに固執する大陸からのエリートたちとの摩擦で増大した。対照的に香港で高まった市民意識は、政治的でない、文化的で言語的なチャイニーズネスの広い認識を要求した運動によって出現した。香港で育ち英国統治の規範に通じ、教育を受けた若い世代は目標を定めた抗議を展開した。中国への愛国主義を表明することは、総体的な尊厳を主張する手段であり、中国共産党や国民党政治と関係はなかった。一方で、国家意識とは関係なく、力強い広東の大衆文化が日常生活で謳歌された。

　しかしながら、たとえ多くの香港人が中国を忘れ去ろうとしても、中国にとってはそうはいかなかった。共産党は密かにさまざまな左派組織を後援し、香港での強固な支持基盤を維持したのである。1970年代まで、香港は中国の外の世界との主要なリンクの役目を果たし、これにより多くの人々が、香港の政治分離が無期限に許容されるものと想定した。ところが、毛沢東死後の政権はナショナリストとしての信用を得ることに専心していた。そして台湾は中国が熱望する対象であり続けたのに対して、軍事的に防御不可能かつ遠く離れて興味を示さなくなった英国に支配された香港は、よりやさしい餌食だったのである。

　1984年の英中共同声明は香港の中国返還への準備段階となった。鄧小平自身は、「香港人」が香港を治める、と約束した。しかし台湾が実際に民主化を経験していた間、香港人は自分たちの将来の統治計画を聞かされるのを待っていたのである。中国の民主化により、ある程度は望みが出てきたが、台湾と同じように[32]、大陸との直接的な関わりを通じて、自分たちと違うという感覚が際立った。1980年代、大陸人は無知な田舎者として嘲笑されたが、同時に、輝く資本主義の要塞を圧倒する、非文明的で異質な集団として恐れられた。

中国への恐れと関与の両方は、天安門事件に対する人々の反応で明確になった。大規模なデモは熱烈な中国への愛国心だけでなく、香港の将来に関する深刻な懸念も反映した。ペッパー（Pepper）は、1989年の天安門事件は人々の意見が永久に分裂する決定的な契機となった[33]、と主張する。一方は、1970年代の反植民地キャンペーンを行った活動家からなる民主派であり、市民の権利と民主主義を掲げ結集した。他方は、伝統的な左派と対中協力者のビジネスマンから構成される親中派で、中国政府寄りの愛国心に忠実であった。台湾と同様に学校教育が、これら敵対する見解の争いの場であった。

(3) 教育とアイデンティティ・ディスコース

親中派は、香港人の熱意に欠けた愛国心は植民地教育の「洗脳」効果が原因である、としている。戒厳令時代の台湾では、こういった状況に対し人々に中国文化や伝統を熟知させるという当局の規定もあった。しかし実際、返還前香港の学校では、非常に保守的で狂信的でさえあるチャイニーズネス像が伝えられていた[34]。超保守主義の学者である錢穆の仲間が非政治化したカリキュラムの草稿を書くよう故意に任命された。香港の中国歴史と文学の概要は、台湾版を政治的に無力化したものであった[35]。

深遠な（非政治化していれば）、中華民族中道主義が、カリキュラムに広く普及し、住民の多くが強く共鳴した。一方で、香港特殊性の意識は、学校教育で形成されるというよりも主に大衆文化に根付いたものだった。にもかかわらず、日常生活の構成要素だと捉えられる市民社会の価値、たとえば法の支配、市民の自由、市民行動主義の重要性[36]、はカリキュラムの中に反映され奨励された。中国による支配の影が迫ってくるにつれ、シティズンシップ教育に対する一層の政治的アプローチへの要求の声が高まった。しかし、衝突する政治的圧力に直面し、さらに自分たち自身の正統性の欠如に敏感になり、当局は象徴主義に訴えた[37]。

香港と台湾はともに比較的メディアや市民の自由がありながら、返還の前も後も、選挙委任の欠如が両者を区別する。これは、1997年以降の両社会において自国の歴史の扱いが対照的なことから明らかなように、激しく矛盾した圧力がカリキュラム作成者に課される。台湾の教科書は、強固に独自性のある多文化コ

ミュニティとする見解を載せたが、香港のものは地元社会のチャイニーズネスを強調した[38]。行政長官の董建華は「私は中国人であり、香港は私の家である」[39]と表現した。批判的な政治リテラシーを啓発する政府の意図的な宣言は、中国ナショナリズムを促進する義務と真正面から対立した。

1990年代、香港と台湾はともに、アイデンティティ教育への「重層的」アプローチを採用したが、地方より「国家」が香港では優先され、台湾はその逆であった[40]。これが分岐点となり、以降その相違は拡大している。香港の高官たちはまるで自分たちの「ポストコロニアル」の地位は国家建設のため人々から委任されたかのようにますます振る舞うようになった。「国民教育」は、とりわけ、博物館展示、大陸への学生ツアー、軍が行う「新兵訓練所」、学校での愛国的儀式、そして国歌の定期的な放送等であった[41]。

他の分野と同様に教育分野でも、中国の影響は着実に重要、あるいは顕著になっていった。重大な分岐点は、大規模なデモが「反転覆法」の法案導入を阻止した2003年にやってきた。2007年、胡錦濤国家主席が「国民教育にさらに重点をおく」よう求め、続いて「タスクグループ」が、改善必要な問題として、住民が「中国の」アイデンティティより「香港」を優先している傾向について言及した[42]。提案された解決策は、道徳及び国民教育（MNE）という新たな必修科目の導入であった。しかし、2012年に出版されたこの教科書の草稿は大陸の政治教育色の強いものだった。MNEに反対して最後に勝利したのは、主に高校生を中心とした運動であり、かれらはまさに返還後の国家建設において政府の様々な試みに影響を受ける世代であった[43]。

(4) 最近の世論の傾向および香港と大陸の関係

アイデンティティ意識における傾向は、いわゆる「親中派」と民主派グループの両極化が進む状況下にあり、台湾に比べ一層複雑である。たとえばチャン（Chan）は、香港と台湾ともに「中国文化のアイコン」に関して「自信と親近感」が増しているが、こうしたチャイニーズネスのシンボルへの抵抗も増している、と指摘している[44]。2010年頃以前のいくつかのデータでは、自身を「中国人」とみなす人々が少々増加しているとはいえ、大多数が一貫して香港人あるい

は「香港の中国人」であることを好む、と示している[45]。

一方で、香港のアイデンティティ自体はますます多様な形で概念化された。1990年代には、豊かな消費者主義の「ライフスタイル」や、「国際都市」としての地位、大陸に対する優越感といった突出した要素が挙げられる[46]。そして消費者主義の価値は、シティズンシップの概念を感傷的なものから道具的なものへと拡げた、とマシューズ（Matthews）、マァ（Ma）、ルイ（Lui）は主張した[47]。パスポートを手にすることは、多くの人々にとって海外へのショッピング旅行の機会を得るに過ぎなかったのである。これらの点において考えられるアイデンティティは、たとえ存在したとしても、土地の歴史や遺産に対して浅く根付いたものであったに過ぎない。しかし、歴史的建造物遺産を保護するための大衆運動や、おそらく新しい流行だがデモ参加者が植民地時代の英国の旗を振る行為、といった最近の事情は、この点において何かが変化していることを示唆している。

台湾の「本土化運動」によって公になった、半神話化された植民地時代への郷愁めいたものが今日の香港に漠然と存在している。大陸との関係の著しい逆転で、香港の全盛期は過去のものだという感覚が強くなっている。経済の低迷に直面した2003年、同胞（香港）を案じる祖国からの財政的救済を受け、中国と経済貿易緊密化協定（CEPA）に調印した。しかし台湾と同様に、貿易規定は大陸主導だと広くみなされ、利益分配も不平等であった。大陸人は、もはやばかにされる田舎者ではなく、対中協力者の大物の黙認の下、自分たちの日常生活をおびやかす特権的エリートとして恐れられる存在となったのである。一方、大陸から絶え間なくやってくる新しい移民たちは、定住者との緊張関係を引き起こし、親中派と反中派間の分裂を激化させつつ、「中国を認識する」香港人という自意識を再燃させた[48]。

それでもなお、最近のいくつかの研究は実際、親中派の感情を過大評価し、反大陸人の怒りを過小評価しているかもしれない[49]。2008年に中国人であるとの認識での急激な伸びは見られるが、これは北京オリンピックの時期と一致する、とカーディング（Kaeding）は引用している[50]。HKTP（Hong Kong Transition Project、民間団体「香港過渡期研究プロジェクト」）による2014年初めの調査では、若くて高い教育を受けた回答者が「中国の歴史的文化的なアイデンティ

表7-3 年齢別のアイデンティティ選択

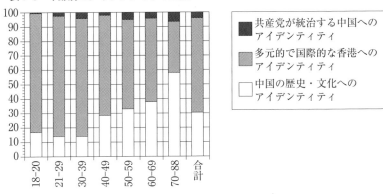

出典：HKTP（2014），12.

表7-4 教育レベル別のアイデンティティ選択

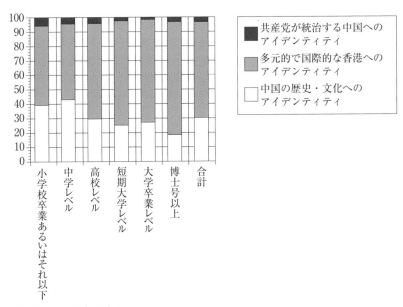

出典：HKTP（2014），13.

ティ」より「香港の多様で国際的なアイデンティティ」を圧倒的に優先すること が分かっている（表7-3及び7-4）。さらに同じ調査によると、当時の反政府運

表 7-5 「オキュパイ・セントラル（中環占拠）運動」について、年齢別の支持と不支持に関する調査結果

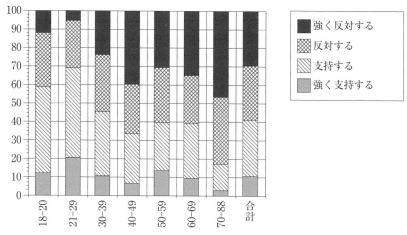

出典：HKTP (2014), 17..

動に反対した住民の数はかろうじて半数を超えた一方で、若者の大多数がこれを支持した（表7-5）。これは、かれら若者が世界の他の地域の仲間たちと同様に、国境を越えたエリートたちが富を蓄積することや、それが雇用や収入分配にもたらす意味に関して懸念を抱いていることを示唆している。

同様の懸念が、2014年初めに台北の政府庁舎を占拠した「ひまわり運動」に参加した若者の間で広がった。かれらの戦略とメッセージは、香港の若者たちに両社会が共有する価値観や文化的繋がりを強調することを促した。しかし、香港では対立化が進んだだけでなく、おそらく自分たちのコミュニティの文化的、民族的多様性を認識するまでには至っていなかったようであった。カーディングは、長年の定住者であるインド人や、より重大な盲点となっていたフィリピン人メイドの「不可視的存在」を述べている。かれらの存在によって、多くの香港人たちが抱いている自己のイメージ―不屈、勤勉、特権エリートに搾取されている―が崩れるのであった。

4 大陸の展望

　毛沢東時代の中国が反資本主義革命を標榜していた時、香港と台湾では、それぞれ植民地あるいは権威主義的ナショナリストによる支配の正統化のため、中国の伝統が引用された。しかし今日では、香港と台湾の多くの若者たちが中国を資本主義的搾取の根源だと捉えている。この逆転した役割と相前後して、ポスト社会主義の時代における正統性を熱望した共産党は、以前の国民党のそれとよく似た、保守的で伝統主義的な見解をも受け入れた。後世の熱狂的な支持者たち（錢穆を含む）とともに、孔子の思想が復活した。そして国民党自体も又しかりであり、中国の反日闘争への貢献が今では熱烈に賞賛されている[51]。ソビエトの崩壊で、外国人による過去の「屈辱」を思い出そうとする声に押され、国家の統一と強さを新たに強調することが緊急事項となった。反帝国主義は、香港や台湾の歴史に関する公式見解がほぼ常に屈折するプリズムである[52]。

　中国の大学生たちは決して画一的に国家主義的ではない。ただし、中国の全体的な状況や展望に関しては、都市部の若者たちは地方の者たちよりも懐疑的なようである[53]。ところが、こと「台湾問題」となると、台湾独立阻止にあたり武力行使も辞さないことに異議を唱える者はほぼいない[54]。シンコーネン（Sinkkonen）のデータが収集された2007年の翌年、台湾は大陸から大勢の観光客を受け入れることになった。かれらの多くは台湾での自然なもてなしを、自分たちの国の個人主義で、信頼関係のない生活と比較した[55]。なかには、中国大陸が取り返しのつかない程失ってしまった価値観や慣習の宝庫だとして台湾を理想化する者もいた。人気ブロガーの韓寒は「中国文明を守ってくれた香港と台湾に感謝する」と表明した[56]。しかし、中国政府当局は、大陸の旅行者を、故郷では異端だとみなされる考えに接触させないように努めた[57]。香港との大量の往来ではこうした隔離は不可能であり、当地では住民の敵意が、香港は中国の一部に過ぎないとみなしていた大陸人の間に不信感と憤りを誘発することもあった[58]。

　香港と台湾のこととなると、大陸人は政府の見解に強く左右されるようである。これは中国国家を、漢民族（「人種」／民族性）及び唯一無比で本質的に永

遠の文化と関連づけていることによる。そして、サブ・ナショナルアイデンティティは、この意味において定義されるチャイニーズネスより流動的であり、かつ厳格に従属するものだと認識され経験される[59]。戒厳令下の台湾人のように大陸人は現在も、中国文明は本質的に平和的で、中国の拡張は調和的な文化的浸透の結果であるとして教わる。骨の髄まで植民地主義の犠牲者である中国が、植民地主義的な侵略を自ら行う可能性は考えられないようである。よりもっともらしい主張は、自分たちのアイデンティティの特殊性を主張する香港人あるいは台湾人は、外国の勢力に「洗脳」されているだけであり、かれらが真のアイデンティティに目覚めるように愛国教育のやり直しが必要である、という大陸の高官によるものであろう[60]。

結論

プラセンジット・ドゥアラ（Prasenjit Duara）は、国家の連邦主義、多元論的見方が台頭した可能性があった20世紀初頭の中国で、「民族から歴史を救済する」機会を逃したと主張している[61]。しかし、外国の帝国主義による略奪が、統一国家の保全と主権は何としても守られるべきだとの確信を強固なものにした。20世紀の中国における戦争と占領の経験は、破壊の爪痕が特に激しかった点と、続いて課された共産主義が、外国人嫌いの態度と権威主義的な習慣を確立した点において東ヨーロッパのものと似ている。共産主義とその国際主義的信条は信用されず、ヨーロッパの多国籍国家が崩壊したため、徹底した民族文化的ナショナリズムの台頭にうってつけの状況であった。

ソビエト連邦とユーゴスラビアにおける崩壊と分裂は、中国大陸のエリートにとって西側諸国による悪意との確信を強めると同時に、大きな不安材料であった[62]。1990年代以降、中国周辺の不穏な状態に対して典型的な官僚は、愛国教育を増強し地方自治をさらに取り締まった。これは「国民教育」を強化し、香港における報道の自由を規制する最近の試みであり、さらに民主派が独立を求めて香港独立運動に至ったことへの非難が背景にある[63]。

こうした言葉は、台湾独立運動と連動するかもしれないが、これは誤解であ

る。台湾でさえ、強い「台湾人」アイデンティティは必ずしも完全な政治的独立を望んでいるという意味ではない。台湾と香港は同様に、大陸人は「分離主義」へのいかなる弾圧をも支持すると確信している中国政府を刺激する危険性を承知している。これは、反転覆法が存在さえしない香港でとりわけ顕著であり、台湾への言及は民主派の主流によって通常避けられている。一方台湾では、香港が「一国二制度」の恩恵を示すであろう、という鄧小平による当初の期待は、統一派勢力にとって当惑させるものになった。2004年に勝利した総統選挙運動中、民進党は、その広告に香港の不運な行政長官、董建華の写真を載せて「我々は総統を選んでいる。行政長官を指名しているのではない。」と見出しをつけた。そして2012年の選挙運動では、民進党候補の蔡英文は、CEPA協定が香港で不平等を広げていると主張し、同様のCEFAに対する批判を裏付けた[64]。

　増大する不平等への懸念は、これら中華圏の社会における一般市民の議論において、ますます突出したテーマとなっている。多くの香港人、台湾人そして都市部の一部の中国人は、生活は以前より悪くなってきているという感覚を共有しているようである。富裕層にとってはより良い暮らしが約束されているが、それはおそらく西側への移住によってであろう。しかし取り残されて、人口過密、環境汚染、競争と実質賃金の低下にもがく人々にとっては、中国ナショナリズムの基本的前提である近代化の目的論は、空疎なものかもしれない。進歩への信頼が損なわれる時、他者による略奪に対して「我々」がすでに所有しているものを守る必要が出てくる。この意味において、香港と台湾における反大陸人感情は、近代ヨーロッパの反移民感情や、都市部の中国人が地方からの移民に同等のシティズンシップを与えることへの抵抗に類似している。

　香港や台湾でさえ多くの人々が、いまだに自分たちがある意味では「中国人」であるという感覚を持ち続けている。しかし、中国への高まる経済依存と広がる社会経済的不平等によって、大陸との統一に対する嫌悪が強まった。したがってあるレベルでは、和解が中国との関係によって自分たちの生活が害されずに社会に広く共有された恩恵をもたらす、と台湾人と香港人を説得させる必要がある。

　しかしながら、これでは信頼を築くに充分な条件とならない。共産主義理論家は、経済「基盤」が文化的「上部構造」を決定づけ、分離主義者のアイデンティ

ティは「誤った意識」であると信じている可能性がある。しかし、和解への根本的な障壁は、チャイニーズネスが複数の概念を持つ現実とその政治的含意を、統一された中国は受け入れ不可能だとする中国政府の見解である。ナショナリストのレトリックや狭量な権威主義は、多くの香港人と台湾人の特に若者たちの疎外を悪化させるだけである。中国共産党は厳格な「一つの中国」の立場を重点的に強調し、複数で多国間モデルを促進しようとする試みはその正統性を害するであろう、との党の主張は人民に膾炙した。しかしながら結局は、より広く包括的でリベラルな「中国」の見方が定着しない限り、香港や台湾との永続的な和解は想像しがたい。

＊原文は、それぞれ Chineseness、Japaneseness、Taiwaneseness。中国（人）性、日本（人）性、台湾（人）性とも訳し得るが、本章では原文表記をカタカナ化した。

＊＊本論文は、英語論文'Altered States of Consciousness: identity politics and prospects for Hong Kong-Taiwan-mainland relations', in Annika Freiburg and Martin Chung (eds). *Reconciling with the Past: Resources and obstacles in a global perspective.* New York and London: Routledge (出版準備中)を日本語に翻訳したものである。

注

1　Paul Morris, and Edward Vickers, 'Schooling, Politics and the Construction of Identity in Hong Kong: the "Moral and National Education" Crisis in Historical Context,' *Comparative Education,* Vol. 51, Issue 3, 2015, pp. 305-326.

2　Thorstein Veblen, *An Inquiry into the Nature of Peace and the Terms of its Perpetuation.* New York: Macmillan, 1917, p.5.

3　Edward Vickers, 'Original Sin on the Island Paradise: Taiwan's Colonial History in Comparative Perspective', *Taiwan in Comparative Perspective, Issue 2,* 2009a, pp.65-86.

4　Rana Mitter, *China's War with Japan, 1937-1945: the Struggle for Survival,* London: Allen Lane, 2013, p.48.

5　Frank Dikotter, *The Discourse of Race in Modern China,* Hong Kong University Press, 1990.

6　Edward Vickers, 'Frontiers of Memory: Conflict, Imperialism and Official Histories in the Formation of Post-Cold War Taiwanese Identity', in Sheila Miyoshi Jager and Rana

Mitter (eds.), *Ruptured Histories: War, Memory and the Post-Cold War in Asia*, Cambridge: Harvard University Press, 2007, pp.209-232.
7 Leo T. S. Ching, *Becoming Japanese: Colonial Taiwan and the Politics of Identity Formation*, Berkeley: University of California Press, 2001.
8 Jean-Pierre Cabestan, 'Specificities and Limits of Taiwanese Nationalism', *China Perspectives*, no. 62, 2005, pp.2-14.
9 Edward Vickers [2007], op.cit.
10 Jerry DENNERLINE, *Qian Mu and the World of the Seven Mansions*, Yale University Press, 1988.
11 Edward Vickers [2007], op.cit.
12 Denny Roy, *Taiwan. A Political History*, Ithaca and London: Cornell University Press, 2003.
13 Edward Vickers [2007], op.cit.
14 王明珂『華夏辺縁：歴史記憶與族群認同』允晨文化出版公司、1997年。
15 Ann Heilen, 'From Local to National History: Forces in the institutionalization of a Taiwanese historiography', *China Perspectives*, No. 37, 2001, pp.39-51.
16 Damien Moroer-Genoud, 'Taiwanese Historiography: Towards a "Scholarly Native History"', *China Perspectives*, 2010/3, pp.79-91.
17 Edward Vickers [2009a], op.cit.
18 Christopher Hughes and Robert Stone, 'Nation-Building and Curriculum Reform in Hong Kong and Taiwan', *The China Quarterly*, 1999, p.980.
19 Ibid., p.982.
20 Christopher Hughes and Robert Stone, op.cit., pp.990-991.
21 Jean-Pierre Cabestan, op.cit.
22 Edward Vickers [2007], op.cit.
23 Paul A. COHEN, *Speaking to History: The Story of King Goujian in Twentieth-Century China*, Berkeley and Los Angeles: University of California Press, 2009.
24 Edward Vickers [2009a], op.cit.
25 Edward Vickers, 'Transcending Victimhood: Japan in the National Historical Museums of Taiwan and the People's Republic of China', *China Perspectives*, 2013/4, pp.17-28.
26 Edward Vickers, 'History, Identity and the Politics of Taiwan's Museums: reflections

on the DPP-KMT Transition', *China Perspectives*, No 3, 2010, pp.92-106.
27 Edward Vickers, 'China-Taiwan history: no textbook answers', 2014, East Asia Forum, March 21, 2014, 〈http:// www.eastasiaforum.org/ 2014/ 03/ 21/ china-taiwan-history-no-textbook-answers/〉(last accessed at 27 December 2016).
28 Ian Rowen, 'Tourism as a Territorial Strategy: The case of China and Taiwan', *Annals of Tourism Research*, 2014, 46, p.72.
29 Dongtao Qi, 'Globalization, Social Justice Issues, Political and Economic Nationalism in Taiwan: An Explanation of the Limited Resurgence of the DPP during 2008-2012', *The China Quarterly*, 216, 2013/12, pp.1018-1044.
30 Ian Rowen, op.cit., p.72.
31 石詠琦「大陸人不能做的10件事」『文匯報』2011年1月14日。
32 Jean-Pierre Cabestan, op.cit.
33 Suzanne Pepper, *Keeping Democracy at Bay*, Lanham, MD: Rowman and Littlefield, 2007.
34 Bernard H.K. Luk, 'Chinese culture in the Hong Kong curriculum: Heritage and colonialism', in *Comparative Education Review*, 1991, 35 (4), pp.650-668.
35 Edward Vickers, *In Search of An Identity: the Politics of History as a School Subject in Hong Kong, 1960s-2005*, Comparative Education Research Centre (second edition), 2005.
36 Malte Kaeding, 'Identity Formation in Taiwan and Hong Kong: How much Difference, How many Similarities?' *Taiwanese Identity in the 21st Century: domestic, regional and global perspectives*, edited by Gunter Schubert and Carsten Storm, London: Routledge, 2011, pp. 258-279.
37 Paul Morris, and Edward Vickers, op.cit.
38 Edward Vickers〔2005〕, op.cit.
39 Christopher Hughes and Robert Stone, op.cit., p.985 より引用。
40 Ibid.
41 Edward Vickers, 'Learning to Love the Motherland: "National Education" in post-retrocession Hong Kong', *Designing History in East Asian Textbooks: Identity Politics and Transnational Aspirations*, Abingdon: Routledge[s4], 2011, pp.85-116.
42 TGNE (Commission on Strategic Development: Task Group on National Education), *Promotion of National Education in Hong Kong – Current Situation, Challenges and*

第7章　台湾、香港、中国大陸における意識の変貌　205

Way Forward, (Online, 2008). 〈http://www.cpu.gov.hk/english/documents/csd/csd_2_2008.pdf〉、(last accessed at 12 September 2009).
43　Paul Morris, and Edward Vickers, op.cit.
44　Chi-kit Chan, 'China as "Other": Resistance to and ambivalence toward national identity in Hong Kong', *China Perspectives*, No. 2014/1, pp.25-34.
45　HKTP (Hong Kong Transition Project), *Constitutional Reform: Consultations and Confrontations*. Hong Kong Baptist University: Briefing paper, 2014.
46　Matthew Turner, '60s/90s: Dissolving the People,' *Hong Kong's Cultural Identity*, Hong Kong Arts Centre, 1995, pp.13-34.
47　Gordon Matthews, Eric Kit-wai Ma and Tai-lok Kui, *Hong Kong, China - Learning to Belong to A Nation*, London and New York: Routledge, 2007.
48　Chi-kit Chan, op.cit.
49　Malte Kaeding, op.cit. 及び、Chi-kit Chan, op.cit.
50　HKTP, op.cit.
51　Rana Mitter, op.cit.
52　Edward Vickers, 'Selling Socialism with Chinese Characteristics: "Thought and Politics" and the Legitimation of China's Developmental Strategy', *International Journal of Educational Development*, 2009b, 29, pp.523-531.
53　Elina Sinkkonen, 'Nationalism, Patriotism and Foreign Policy Attitudes among Chinese University Students', *The China Quarterly*, 216, December 2013, p.1060.
54　Ibid., p.1059.
55　王龍響「「大陸人在台湾」旅行台湾給我上的三堂課」〈http://want-daily.com/portal.php?mod = view&aid = 74976〉、(2016年11月20日アクセス)。
56　Ian Rowen, op.cit.
57　Ibid.
58　Cora Lingling Xu, 'When the Hong Kong Dream Meets the Anti-Mainlandisation Discourse: Mainland Chinese Students in Hong Kong', *Journal of Current Chinese Affairs*, 44/3, 2015, pp.15-47.
59　A. Joniak-Lüthi,'The Han *Minzu*, Fragmented Identities and Ethnicity', *Journal of Asian Studies*, 72/04, 2013, pp.849-871.
60　Paul Morris, and Edward Vickers, op.cit.
61　Prasenjit Duara, *Rescuing History from the Nation*. Chicago and London: University

of Chicago Press, 1995.
62 Edward Vickers〔2009b〕, op.cit.
63 Chi-kit Chan, op.cit.
64 Dongtao Qi, op.cit., p.1037

第 8 章　馬英九政権の教育政策と二つの「中国」

山﨑　直也

はじめに

　中国語圏では、教育を語る際、「十年樹木、百年樹人」という言葉が常套的に用いられる。元は、中国の古典『管子』の「一年之計、莫如樹穀。十年之計、莫如樹木。百年之計、莫如樹人（一年の計は穀を樹うるに如くは莫く、十年の計は木を樹うるに如くは莫く、百年の計は人を樹うるに如くは莫し）」という一節で、人材の育成は、植物の栽培に比べ、はるかに長い時間がかかることを指す。天然資源に乏しい台湾において、この言葉は、とりわけ切実な響きを持つものであり、教育は、国家百年の大計として、与党のいずれであるかを問わず、常に重視されてきた。

　2008 年から 2016 年の 8 年にわたる馬英九政権の教育行政を台湾教育史の文脈にいかに位置づけるべきか。その全体評価は、2016 年の政権交代で成立した蔡英文政権との対比によって遠からず定まることになるだろうが、間違いなく言えるのは、同政権が終始、二つの意味で「中国」との位置取りの再調整に腐心した政権であったということだ。すなわち、同政権は、1990 年代以降の教育の「本土化（台湾化）」によってかつての絶対性を失った中華民国（さらにはそれを担い手とする概念としての「一つの中国」）の政治的象徴を再び教育の中心に位置づけ直すことを目指す一方で、台湾海峡を挟んで対峙する政治的実体としての中華人民共和国との教育交流を矢継ぎ早に実体化した。教育分野に限らず、政権交代があらゆる政策に根本的な見直しを迫ることはないが、少なくとも二つの「中

国」をめぐる教育政策という点において、馬英九政権は、前政権とまったく異なる道を選んだのである。

馬英九政権が目指したのは、時計の針を巻き戻すことだったのか、それとも新たな動力で止まった時計の針を再び動かすことだったのか。本章では、馬英九政権が教育分野において、二つの「中国」、すなわち、象徴としての「中国」(中華民国政府を担い手とする「一つの中国」) と実体としての中華人民共和国との位置取りをいかなる内容と方法で再調整しようとしたのか、またその企図がどの程度実現したのかを検証する。あわせて、2016年5月の蔡英文政権誕生後に現れたいくつかの重要な動きにも触れておきたい。

1 馬英九政権の教育政策と再中（華民）国化の挫折

2000年の政権交代で成立した陳水扁民進党政権は、「本土化」という李登輝国民党政権の教育政策の基調を踏襲し、中華人民共和国との物理的接触を制限しつつ、価値の領域で台湾の政治的象徴を公教育の内容に取り込んでいった。後者は、中華民国の正統性を支える中華民族、中華文化、「国語」[1]、中華民国史観等の政治的象徴がもはや台湾にしか存在しないという矛盾に蓋をせず、その矛盾を正当化するために遮蔽されてきた台湾の民族的・文化的・言語的多様性と、大航海時代の「発見」に始まる400年の台湾史というナラティブを学校で教えることを意味するが、この動きは、不可避的に、中華民国の絶対性という従来の前提を揺るがすと同時に、想定する担い手の違いこそあれ、「一つの中国」の原則を共有する中華人民共和国政府を刺激した[2]。

これに対し、馬英九政権が価値の領域で目指したのは、学校教育における中（華民）国の復権であった。2009年刊行の拙稿「馬英九政権の教育政策と中台関係」で論じたように[3]、2008年総統選挙の選挙戦で掲げた教育政策の中で、馬英九は、「文化は立国の礎をなすものであり、文化の継承があってこそ、固有の道徳を大いに発揚することが可能となる。そこで、われわれは、学校が中華文化の伝承を重視することにより、包容的で、開放的で、奥深く、豊かな台湾主体意識を確立し、狭隘で、閉鎖的で、皮相的で、悲しみと恨みに満ちた地域主義に陥る

ことを避けるべきだと主張する」と述べた。「本土化」の色彩が濃厚な陳水扁政権の教育政策を「狭隘なエスノセントリズムを不断に鼓吹し、国内の教育の質を急速に零落せしめた」と切り捨てた馬英九は、総統就任後、しかるべく「国語」と「中国史」の復権を求めたが、その動きが社会の広範な支持を得ることはついになかった。逆に、2014年に至って同政権が「微調整」と称して『普通高級中学課程綱要』（日本の「学習指導要領」に相当する普通高校のカリキュラム大綱）をイレギュラーなタイミングと方法で改訂したことは、教育に対する不当な政治介入への強い反発を招き、政権の求心力に大きな打撃を与えた。改訂課程綱要の実施を控えた2015年7月には、抗議活動の高まりの中で高校生が教育部（省）に突入、多数の逮捕者が出るという出来事の衝撃によって、日本の大手メディアでも報じられた[4]。「微調整」に対する批判は、改訂の内容とプロセス、すなわち、時計の針を巻き戻すかのごとき中（華民）国史観への揺り戻しと、改訂の手続きの不透明性（前年のひまわり学生運動のキーワードである「黒箱（ブラックボックス）」という言葉が再び召喚された）の両面に及んだが[5]、日本メディアの報道では、より端的に、前者の「中国史観」への反発が強調されている。

本土＝台湾志向と中（華民）国志向、あるいは台湾アイデンティティと中国アイデンティティの間のカリキュラムと教科書をめぐる攻防は、第二期馬英九政権の末期に至って突如噴出したものではなく、2008年の第一期馬政権の成立直後に始まるものだ。2008年10月、同政権は、成立から半年を待たずして、前政権下で2008年1月に公布されたばかりの『普通高級中学課程綱要』の実施を2009年度から2010年度に遅らせると同時に、「国文」と「歴史」の2教科については、再度の見直しを行うことを宣言した。前者は2010年、後者は2011年に改訂版の綱要が公布され、他の教科から2年遅れで2012年度から実施されることとなった[6]。この不規則な改訂は、李登輝、陳水扁の両政権下で度々社会を二分してきたカリキュラムと教科書をめぐる政治を再燃させた。2012年度の開始直前、台湾歴史学会が馬英九による歴史教科書への政治介入を批判する記者会見を開き（6月19日）[7]、民進党籍の鄭麗君立法委員（国会議員）が歴史教材の「改竄」に反対する5,000人の署名を蔣偉寧教育部長に手渡すと（7月10日）[8]、馬英九は、「（高校歴史教科書の内容は）間違いとでたらめばかり」であり、「重大な憲法違

反」だと応じてみせた[9]。その後、2010年から2011年の改訂に飽き足りない馬英九政権は、すでに争点化していた「国文」と「歴史」に「地理」と「公民」を加えた4教科の「課程綱要」に「微調整」を加え、2014年2月に公布したが、不規則に不規則を重ねた改訂は、燎原の火のごとき反対運動の引き金となり、結果として前述の高校生による教育部突入という前代未聞の事態を引き起こしたのである。台湾志向の国定教科書の登場が中国志向の教育を支持する陣営の強い抵抗を喚起した1997年の『認識台湾（台湾を知る）』教科書論争、あるいはそれに先立つ民主化運動時期の教科書の「大中華思想」に対する批判[10]以来、台湾では、しばしばカリキュラムと教科書が二つのアイデンティティの衝突の争点となってきた。それは、中（華民）国志向の側からの「本土化」／脱「中国化」に対する抵抗であったり、台湾志向の側からの「（再）中国化」への反発であったりしたわけだが、後者に属する2014年の「微調整」に対する反対運動がそれ以前の運動と比べて決定的に新しかったのは、ひまわり学生運動後の光景として、高校生自身が実質的な担い手となったという点である。それ以前の論争は、異なるイデオロギーを持つ大人たちによる代理戦争の趣があったが、今回、当事者中の当事者が自ら声を上げたことで、教科書をめぐる論争は、新たな局面を迎えたと言える。

　2016年5月21日、蔡英文新総統の就任翌日に記者会見を開いた潘文忠教育部長は、馬英九政権下で2014年に行われた「国文」および「社会」（歴史・地理・公民を含む）のカリキュラム改訂は、「手続きが不公正であり、改訂にかかわった人々の代表性も不足しているため、できるだけ速やかにこれを廃止する」と明言した[11]。これにより、2016年度第2学期から2018年度（この年度から2014年実施の十二年国民基本教育に対応した新カリキュラムが実施となる）までの過渡期においては、「微調整」前のカリキュラムが適用されることになったが、この決定は他方で、中華人民共和国の素早い反発を招来した。同月25日、中国国務院台湾事務弁公室のスポークスマンは、記者会見でこの決定について問われ、「選択する道が異なれば、前に広がる景色も異なる。もし、民進党当局がある種の選択をして自らの答えとするならば、その選択が生み出す結果に責任を持たなければならない」と述べた[12]。この発言は、蔡英文新政権の教育政策に対する直

截的なプレッシャーと言えるが、それに対する台湾社会の反応は、怒りよりも驚きが先に立つもので、台湾志向が強く、中国に批判的な『自由時報』の記事の見出しにある「連這也管理？（こんなことにまで口を出すのか？）」という言葉は、多くの台湾人の気持ちを代弁するものと考えられる。

　価値の領域において、馬英九政権が志向した教育における中（華民）国の復権の夢は、社会の広範な支持にはつながらず、その拙速かつ強引な政治手法が政権への不満を高める結果に終わった。蔡英文新政権は、発足後即座にこの件に対する姿勢を明確にしたが、それは上述のように中国の強い不満につながった。いずれにせよ、争点化の火種は、二期におよぶ馬英九の執政を経てなお燻り続けており、蔡英文新政権が多年にわたり台湾の教育を拘束し続けてきた問題をいかに処理するか、その行方が注目される。

　政治的象徴としての中国との関係再編では目立った成果を挙げることのなかった馬英九政権は、政治的実体としての中華人民共和国との関係再編で何を成し遂げたのか。続いて、馬英九政権期における中国との教育交流を、陳水扁政権と対比しながら論じてみたい。

2　陳水扁民進党政権下における高等教育の国際化と中国

　かつての台湾において、留学とは、国家の未来を担うエリートを欧米に送り出し、先進的な知識と技術を吸収させることを意味していた。公費留学の選抜試験は、今日もなお狭き門であり続けているが、自由化によって出国制限が解除され、世帯収入が高まったことで、海外留学は、人々にとってすでに身近な選択となっている。他方、近年は、送り出しだけでなく、受け入れにも政策的関心が向かいつつあり、「留学生30万人計画」を推進する日本の地域における競争相手になりつつある。

　高等教育の国際化に関しては、民主化後に日本の臨時教育審議会を模して組織された行政院教育改革審議委員会の最終答申である『教育改革総諮議報告書』（1996年）[13]、およびそれを受けて教育部が1998年に策定したアクションプラン「教育改革十二項行動方案」の両方がその必要性を指摘しているが、幼児教育か

ら生涯教育を含む包括的な方案の中では、簡単に触れる程度に止まっている。高等教育の国際化、なかんずく留学生の受け入れが台湾の政策文書の中で本格的に論じられた最初の例は、おそらく陳水扁政権下で2001年にまとめられた『大学政策白書』であろう[14]。同白書は、第5章で8項目の大学教育の発展戦略を掲げ、「大学教育の国際競争力の強化」の項目の中で、「(政府は)比較的規模の大きい、あるいは学術的水準の高い大学が積極的に国際学生の受け入れ計画を立てるよう奨励する」と述べているが、ここに至って留学生の受け入れが現実的な政策課題として浮上してきたのである。

教育部統計処による「大専外国学位生及附設華語生人数」は、高等教育機関および大学附設の華語(中国語)センターに就学する外国籍の学生の統計である[15]。同統計によれば、その総数は、2002年度から現在まで一度も落ち込むことなく右肩上がりで伸び続けており、2005年度に初めて1万人(1万1,035人)を突破、10年後の2015年度には、3倍強の3万4,437人まで増加している。特筆すべきは、学位取得目的の正規学生の割合が顕著な高まりを見せていることだ。陳水扁政権が発足した2000年には、語学留学の学生が全体の87.44%を占め、正規学生は1割強に過ぎなかったが、正規学生の数が語学留学を上回るペースで伸び続けたことで、2006年度にはその比率が3割を超え、2009年度以降は4割台で推移している。正規学生の増加の一因は、英語のみで学位取得が可能なプログラムの増加に求められるが、2007年以降、東南アジア及び北東アジアの各国に台湾教育センターという窓口機関を設置し、留学生の掘り起こしを進めた成果でもある[16]。また、交換留学生(台湾の大学で単位の取得を行う者)の数も、2005年度から2014年度の間に約5倍(771名→3,743人)の伸びを示し、出身国の面でも多様化が進んでいる。

陳水扁政権期から馬英九政権期を通じて、学位取得および語学習得のために台湾の高等教育機関に在籍する外国人学生の数は、2002年度以降、一度も落ち込みを見せることなく増加を続けてきた。交換留学生の数は、2012年度の3,817人が現時点でのピークで、その後は3,000人台後半に落ち着いている[17]。他方で、香港・マカオ出身者を含む僑生(華僑学生)の数も、2005年度から2014年度の10年間で9,872人から2万134人と倍増している[18]。これらの数字から、陳水扁

政権と馬英九政権はいずれも、高等教育の国際化の重要な指標となる留学生受け入れの拡大に努めてきたことが見て取れるが、中華人民共和国からの学生受け入れという一点において、両者は対照的な姿勢を持っていた。すなわち、陳政権が中国との直接的交流を極力回避しつつ、その他の地域（主に東南アジア）に留学生受け入れ拡大の活路を求めたのに対し、馬政権は中国に門戸を開く道を選択したのである。

3　馬英九政権下における高等教育の国際化の再定義

今日、中華人民共和国は、世界最大の留学生送り出し国である。2014年度には、じつに45万9,800人が海外に学び、うち9割強が自費での留学となっている[19]。台湾同様、中等教育の普遍化と経済発展によって、留学が大衆化した状況が見て取れるが、日本でも、留学生総数20万8,379人の4割を超える9万411人が中国人からの留学生である[20]。世界に拡散する大量の中国人留学生は、日本に限らず数々の国で高等教育の国際化を成り立たせる主要因になっていると考えられる。日本をしのぐ少子化と学校数の過剰な増加に起因する受験者の減少に直面する中で、政府と社会から国際化の推進を求められる台湾の大学関係者、とりわけ私立大学の経営者にとって、言語的障壁の少ない中国からの学生受け入れは、一石二鳥の魅力的な選択である。しかし、陳水扁政権が選んだのは、国際化の推進と両岸交流の深化を明確に峻別し、中国と距離を置きながら、それ以外の場所から留学生の受け入れを拡大し、高等教育の国際化を図るという困難な道であった。

他方、馬英九は、2008年総統選挙の選挙戦で掲げた教育政策の段階から国際化の推進と両岸関係の深化を結びつける姿勢を示していた。12項目の具体的提案の第7項で「(国)境外からの学生受け入れを拡大し、国際交流を促進する」と主張しているが、注目すべきは、「国際学生」あるいは「留学生」ではなく、「境外学生」という表現を用いている点である。2011年以降、台湾において実質的な留学生統計となっている「大専校院境外学生人数統計」の名称が示唆する通り、「境外学生」とは、外国籍の留学生（狭義の留学生）、香港・マカオ出身者を

含む僑生、中国人学生を包含する概念である。2010年以前の統計では、外国人留学生と僑生の総称として「国際学生」という表現が用いられていたが、中国人学生の数を統計に編入するに当たり、新たに「境外学生」の呼称が用いられることになった。馬英九の2008年選挙における教育政策での主張は、これに即したもので、外国人留学生の倍増と両岸教育交流の拡大の双方を含んでいる[21]。

「国際」と「両岸」を連結するというアイディアは、馬英九政権の高等教育国際化政策の基調を成すものであり、2013年1月の教育部の組織再編で、国際文教処が国際及両岸教育司（「司」は「局」に相当）に改組されたのも、その反映である。第一期馬英九政権成立の約半年後に発表された「教育施政藍図（教育施政設計図）」は、2009年から2012年の教育政策のビジョン（4項目）、主軸（5項目）、施政の重点（主軸ごとに3〜4項目）、推進の戦略（重点ごとに2〜7項目）を一枚紙にまとめたもので、第二期陳水扁政権が策定した「教育施政主軸枠組」をひな型とするものである[22]。グローバルな視野という第四の主軸の下に、4項目の重点と11項目の戦略が設定されている。四つの重点は、(1)国際競争力の強化、(2)国際交流の奨励、(3)国際サービスへの参与、(4)両岸交流の推進からなり、両岸交流促進のための戦略として、（台湾人が中国の高等教育機関で取得した）学歴の認証と中国人留学生の受け入れという表裏を成す方法が提示されている。

4 「陸生来台」政策の実施とその影響

馬英九政権の発足から半年を待たずして、教育分野における中華人民共和国との関係再編に向けた最初の大きな動きが現れた。2008年10月、これまで内政部の規定で大学の一学期に満たない4カ月以内に制限されてきた中国からの研修生の滞在期間が最長1年に延長されたのである。同年12月には、「台湾地区與大陸地区人民関係条例」、「大学法」、「専科学校法」からなる「陸生三法」を改定し、中国からの正規学生の受け入れを可能とすることが閣議決定された。同三法の修正案は、2010年8月19日に立法院を通過し、2011年度から正規学生の受け入れが始まった。

第 8 章　馬英九政権の教育政策と二つの「中国」　215

　大陸からの正規学生の受け入れに当たっては、閣議決定の当初から「三限六不（三つの制限と六つのノー）」という安全弁で国家の安全と台湾人学生の権益を保障することを強調していた。すなわち、学歴の認証は高等教育段階に限る、中国から受け入れる正規学生の総数を制限する、学歴を認証する領域を制限するという三つの制限と、中国人学生の入学にあたり加点等の優遇処置を講じない、国内の学生募集の定員に影響をおよぼさない、奨学金を設けない、アルバイトを認めない、卒業後台湾で就職させない、公職および専門技能の試験を受験させないという六つの禁止を原則としていたが、立法院における与野党の協議を経て、実際に「陸生三法」の中に盛り込まれたのは、医療関係の学歴に関する制限、アルバイトの禁止、国家試験の受験の禁止の「一限二不」であった。
　両岸交流の進展につれて、「三限六不」の原則は、緩和の一途をたどっている。たとえば、台湾が学歴を認証する中国の高等教育機関は、当初の 41 校から段階的に増加を続け、2016 年には 155 校に達した[23]。国公立大学は、当初大学院生のみの受け入れであったが、2014 年度から 5 名に限り学部生の受け入れが認められた[24]。また、募集定員も、当初の約 2,850 人（総定員の 1％）から約 5,700 人（同 2％）に拡大している。アルバイトも、学外での就業は依然認められていないが、学内で行う教員の研究アシスタントであれば、謝金の受け取りが可能となった。
　中国人正規学生の受け入れ開始から約 5 年を経た今日、中国人留学生に対する規制をめぐっては、今日、「三限六不」はすでに形骸化し、実質「一限一不」になっているという見方と、中国人留学生は依然として個人の権益に重大な制約を受けており、できるだけ早く規制の緩和がなされるべきだという見方が相半ばしている。2016 年 1 月 19 日付の『聯合晩報』の記事は、前者の見方に立つものであり、ある教育部の役人の言として、現在規制として機能しているのは、医療系の学歴取得に対する制限（一限）と卒業後の台湾に残って就職することの禁止（一不）のみだとしている[25]。この二つの規制については、「台湾地区與大陸地区人民関係条例」の改正を待つよりほかにないが、その他の規制については、上述のように、すでに実質的な緩和がなされているという主張だ。この記事を受けて、翌日の『醒報』に掲載された「残るは一限一不のみ？中国人学生怒る：何一

つ緩和されていない」と題する記事は、受け入れ定員の拡大を除き、何一つ緩和されていないという中国人学生の声を伝えるものであり、たとえば、学内における研究アシスタントの職にしても、保険に加入できず、雇用関係を結べない中国人留学生には絵に描いた餅だと言うのである[26]。健康保険への加入制限は、中国人留学生に対する重大な権益の侵害との意見があり、最近も「三限六不の解除は、まず健康保険から」と題する記事が出ている[27]。

　中国人正規学生に対する各種の規制が有効に機能しているか否か、あるいは、規制を課すべきかどうかをめぐって、台湾社会には様々な意見が存在する。国家の安全と台湾人学生の教育および経済上の権益を保障するため、然るべく中国人学生に対する規制を課すべきだとの主張もあれば、そのために中国人学生の人権を犠牲にすべきではないという考えもある。また、道義的・倫理的な理由で規制緩和を求める声もあれば、規制緩和を中国からの留学を促進するための必要条件と考える向きもある[28]。いずれにせよ、「陸生来台」政策の進展は、台湾社会における中国人学生の存在感を確実に高めており、2014年には、私立の淡江大学の学生会選挙で中国人正規学生が立候補を表明したことが社会の関心を集めた。

　表 8-1 は、2006 年から 2015 年の境外学生（外国籍の留学生、香港・マカオ出身者を含む僑生、中国人学生の総称）の人数を示す教育部の統計で、他の国の外国人留学生統計に相当するものである。2011 年度に受け入れが始まった中国人正規学生は、定員の拡大も相まって着実に増加、わずか 5 年で 5 倍近い伸びを示しているが、それ以上に目を引くのが 10 年で 76 倍、直近 5 年に限ってみても 3 倍の伸びを見せ、境外学生の全類型の中で最大のグループとなった中国人研修生の存在である。研修生とは、6 カ月以上または 6 カ月未満の短期留学の学生であり、単位の取得をともなう者と、そうでない者を含む。政治的な含意は正規留学生におよばないが、その数の多さから経済的インパクトは正規学生を凌ぐものがある。その経済効果は、既に 34 億台湾ドル（約 110 億円）に達すると見られており、学生数の減少に悩む私立大学にとって大きな救いの手となっている[29]。蔡英文政権発足の翌月には、「正規学生には影響がないものの、研修生の来台キャンセルが続発している」との報道が台湾社会に大きな衝撃をあたえたが[30]、大学関係者の示した激しい動揺は、図らずも、教育分野における対中依存が予想を超

第8章　馬英九政権の教育政策と二つの「中国」

表8-1　近年の台湾の高等教育機関における境外学生の留学／研修人数

単位：人

年度	2006	2007	2008	2009	2010	2011	2012	2013	2014	2015
境外学生総数	27,023	30,509	33,582	39,533	45,413	57,920	66,961	79,730	93,645	110,182
正規生 合計	14,330	16,195	17,758	20,676	22,438	25,107	28,696	33,286	40,078	46,523
外国人学生	3,935	5,259	6,258	7,764	8,801	10,059	11,554	12,597	14,063	15,792
僑生（香港・澳門を含む）	10,395	10,936	11,500	12,912	13,637	14,120	15,278	17,135	20,134	22,9118
陸生	―	―	―	―	―	928	1,864	3,554	5,881	7,813
非正規生 合計	12,693	14,314	15,824	22,975	22,975	32,813	38,265	46,444	53,567	63,659
外国人交換留学生	1,121	1,441	1,732	2,259	2,259	3,301	3,871	3,626	3,743	3,743
外国人短期研修／聴講生	1245	1,146	1,258	1,604	1,604	2,265	3,163	3,915	4,758	4,758
大学附属中国語センター学生	9,135	10,177	10,651	12,555	12,555	14,480	13,898	15,510	15,526	18,645
大陸研修生	448	1,321	1,321	5,316	5,316	11,227	15,590	21,233	27,030	34,114
海外青年技術訓練生	744	862	862	1,241	1,241	1,540	1,743	2,160	2,510	2,399

えて深まっていることを浮き彫りとした。

おわりに

　以上で考察を加えた二つの「中国」をめぐる馬英九政権の教育政策は、端的に言えば、前政権の教育政策へのアンチテーゼという色彩を持っていた。

　政治的象徴としての中（華民）国と教育の関係においては、李登輝、陳水扁両政権による「本土化」の流れを押しとどめ、中華文化の失地回復を狙ったが、台湾アイデンティティが主流民意の地位を完全に獲得した現在の台湾社会において、その努力はもはや時計の針を逆行させるアナクロニズムにしか映らなかった。思うに任せぬ現実への焦りの中で採った強権的な政治手法は、「課程綱要」の「微調整」に対する激しい反対運動に帰結し、教育における中華文化の復権という夢を、他ならぬ自らの手で取り返し不可能な地歩へと大きく後退させたのである。

　一方、政治的実体としての中華人民共和国との関係においては、陳水扁政権の「中国なき国際化」とは一線を画し、「国際化」の意味を再定義して、「国際」と「両岸」を連結する新機軸を打ち出した。「政治的地雷」と呼ばれ、長年未解決のままであった中国大陸の学位の認証と正規学生の受け入れを実現させた。グローバルな学生流動から見れば、陳水扁政権の「中国なき国際化」路線はかなり不自然なものであり、門戸開放は現実的な選択であったと言える。馬英九政権の2期8年間を通じて、両岸の教育交流は、飛躍的な量的拡大を見た。中国との交流が台湾の教育、ひいては台湾社会にどのような影響をもたらしたか、より踏み込んだ質的検証が必要だと考えられる。

　2016年に成立した蔡英文新政権の下で台湾教育と二つの「中国」の関係はどこに向かうのだろうか。本文で述べたように中華人民共和国との関係については、政権発足後の短期間で、いくつかの注目すべき動きが現れた。それでは、もう一つの中国、即ち、政治的象徴としての中（華民）国との関係をどのように処理していくのか。馬英九政権下における激しい論争を経ていつになく社会の注目が高まっている『普通高級中学課程綱要』の改定をいかに乗り切るかが、政権の

浮沈を占う試金石になるかもしれない。

（本章は、山﨑直也「馬英九政権の教育政策と二つの「中国」」『海外事情』第64巻第7-8号（2016年7-8月号）、拓殖大学海外事情研究所、32-43頁に加筆修正を加えたものである。本書への再録をお認めいただいた拓殖大学海外事情研究所に厚く御礼を申し上げたい。）

注

1 戦後、中華民国政府が台湾に持ち込んだ現代標準漢語（Modern Standard Chinese）の台湾における呼称。1895年から約50年にわたり日本の植民地統治下にあった台湾の人びとにとって、この言語は当初、まさに外来語そのものであったが、台湾の脱日本化と中（華民）国化を同時に実現するための手段としてこれを重く見た政府は、強力な普及政策を展開した。詳細は、菅野敦志『台湾の言語と文字』勁草書房、2012年を参照。現在、台湾海峡両岸の住民が一部語彙や発音の相違にもかかわらず、通訳を介さずに意思疎通が可能なのは、現代標準漢語の基礎が中華民国と中華人民共和国の分断前に築かれ、台湾の「国語」と中国の「普通話」がともにこの基礎の上に成り立っているためである。

2 李登輝（1988〜2000年）、陳水扁（2000〜2008年）の両政権下における教育の「本土化」とそれをめぐる台湾社会及び中台間のアイデンティティ・ポリティクスについては、山﨑直也『戦後台湾教育とナショナル・アイデンティティ』東信堂、2009年を参照されたい。

3 山﨑直也「馬英九政権の教育政策と中台関係」『海外事情』第57巻第1号（2009年1月号）、60-72頁。本段落の議論は、同論文の内容に基づくが、引用した「馬英九、蕭萬長教育政策」の訳文は、一部に若干の修正を加えている。

4 高校生による教育部への突入は、2015年7月23日に発生した。「高校生ら、教育相室を占拠—教科書改訂に反対」『毎日新聞』2015年7月25日（朝刊）、鵜飼哲「台湾教育省に高校生突入—『中国史観』教科書改訂に反発」『朝日新聞デジタル』2015年7月26日、〈http://www.asahi.com/articles/ASH7T5FHBH7TUHBI00P.html〉（リンク切れ）。

5 複雑な論争の要点を簡潔に整理したものとして、「課綱微調争議—這些問題你不能不知」『中央通訊社ウェブサイト』2015年7月24日付、〈http://www.cna.com.tw/

news/firstnews/201507245020-1.aspx〉（2016年12月28日アクセス）、「整理包／課綱微調爭議到底在吵什麼？」『聯合報新聞網』2015年7月24日、〈http://theme.udn.com/theme/story/7491/1076685〉（2016年12月28日アクセス）。

6 　第一期馬英九政権による高校カリキュラムの不規則な改訂に端を発する論争の展開については、山﨑直也「二〇〇八年政権交代後の台湾における教育とナショナル・アイデンティティ」『アジア教育』第7号、2013年11月、5-17頁を参照されたい。

7 　記者会見に際し、同学会が発表した声明は、2016年12月28日現在も、学会ウェブサイトのトップページ（http://www.twhistory.org.tw/）に掲示されている。

8 　「五千人連署／反竄歷史教材―立委致教長『大衆意見書』」『自由時報電子報』2012年7月11日、〈http://news.ltn.com.tw/news/politics/paper/598609〉（2016年12月28日アクセス）。

9 　この馬英九の発言は、国民党の党営メディアである『中央日報』ウェブ版の評論記事に掲載されたものであり、同記事はこの発言を「高校歴史教科書の台湾独立的内容を改変すべしという明確なメッセージ」、「両岸和平という政治的高みを確かなものとする重要な講話」と評価している。「本報点評―馬英九対歷史教科書的正確態度」『中央日報網路報』2012年7月13日、〈http://www.cdnews.com.tw/cdnews_site/docDetail.jsp?coluid＝110&docid＝101969763〉（2016年12月28日アクセス）。

10 　たとえば、石計生等『意識型態與台湾教科書』台北市：前衛、1993年、呉密察・江文瑜編『體検国小教科書』台北市：前衛、1994年など。

11 　「微調課程　潘文忠宣布將廢止」『中央通訊社ウェブサイト』2016年5月1日、〈http://www.cna.com.tw/news/firstnews/201605215002-1.aspx〉（2016年12月28日アクセス）。

12 　「【管很大】廃課綱微調―国台弁：後果自負」『蘋果即時』2016年5月25日、〈http://www.appledaily.com.tw/realtimenews/article/new/20160525/870220/〉、「連這也管理？廃課綱微調―国台便：須承担後果」『自由時報電子版』2015年5月25日、〈http://news.ltn.com.tw/news/world/breakingnews/1708714〉（2016年12月28日アクセス）。

13 　行政院教育改革審議委員会編『教育改革總諮議報告書』台北市：行政院、1996年。民主化後の台湾における教育改革のグランドデザインである同報告書は、『中華民国教育部部史全球資訊網』（http://history.moe.gov.tw/）に重要文献としてアーカイブされている。

14 　『大学政策白皮書』は、その他の政府刊行の教育年鑑、年報、報告書、政策白書と

ともに、注13所蔵の『中華民国教育部部史全球資訊網』にアーカイブされている。

15　同統計は、教育部統計処のウェブサイト（http://depart.moe.edu.tw/ED4500/）の主要教育統計図表のページで最新版の入手が可能。本稿では、1980年〜2015年のデータを利用している。

16　各国の台湾教育センターを統括する財団法人高等教育国際合作基金会（FICHET）のウェブサイト（http://www.fichet.org.tw/tec/）には、台湾教育センターに関するページがある。現在、モンゴル、日本、韓国、タイ、マレーシア、ベトナム（ハノイとホーチミンの二か所）に台湾教育センターがあり、日本では、2012年に淡江大学を担当校とする日本台湾教育センターが東京の法政大学内に設立された。

17　交換留学生の人数は、各年度の「大専校院正式修読学位之外国学生人数」に依拠した。同統計は、注15所蔵の教育部統計処ウェブサイトの「学校基本資料」→「各級学校基本資料」のページに年度別に収められており、2005年度まで遡ることができる。

18　香港・マカオ出身者を含む僑生の人数は、「大専院校僑生及港澳生人数」に依拠した。同統計も、注17と同様の方法で、2005年度以降のデータを参照することができる。

19　「2014年中国出国留学人員超45万、回国人数超36万」『新華網』2015年3月5日、〈http://education.news.cn/2015-03/05/c_127547629.htm〉（2016年12月28日アクセス）。

20　2015年5月1日現在。詳細は、独立行政法人日本学生支援機構「平成27年度外国人留学生在籍状況調査結果」、2016年3月、〈http://www.jasso.go.jp/about/statistics/intl_student_e/2015/__icsFiles/afieldfile/2016/03/14/data15.pdf〉（2016年12月28日アクセス）を参照のこと。

21　2008年総統選挙において教育政策の全文と簡略版DMがアーカイブされていたウェブサイトは、既に存在しない。ここでは、山﨑直也「馬英九政権の高等教育政策と中台関係」、日本台湾学会第12回学術大会（2010年5月29日、北海道大学）の報告論文執筆のために保存したデータを参照している。

22　「教育施政藍図」は、すでに教育部のウェブサイトから削除されているため、ここでは、注21同様、2010年の論文執筆のために保存したデータを参照している。

23　教育部のニュースリリースによれば、2016年4月に26校の大学が新たにリストに追加された。この際、技術・職業教育系の専科学校の新規追加はなく、191校である。「教育部拡大採認26所大陸地区大学及高等教育機構学歴」『教育部全球資訊網』2016

年4月27日付、〈http://www.edu.tw/News_Content.aspx?n = 9E7AC85F1954DDA8&s =FAAF2C5FE9B356F1〉（2016年12月28日アクセス）。

24 「成大大学部首批判対台印象佳」『中央通訊社ウェブサイト』2014年9月23日、〈http://www.cna.com.tw/news/ahel/201409230200-1.aspx〉（2016年12月28日アクセス）。

25 「陸生政策只剩一限一不」『聯合晚報』2016年1月19日、〈http://udn.com/news/story/6885/1452377〉（2016年12月28日アクセス）。

26 「剩一限一不？陸生怒：没有一鬆綁」『醒報』2016年1月20日、〈https://anntw.com/articles/20160120-i52i〉（2016年12月28日アクセス）。

27 「解鎖『三限六不』―陸生：健保先放行」『聯合新聞網』2016年6月14日、〈http://www.udn.com/news/story/9067/1759396〉（2016年12月28日アクセス）。

28 この点で、蔡英文政権発足のわずか数日後に、私立大学の学長が口を揃えて新政権の中国人学生に対する政策を憂慮し、教育部長に「三限六不」の解除を求めたことは、注目すべき動きと言えるだろう。「憂陸生政策―大学校長：快解除三限六不」『聯合報』2016年5月23日、〈http://udn.com/news/story/6928/1712107〉（2016年12月28日アクセス）。

29 「陸生若減将衝撃大学業務」『聯合影音』2016年6月7日、〈https://video.udn.com/news/504412〉（2016年12月28日アクセス）。

30 この動きをいち早く報じた記事として、「陸生不来台？教部：未接到陸官方訊息」『聯合晚報』2016年6月6日、〈http://udn.com/news/story/6885/1744694〉（2016年12月28日アクセス）がある。

第9章　香港の「公民教育」と「国民教育」：
「一国二制度世代」のアイデンティティ形成をめぐって

中 井 智 香 子

はじめに

　2017年（平成29年）7月1日、香港は祖国復帰から20周年の大きな節目を迎えるのにもかかわらず、祖国からの離脱を求める急進的な動きが若者世代を中心に活発化している。鄧小平が「50年不変」の期限つきでスタートさせた新たな国民国家建設は、「本土派」（本土とは香港を指す）と呼ばれる若者らの台頭によって、きわめて重要な局面を迎えていると言わざるを得ない。香港人社会の内部には、中華人民共和国北京中央政府（以下、北京政府。文脈によっては共産党政権、共産党を使い分ける）の内政干渉によって、香港側に認められていた高度な自治が形骸化され、とりわけ思想の自由を許容してきた多元的空間が毀損されていることに対する危機感が広がっている[1]。特に、一国二制度体制下で成長し香港と自分たちの将来を重ねあわせる若者たちは、現状への強い不満から独立志向をエスカレートさせており、その気運は簡単には止みそうにない[2]。そして、「本土派」は、選挙を通して、一国二制度体制に疑問を抱く新政治勢力として香港の政治にすでに加わっている[3]。
　振り返ると、2014年秋の「雨傘運動」[4]は、多くの若者の意識を独立志向へ向かわせる一つのきっかけに過ぎなかったのかもしれない。と言うのも、同運動の前から、香港の政治情勢への無力感・閉塞感に苛立ちを感じていた一握りの若者たちは、現体制が期限切れを迎える2047年後の香港独立を議論しようとにわか

に動き出していた[5]。79日間に及んだ市民的不服従 (civil disobedience) の間、北京政府は、参加者たちの「民主」[6]化要求に何一つ妥協する姿勢を見せず、香港特別行政区政府（以下、香港政府）の対応を傍観していた。香港政府トップの梁振英行政長官に至っては、裁判所が下した強制排除命令の執行によって同運動を終結させ、約一カ月後の施政報告において、運動期間中は目立った動きをしていなかった独立志向の若者グループを厳しい口調で糾弾している[7]。若者の独立志向は、両政府の高圧的な対応と同運動での挫折感が引き金となって強烈な「抗共」（共産党政権への反抗・抵抗意識）と「愛港」意識に根差した「本土主義 (Localism)」[8]へと瞬く間に発展し、大学キャンパスから中学校（日本の中高一貫校に相当。本稿では中学校で統一するが、履修対象を特定する文脈では高校を用いる）へと波及している[9]。

しかし、「雨傘運動」後に始まった独立志向の動きは、なぜ運動の参加者全体に広がらず若者中心なのであろうか。さらに言えば、独立志向を加速化させている昨今の学生たちは、祖国復帰後、香港政府が一国二制度に則した「愛国愛港」者を育成するために推進した「公民教育 (Civic Education)」[10]と「国民教育 (National Education)」を受けてきた言わば「一国二制度世代」[11]であるにもかかわらず、なぜ彼らのアイデンティティ形成は、「抗共」意識を保持したまま国家（中国）と社会（香港）の双方に定位することが出来なかったのであろうか。いずれにしても、現時点において香港の一国二制度が恒久的なものではない以上、2047年には社会の中枢となっている彼らが新たな国民国家建設の命運を握っていると言っても過言ではない。

この問題で重要な役割を担っているのが、香港独自のシティズンシップ教育「通識教育科 (Liberal Studies)」であると言われている。同科は、英領植民地政庁（以下、香港政庁）によって1992年に高校3年生の選択科目に導入された後、香港政府が推進した教育改革のなかで財界と一般市民から合意を得て、2009年に高校課程の必修試験科目（日本の共通テストとは異なり、高等教育を希望しない者も含め全員に課せられる公開統一試験のこと）に格上げされ、英数国の主要3科目と同列の位置づけとなっている。さらに、同科は返還前からの「公民教育」政策を継承すると同時に、返還後には正規課程として唯一の「国民教育」も

組み込んでいる。

　社会内部には、若者の政治覚醒や社会運動への主体的な参加に対して賛否両論があるなかで、若者の言動が社会的に影響力を持つたびに、教育関係者(教育官僚[12]と中学校関係者)、そして「公民教育」と「国民教育」との因果関係が問われてきた。しかし、今回の「本土主義」と独立問題に関しては、明らかに世代間格差が感じられる。特に、「通識教育科」を通して、一国二制度に則した「愛国愛港」者の育成を目指してきた教育関係者の戸惑いは隠しきれない。と同時に、思想形成過程にある高校生に対して、教育現場が同科を通してどのような対応を取れるのか高い関心が寄せられている[13]。

　筆者の散見する限り、これまで香港独立を真正面から取り上げた先行研究は見当たらない。そのなかで、中国と周辺の国際関係論を専門とする林泉忠は、返還5周年までの社会変動を台湾の事例と比較しながら香港人アイデンティティの「準ナショナリズム」性を指摘していただけでなく、可能性としての「ナショナリズム」への上昇も示唆していた[14]。最近では、香港の社会学者である張彧暋が若者に対する「通識教育科」との影響を指摘したうえで、「一国二制度世代」の独立志向と新たな「ナショナリズム」の台頭を前提とした議論を行っている[15]。現時点において、同科と若者の政治参加や政治覚醒への影響に関しては研究[16]が進んでいるが、変化のスピードが速いと言うこともあり、同科と独立志向にまで言及した研究はまだ見られない。

　本稿では、昨今の若者世代の香港人アイデンティティの質的変容(中国離れ)を、英領植民地時代からの政治対立の構図を踏まえ、彼らのアイデンティティ形成に多元的空間を容認する香港独自のシティズンシップ教育の観点から考察する。

1　最新の政治動向からみる世代間格差

　香港の政治勢力は、共産党を対立軸にした場合「親中派」と「非親中派」に大きく二分される。さらに「親中派」は、共産党に忠誠心を抱く「伝統左派」と中国本土との経済関係を重視する財界を中心に親政府派を構成している。一方の

図9-1 政治勢力分布と香港人アイデンティティとの相関

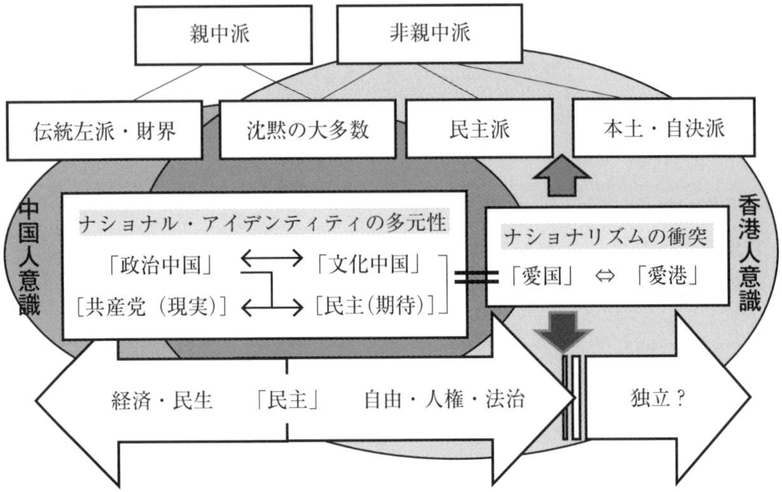

```
         親中派            非親中派

伝統左派・財界   沈黙の大多数   民主派   本土・自決派

中                                                    香
国    ナショナル・アイデンティティの多元性   ナショナリズムの衝突   港
人    「政治中国」 ⇔ 「文化中国」    「愛国」 ⇔ 「愛港」     人
意    [共産党（現実）] ⇔ [民主（期待）]                      意
識                                                    識

    経済・民生   「民主」   自由・人権・法治      独立？
```

出所：著者作成

　「非親中派」とは、「民主」・自由・人権・法治などリベラルな価値観を重視する大小多様な「民主派」勢力が反政府派の立場で結集している。

　香港の「民主」化を巡っては、香港の小憲法『基本法』が普通選挙での行政長官と立法会議員の選出を可能と規定[17]しているが、その選出方法と実施時期に関する最終決定権は北京政府側が掌握している。そして、現行の立法会議員の選出方法では、「伝統左派・財界」に有利な職能別（専門職と業界団体別）の間接選挙が議席の半分を占めている。しかしながら、現在に至るまで「伝統左派・財界」は、香港政府が提出する重要法案の可決に必要な3分の2の議席数を確保できていない。このように民意が十分に反映されているとは言えない独特な選挙制度において、両派の間で「沈黙の大多数」[18]と呼ばれる「中間派」が政治と距離を置きながらもキャスティングボードを握っている。

　今回の改選によって、「非親中派」内に「本土・自決派」[19]が新しい政治勢力として加わった[20]（図9-1）。現時点では、若者の独立志向は、一国二制度を大前提とするか否かで既存の「民主派」陣営と一線を画している。筆者の仮説では、若者世代は、成長の過程でシニア世代[21]と一国二制度をつないでいる中国人意

識、つまり中国に対する帰属意識を継承できていないと考えている。

2 香港人アイデンティティの変容

(1) 香港人アイデンティティに関する研究動向

アイデンティティとは、曖昧で多層的かつ可変的なものである。香港では、返還前後から定期的に実施されているアイデンティティに関する世論調査が、中国との関係と香港内部の政治文化を知るうえで一つの指標とされている。本稿の課題において筆者が注目するのは、その質問項目と分析内容の変化である。

アイデンティティ研究に世論調査の手法を導入したのは、香港の政治社会学者の劉兆佳である。劉の調査（1985～1996年）では、香港人アイデンティティの重層性である「香港人意識」と「中国人意識」による二項対立が軸であった。当時はまだ香港と大陸の間には経済発展と生活水準において著しい差異があり、「香港人意識」が「中国人意識」に対する優越感と排他性をもっていることが強調された[22]。

劉の研究を引き継いだ香港中文大学の馬傑偉らは、一般の香港人の日常的な大陸との接触（ビジネス、親戚訪問、旅行など）が大陸に対する好意的な感情を増

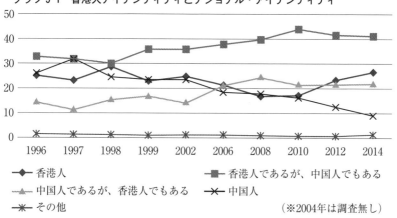

グラフ9-1　香港人アイデンティティとナショナル・アイデンティティ

出所：香港中文大学伝播与民意調査中心、2014年

やしていること、経済面での中国と香港の立場が逆転したこと、政治へのこだわりは少ないこと、被験者に新移民[23]が含まれていることから、香港人アイデンティティの質的変化を察知していた。その結果、それまで「香港人」と「中国人」の二項対立であった質問項目に、「中国人であるが、香港人でもある」と「香港人であるが、中国人でもある」という混成型を追加するに至っている[24]。また、2006年以降の中港関係の経済的紐帯の強まりと2008年北京オリンピック、2010年上海万博などの成功を背景に国威発揚が進んだ。しかし、2010年頃を境に、経済主導の友好ムードは急変していった。香港人の身近な日常生活に中国経済依存がもたらす負の側面が顕在化していったことで[25]、若者を中心に反中感情が広がりはじめていた。その背景には、香港人と中国人と価値観の根本的な相違があった。香港では、「民主」や自由などリベラルな価値観と多元性が最も重視されているなかで、香港に生まれ育った若者世代はグローバル化の影響を受けてさらに「ポスト物質主義」[26]へ向かい始めていた。この変化を背景に、2012年度の調査から、被験者を1980年代出生(「80後」と「非80後」)で区切る分析項目が追加されており、「80後」(1980年代以降の出生者)に限っては香港人意識に偏重したアイデンティティ形成の兆候が指摘されている[27]。

　また、香港大学民意研究計画では、2007年6月の調査(1997年から定期的に継続中)から、香港人アイデンティティの多元性を反映するために、上述した混成型の質問項目に、国際的視野の「世界市民」「アジア人」「中華民族の一分子」と、北京政府の影響を問うために「中華人民共和国国民」を追加している[28]。2014年6月の調査からは、年齢、性別、教育程度(学歴)に照らした分析も始めている[29]。

(2) 香港人アイデンティティの多元的空間

　若者世代の中国離れを象徴する出来事が、上述した選挙前にすでに起きている。4月初め大学学生会連盟(以下、学連)は、毎年6月4日に1989年天安門事件(以下、「六四事件」)犠牲者への追悼集会を主催する香港市民支援愛国民主運動連合会(以下、支連会)との発足当初からの提携関係を正式に解消した[30]。「六四事件」は香港人社会における「民主」化運動の起点であり、その追悼集会

は「民主」と「愛国」の名の下に中国同胞が国境を越えて一体感を共有できる集団の記憶であった。特に、当時を知るシニア世代のなかには、支連会の追悼集会を「抗共」と表裏一体化した「民主」化運動の精神的支柱と捉えている者が少なくない。しかしながら、「雨傘運動」後の「本土主義」の台頭を背景に、学連側は支連会が五大綱領の一つに掲げる「民主中国の建設」に異議を唱え、香港人は実現不可能な中国「民主」化に関与するのではなく、香港「民主」化のためにのみ心血を注ぐべきであると議決するに至ったのである[31]。

　張は、若者の「六四事件」に対する再解釈の動きを「民族的なナショナリズム（ethnic nationalism）」から「市民的なナショナリズム（civic nationalism）」への変容であると分析している[32]。また、「雨傘運動」への道のりは、中国と香港の間に存在するこの二つの「ナショナリズム」の衝突であったこと、そして、その間には民意としてどちらの「ナショナリズム」にも明確に帰属しない「沈黙の大多数」が存在していることも指摘している[33]。

　まず、張が援用した「ナショナリズム」の二分法を理論的系譜から整理しておきたい。「ナショナリズム」の先駆的な研究と言われるハンス・コーン（Hans, Kohn）は、「ナショナリズム」を「西」と「東」に分けた。「西」とはアメリカ・英国・フランス等に代表される西欧世界を指し、「東」とはドイツを含む東欧と日本を含むアジア等を指している[34]。コーンの分類を元に修正が加えられ、「西」＝「市民的なナショナリズム」と「東」＝「民族的なナショナリズム」」という二元的図式が定式化した。両者の争点は、ネイションとエスニックの関係性である。ネイションはエスニックな共通性に基づくものではないという考えの強い「西」では、自由を価値とする個人主義が優勢である。すなわち、ネイションへの帰属を承認する全ての人がエスニシティに関わりなく全ての人に同等の権利が認められ、多様性や自由は尊重され、政治の基礎は憲政体制の承認におかれる。反対に、ネイションを基礎にエスニックな共通性があるという考えの強い「東」では、権威を価値とする集団主義が優勢である。つまり、エスニックな一体性は非合理的な情念に結びつきやすく、多様性や自由主義は排斥され、自民族中心主義（ethnocentrism）や排外主義など強引な同化政策を取りやすい[35]。

　支連会とは、血縁や文化伝統に基づいた「民族的なナショナリズム」を象徴す

るものと見なされる。支連会を支持するシニア世代[36]にとって、「六四事件」の再評価を求めて「抗共」を堅持することは、中国と香港の国民統合が共通の「民主」の下で実現することを期待している自民族中心主義の証である。一方の若者世代に関しては、英領植民地時代に法律・経済・教育などの各制度が「個人」を単位としたことに加えて、「新中間層」[37]の増加と高等教育の普及が、「民主」・自由・人権・法治などのリベラルな価値観との接点を増やした。その結果、シニア世代には馴染みの少ない「市民的なナショナリムズ」が、若者世代にとっては「民族的なナショナリズム」に比べより身近な存在となっていったと考えられる。

では、なぜ若者世代は「市民的なナショナリズム」の帰属先を香港の政治共同体にすることができたのであろうか。彼らの「市民的なナショナリズム」を香港の文脈で再定義するには、ナショナル・アイデンティティを「文化中国」と「政治中国」に二分し、後述する通り、「政治中国」を現実の「共産党中国」と期待値の「民主中国」（図9-1）とにさらに分ける作業が必要であろう[38]。とすると、上述したシニア世代の「民族的なナショナリズム」は「文化中国」が主であること、さらに支連会を支持する場合は期待値としての「政治中国」の「民主中国」が付随していると見なせるのではないだろうか。

3　教育現場の政治環境：政治的中立と反共教育

戦後、再び英領植民地となった香港は、西側陣営にとっては東西冷戦下の反共の砦として重要な戦略拠点であっただけでなく、国民党（右派）と共産党（左派）の両勢力にとっても地下工作を行ううえで重要な戦略拠点であった。1949年10月に共産党が新中国を樹立した後、1950年1月、英国は自らの国益を守るためにいち早く国交を結んだ。香港政庁は、このような特殊な政治環境下で社会の安定を維持するために教育の非政治化を徹底する必要があった。1952年、香港政庁は、両派が運営する私立校に対して政治活動の監視と取締りをより一層強化する目的で「政治教育禁止法令」を制定した。1970年代にかけて大陸の文革の影響が香港に及び始めると、香港政庁の非政治化の目的は共産党政権に忠誠心を抱く「左派系愛国学校」（以下、「左派校」）を対象とした反共教育へと絞り込

第 9 章　香港の「公民教育」と「国民教育」　231

グラフ 9-2　2015-16 年度　中学校の学校分類分布

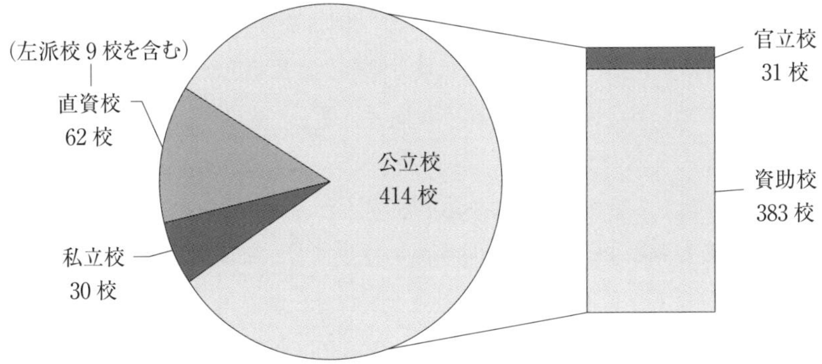

（左派校 9 校を含む）
｜
直資校
62 校

私立校
30 校

公立校
414 校

官立校
31 校

資助校
383 校

出所：教育局 HP より筆者作成

まれていった[39]。香港政庁が、「左派校」を公教育から排除してきた結果、香港の教育現場には「左派校」への排他性が根強く残っている。

グラフ 9-2 で示す「資助校（Aided School）」とは、香港政庁が 1970 年代に大衆教育の量的拡充を短期間に達成するため、経費と手間のかかる「官立校（Government School）」を自ら増やすのではなく、「非親中派」の民間団体[40]が運営する私立校に公的資金を投入し、「官立校」と同等の扱いで公教育に組み込んだ公立校であり、香港の公教育の多元性を象徴する存在と言える。「直接資助計画（Direct Subsidy Scheme）校」（以下、「直資校」）は、香港政庁が 1991 年に私教育の多元性を拡充する目的で新設された[41]。しかし、その内実は、「左派校」を非公立校と非私立校の狭間に位置づけ公的資金の投入を可能にしたと言う点で「左派校」に対する救済策であった[42]。なぜなら、「左派校」は、文化大革命の影響に加えて 1976 年に 9 年間（日本の中学まで）の無償義務教育が始まったことで学生数が激減し、深刻な財政難から 1980 年代後半にはわずか 5 校を残すのみになっていたからである。返還後、「資助校」が少子化の煽りを受けて閉校に追い込まれているのに反して、「左派校」は「親中派」寄りの布陣となった香港政府の庇護の下で 4 校（中学校）新設している。また、教育政策への不満から「直資校」へ移管する「資助校」もあり、「直資校」の数は徐々に増えてきているが、依然として「資助校」が主流であることに変わりはない。「左派校」で

は、公教育の共通課程（香港の公開統一試験に則った課程）とは別に、独自の「国民教育」（「愛国主義教育」、「国是教育」、「国情教育」など）を実践している。

公教育の非政治化とは裏腹に、教職員労働組合は政治色が鮮明である。最大規模の圧力団体でもある香港教育専業人員協会（以下、教協）には、香港の教育機関に従事する約9割が所属していると言われている。教協は、「民主派」政党に所属し、支連会とも緊密な関係にある[43]。立法会（前身は立法評議会）職能別の間接選挙の教育界枠1議席は、教協所属の立候補者が毎回大差で当選している。一方の香港教育工作者連会（以下、教連会）は「伝統左派」政党の中核であり、教連会幹部でもある「左派校」校長のなかには立法会議員との兼職者も含まれていた[44]。教育現場での影響力から見ると最大規模の教協側が、政策決定と実践の両面で主導権を大きく握っており、教育当局は教協側からの協力なしには、いかなる教育政策も公教育として推進させることがきわめて難しい状況にある。

4　「通識教育科」と「国民教育」

(1) 正規課程のシティズンシップ教育「通識教育科」への軌跡

一国二制度下でのシティズンシップ教育の展開は、主権行使権[45]を持っていた宗主国英国の影響を多大に受けている。返還過渡期において英国は、政権移行作業の一環として選挙を通した「民主」化とリベラルな価値観を重視する西欧モデルの「公民教育」を推進した。

1985年9月、香港の教育署と課程発展委員会[46]は「民主」化に連動させるため『学校公民教育ガイドライン』[47]（以下、『85年版』）を初めて公布し「公民教育」をスタートさせた。そのモデルとなったのは宗主国英国の政治教育であったが、その内実は国民国家の論理に基づく「国民教育」の要素を完全に排除していただけでなく、政治参加を奨励しないものであった。「六四事件」が発生するまで、中英両国は国益重視の協調関係と行政主導体制[48]の現状維持に努めた。英国側は有権者が限定される間接選挙の段階的拡充に留めていたので、『85年版』の内容はそのレベルに見合う政治知識が中心であった。

「六四事件」後、中英関係は一気に対立路線へと転じ、「民主」化の内実も一変

した。英国は、「伝統左派・財界」も含めた[49]幅広い市民からの要望を受けて、『中英共同声明』に抵触しない範囲で最大限の「民主」化を目指した[50]。香港の「民主」化の実現は、グローバル市場に帰属した市民社会の形成とともに、「民主派」勢力と「公民教育」を受ける「一国二制度世代」に託された。

その一方で、1990年7月の「政治教育禁止法令」の大幅な緩和は、学校内での政治教育の全面的な解禁を意味していたが、「非親中派」の教育関係者の間からは、狭隘なナショナリズムの扇動に対抗する新たな自衛手段を求める声も上がっていた[51]。1996年9月に全面改訂された『学校公民教育ガイドライン』(以下、『96年版』)は、「非親中派」からの要望に応えて批判的思考力の育成を全面に打ち出した。香港の教育課程学者のポール・モリス(Paul, Morris)は、『96年版』にはその記述はないものの課程開発者の隠れた意図として市民社会の形成が込められていたと分析している[52]。しかし、草案作りにおいて社会の多種多様な意見を集約した結果、内容面でリベラルな価値観を志向する「民主教育」「人権教育」「法治教育」「グローバル教育」と、一元的なナショナリズムと愛国主義を重視する「国民教育」とを並列化させた点において、教協と教連会の双方から支持された。その一方で、教育学者の間からは根本的な矛盾を指摘する声があがっていた[53]。

「公民教育」は政策面の意図に反して、教育現場での影響力はきわめて限定的であった。それは、教育当局が『85年版』で採用した推進方法に基因していた。つまり、政策面では「非必修・非独立科目、浸透式」を基本に既存科目を横断した学校全体での取り組みを奨励したが、運用面では学校と教師側の自主性が尊重されていた。また、香港社会には高校課程修了時の公開統一試験の結果を唯一の評価基準とみなす保守的な価値観が広く浸透しており[54]、「公民教育」が必修試験科目でない以上、教育現場ではその重要性を認めながらも軽視していた[55]。しかしながら、公民意識の国際比較調査の結果を見ると、教育関係者の予想に大きく反して、香港の学生が選挙の自由や政治権利に対する理解、言論の自由に関する関心が非常に高いことが明らかになっていた[56]。

返還後、初代行政長官となった財界出身の董建華は、21世紀のグローバル化と知識型経済に即応可能な人材の育成と中国国民としてのナショナル・アイデン

ティティの育成という全く異なる課題に教育改革を通して取り組むことになった。董長官の一国二制度構想では、シンガポールのような非政治的な資本主義ユートピアが描かれていた。したがって、返還前に政治化された「公民教育」は、「文化中国」ナショナル・アイデンティティの育成に重点をおくために非政治化なものへと軌道修正する必要があった。董長官の強い意向を受けて、西欧モデルの「公民教育」は中国的価値観との融合が図られ、名称も「徳育と公民教育」へと改称された。しかし、その推進方法に関しては『85 年版』からの基本路線の継承が大前提であったため、「国民教育」は既存の科目に非政治的な中国要素を追加することから始めざるを得なかった[57]。

一方、財界と一般市民が両改革へ強く期待していたのは、グローバル化と知識型経済への対応であった。なぜなら、中国の改革開放が始まって以来、香港は経済面での牽引役であったが、返還前後には両者の立場はすでに逆転し、中国はWTO 加盟（2001 年 12 月）を控えていた。特に、香港経済の将来に危機感を感じていた財界は、教育関係者に対して国際金融センターとしてグローバル市場での確固たる地位を築ける人材育成を強く求めていた。なぜなら、植民地教育の実態が高校 2 年修了時[58]の公開統一試験に照準を合わせ、教師が伝授する模範解答を学生がひたすら覚えるだけの丸暗記学習であったため、雇用主たちは海外で教育を受けた学生と比べて香港の学生は語学力・批判的思考力・創造力・コミュニケーション能力に劣ると非難していたからである[59]。具体的な施策をまとめた課程改革では、財界の要望を受けてグローバル市場と知識型経済に焦点が当てられた[60]。

一連の改革の総仕上げが、2009 年からの新学制への移行と無償義務教育の高校までの延長[61]に伴い、高校課程に必修試験科目として格上げされた「通識教育科」であった。同科は高校課程の理念「①幅広い知識の基礎を身につけ、個人・社会・国家・グローバルな日常生活に影響を与える最近の問題を理解すること、②見識を持ち責任を負える市民となり、ナショナル・アイデンティティを抱き、国際的視野を身につけること、③多元文化・観点を尊重し、批判・省察と独立の思考能力を持つ人になること、④生涯学習が必要とする IT とその他の技能を獲得すること」[62]に基づいている。そして、六つの単元[63]（表 9-1）のクロスカリ

表9-1 「通識教育科」課程の基本設計

学習範囲：自己と個人の成長	
単元1：個人の成長と人間関係	
1　自己認識	人は青少年期にどのような挑戦やチャンスに直面するのか？
2　対人関係	どのような対人関係が青少年に影響を与え成人への準備を助けることができるのか？
学習範囲：社会と文化	
単元2：今日の香港	
1　生活の質	住民の生活の質を維持し改善するにはどうすべきか？
2　法治と社会政治参加	香港住民は如何に社会と政治事務に参与するべきか？
3　身分とアイデンティティ	香港住民のアイデンティティはどのように形成されるのか？
単元3：現代中国	
1　中国の改革開放	改革開放政策は国家発展と人民生活にどのような影響をもたらしたのか？
2　中華文化と現代生活	伝統習俗と中国人の現代社会はどの程度互換性があるのか？
単元4：グローバル化	
1　グローバル化の影響と対応	なぜ世界ではグローバル化によるチャンスと挑戦に対応が異なるのか？
学習範囲：科学・ITと環境	
単元5：公衆衛生	
1　公衆衛生への理解	疫病や公共衛生に対する異なる理解は人々に如何なる影響を与えるのか？
2　科学・ITと公衆衛生	科学とITはどの程度公衆衛生の発展を促進できるのか？
単元6：エネルギー技術と環境	
1　エネルギー技術の影響	エネルギー技術は環境問題とどのような関わり合いがあるのか？
2　環境と持続的発展	持続的発展は如何に現代の重要な議題であるのか？ それは科学とITの発展の出現と如何に関係があるのか？

出所：課程発展議会与香港考試及評核局連合、前掲書、11-12頁

キュラム（横断的学習）と新たな教授法「独立専題探究（Independent Enquiry Study）」（日本のアクティブ・ラーニングに相当）を通して、学生本位の学習スタイルを確立し、批判的思考力・独立思考力・創造力・問題解決能力・コミュニケーション能力・IT運用能力など生涯学習に必要不可欠な学習スキルを習得できるように設計されている。そして、公開統一試験では賛否が分かれる公共性の高い議題を通して、これらの能力の習得度を問う採点基準が全面的に継承されている。また、同科での教師の役割は自主学習の補佐役であり、一元的な価値観や態度を注入するような政治的教化は回避できると同時に、教師の政治的中立も確保できることが強調されている[64]。

　しかしながら、この新たな教授法を運用するのは教師である。一連の改革では、教協を中心とした教師の抜本的な意識改革が必要不可欠であった。「一国二制度世代」の育成の推進役である教師は、自身の経歴において「国民教育」とは無縁であり、また反共教育の影響下で政治無関心であった世代である。2004年10月から始まった諮問において、教協が様々な理由で抵抗勢力として立ちはだかったため、当初2008年からの導入予定は一年遅れの2009年からとなった[65]。

(2) 教師の「国民教育」に対する多元的理解

　返還後の正規課程「国民教育」は、「通識教育科」の「単元3：現代中国」（表9-1）に初めて組み込まれ、ナショナル・アイデンティティは「多元文化・世界市民」シティズンシップの一要素になった。ただし、実践面において、いかにしてよき市民として国家に対する認知面と情感面のバランスを取るかは、返還後の香港政府と教育関係者に託された。香港政府が「国民教育」を推進すべき対象は、同科を必修試験科目として課せられている公立校[66]の高校生だけでなく、彼らを指導する教師も含まれている。

　香港の公民教育学者の梁恩栄[67]は、『96年版』を元に、返還後の教育改革の進行に合わせて、全ての中学校の「公民教育」担当教師を対象に「国民教育」に対する教師たちの理解から学生へのナショナル・アイデンティティ育成の影響面を調査している[68]。同調査は、返還後の「公民教育」と「国民教育」に対して、教協を主体とした教育現場の主流意見を取りまとめる重要な位置づけにある。彼ら

表 9-2　教師の 5 つのナショナリズム教育への反応

ナショナリズム教育の類型	支持	反対	無意見
世界市民型（cosmopolitan nationalism）	91.3%	1.2%	7.5%
市民型（civic nationalism）	89.9%	2.2%	7.9%
文化型（cultural nationalism）	90.4%	1.0%	8.5%
反殖民地型（anti-colonial nationalism）	69.4%	4.5%	26.1%
全体主義型（totalitarian nationalism）	6.3%	65.8%	27.9%

出所：梁恩栄、前掲論文、2003 年、38 頁

の理解の多様性は、返還後の「左派校」と公立校の間にある「愛国」と「民主」をめぐる解釈の違いでもあり、そこから、後述する新たな「国民教育」政策の動きへ発展しており、少し詳しく取り上げてみたい[69]。

　まず初めに、梁が同調査で使用した用語の意味をそれぞれ確認しておきたい。「市民（citizen）」[70]とは「政治共同体のなかで権利と責任を有する構成員」、「国民（nation）」とは「国家法律によって定義される権利と責任を有する構成員」をそれぞれ指している。「多元文化・世界市民」シティズンシップの一要素である「国民教育」とは、ナショナリズムに関する教育を意味し、その目的は学生が国家民族に対する認識を強化すること、そして学生が国家民族に対する帰属感を高めナショナル・アイデンティティを強化することである。さらに、同調査では、ヒーター（Heater）の「多元市民」論「個人は同時に異なる政治共同体の多重なシティズンシップを持つことが可能であり、それ故に「市民」はすでに「国民」の概念を超越している」[71]を援用し、質問事項に関連づけて五つの異なるナショナリズム教育が提示されている。

　表 9-2 の調査結果から、香港の「公民教育」担当教師が抱いている「国民教育」観は、「文化型」[72]を中心に、「世界市民型」と「市民型」[73]との多元・混合型理解が主流であると結論づけている。しかしながら、大多数の教師が「文化型」の理解として主要概念に「祖国・伝統文化・歴史・大地河山・人民等」を挙げた「世界市民型」と「市民型」との組み合わせであるのに対して、「左派校」の教師は「中国の人権・民主・反殖民地・愛党・愛国等」も含めた「全体主義型」との

組み合わせであった。また、本調査から、以下の4点を確認事項として挙げている。①「世界市民型」と「市民型」は、『96年版』が提示した「公民教育」の枠組み内での「国民教育」「グローバル教育」「民主教育」の三つと連結していること、②香港人は国家民族の文化面に強烈な帰属感を抱いているが、「公民教育」担当教師と言えども、国家の政治問題に対してはほとんど興味関心を持っていないこと、③祖国復帰に伴い、彼らの理解には植民地体制に批判的な立場での脱植民地プロセスの意味が含まれていること、④「左派校」で実践されている「全体主義型」のナショナリズム教育は大陸式「国民教育」[74]であり、香港の教師も必ず影響を受ける可能性があり反面教師として知っておくべきであること[75]。

(3) 香港式国民教育「批判的愛国者」

「ナショナリズム」理論では、政治（認知）と文化（情感）の両側面からのナショナル・アイデンティティの育成が使命として求められている。しかし、社会の多数派である「非親中派」にとって、「政治中国」とは自己のアイデンティティ形成の対立軸である共産党を意味する。彼らが共産党を意図的に拒絶してきた背景には、香港人アイデンティティの創成期[76]に発生した1967年「香港暴動」[77]が深く関わっている。当時の中国系住民の多くは、共産党に対して敵意のような特別な感情はなく[78]、大陸難民として国を捨てた無国籍的な感情が支配的であった。この暴動を通して、共産党に対する恐怖心が人々の心底に深く植えつけられてしまったのである[79]。

さらなる教師へのインタビュー調査の結果から、「世界市民型」と「市民型」のナショナリズムを支持している教師たちは、中国の「民主」や人権問題を取り上げることに積極的であることが明らかにされた。梁は、以上の結果を元に、自由で開放的な国際都市の香港において、「政治中国」から現実の共産党を取り除き期待値としての「民主中国」（認知）と「文化中国」（情感）にアプローチすることで、開放的で批判的態度を身につけた「批判的愛国者」の育成を目標にすべきと提言している。

一般に、「西」の理論では、「市民的なナショナリズム」を基礎に自由で包容力のある「国民教育」として「批判的愛国者」の育成が提唱されている。しかしな

がら、香港では、教師の多元的な理解を生かした三つのナショナリズムの組み合わせが特徴である反面、弱点でもあると梁は指摘している。まず、「文化型」に類別される教師は、「世界市民型」と「市民型」の教師よりも、認知面と情感面の目標との間に緊張関係を生じやすい。その背景には、学生が学習を通して「愛国」であるかどうかを自ら決定すること、そして教師は学生の決定を尊重すべきという共通理念がある。万が一、教師からの影響で学生が「不愛国」を決定した場合、「文化型」の教師は信条と現実との間で葛藤が生じやすく、結果として情感面に偏りがちになる傾向がある。「世界市民型」と「市民型」の教師は、認知面からのアプローチが比較的強いので、「批判的愛国者」を育成するうえで情感面が軽視されやすい。したがって、香港では、認知面と情感面のバランスを取ることが「批判的愛国者」を育成するうえできわめて重要となる。実践面でのアプローチとして、①批判的思考のスキルを訓練すること（認知面）、②賛否が分かれる公共性の高い議題を取り上げること（認知面）、③参加型学習を奨励すること（認知面と情感面）、④社会の各成員の団結意識と帰属感を強化すること（情感面）を提唱している[80]。

　同様に、梁は、同調査を通して、「左派校」の「全体主義型」アプローチでは、「愛国＝愛共産党」を原則に「盲目的愛国者」の育成を目指しており、共産党の光明面だけを取り上げ暗黒面を意図的に取り上げない政治的教化によって、学生の批判的思考や独立的思考の育成が阻害されていると指摘した。

(4) もう一つの「国民教育」の必修化計画

　2003年7月1日に香港で大規模なデモが発生した[81]。北京政府高官は大学生が同デモに多数参加していた事実から、返還後の「国民教育」が期待するナショナル・アイデンティティを育成できていないと判断し、教連会が主体となって「国民教育」政策に介入を始めた[82]。「国民教育」の実践面での経験知に乏しい教育官僚は、「左派校」で長年実践され有効であると言われている参加型学習の内地考察（修学旅行）を情感面アプローチとして受け入れ、正規課程での認知面の「国民教育」との相乗効果を期待した。2004年夏から、公立校の非正規課程で情理兼備の「国情教育（National Condition Education）」が正式に始まった。

教連会は、「親中派」寄りとなった香港政府と教育当局トップに水面下で働きかけ、非正規課程である「国情教育」の実質的な推進者[83]となっていた。しかしながら、公立校では「非必修・非独立・浸透式」と学校全体のアプローチを通して「国民教育」の多元性に力点を置かれていること、正規課程の「国民教育」が「通識教育科」への準拠では情感面に訴えかける非正規課程の「国情教育」との間で相乗効果を発揮できないことを問題視していた[84]。

　返還10周年目の記念晩餐会の席で、胡錦涛国家主席は「香港の青少年に対する国民教育をさらに強化するように」[85]と公式に発言した。胡主席のメッセージは、北京政府側の返還後の「国民教育」政策に対する強い苛立ちであった。曽蔭権行政長官は、「国民教育」を2期目（2007年7月1日～2012年6月30日）の最重要課題に据え、教連会とともに、政治主導によって非正規課程の「国情教育」の意図を汲んだ「国民教育」を正規課程の必修独立科目にする計画を立てた。そのためには、まず既存の「国民教育」を「世界市民・多元公民」のシティズンシップ教育の枠組みへの準拠から完全に切り離す必要があった。2008年曽長官と教連会は、董長官が軌道修正した「徳育と公民教育」に内容面での追加を一部施したうえで、2010年7月に「徳育・公民と国民教育」へと一旦改称した。そして、僅か数ヶ月後の10月には「徳育と国民教育」へと枠組み全体を巧妙に差し替えていた。2011年5月、教育当局が『徳育と国民教育課程ガイドライン（諮問稿）』（以下、同ガイドラインに準じた独立科目「徳育と国民教育科」として扱う）を発表し、2013-14年度から全ての小中高の公立校を対象に必修・独立科目（公開統一試験の対象外）として導入が計画された。わずか4ヶ月の諮問と一部削除を経て、「徳育と国民教育科」は2012年4月末に正式公布された。さらに、小学校に限っては、同年9月から先行導入へと再び巧妙な追加修正がなされていた。政府主導の強引な導入計画と共産党の光明面だけを取り上げる内容に対して、香港の「一国二制度世代」が「盲目的愛国者」になることへの強い危機感を抱いた現役の中高校生グループ（「学民思潮（Scholarism）」）と若い保護者が立ち上がった。2012年7月から9月初めにかけて、彼らは教協らと共に大規模な反対運動を展開し、9月8日、新任の梁長官に同計画の撤回を決断させた。この決定の背景には、翌月に迫った立法会議員選挙への影響を強く懸念した「親中

図 9-2　2013 年「今日の香港」出題

2012 年六四追悼集会

2012 年 8 月 15 日釣魚島上陸

2008 年四川地震への災害救援募金活動

派」陣営からの緊急要請があった。

(5)「通識教育科」と公開統一試験

　2012 年に始まった「通識教育科」の第 1 回公開統一試験では、2009 年から全面的な必修化に伴い、受験生数はそれまでの数千人足らずから一気に 7 万人規模

へと膨らんだ。教育改革の一環として、これまで公開統一試験のみであった評価方法に、教師による内申書評価が全体の２割に充当されたが、試験の重要性に影響を与えるものではない。同科が必修試験科目となった結果、補習塾や参考書など関連産業が活発となり、学生が高得点を取れるように採点基準に合わせた受験対策が講じられている[86]。考試局[87]側もホームページに過去の解答例をスコア別に採点者のコメントと採点基準を併せて公開している。さらに採点基準に関して言えば、前身の初回試験（1994年以降）から一貫性が堅持されている点を教師側は高く評価しており、同科の運用面において教育現場との間で信頼関係は保たれている[88]。しかし、出題内容に関しては、「雨傘運動」に絡んで、政治議題に偏重し学生の批判的思考力を過度に煽っているなど「親中派」側からの批判は絶えない[89]。

　続いて、2013年「香港研究」での出題例（図9-2）をもとに、採点基準を検証してみたい[90]。設問（a）「あなたは、香港人が写真で示す国家に関する大型イベントに参加する動機づけは何だと考えますか？」、（b）「香港人が国家に関する大型イベントへの参加することはナショナル・アイデンティティの強化につながる。この意見にあなたはどの程度同意しますか？」。

　最高得点者5＊＊の解答例に対して、採点基準は、以下の通りである。（a）香港人が国家に関する大型イベントに参加する動機づけ要因を、深くかつ包括的な分析で、香港と大陸の直近の状況を踏まえて、詳細に認知し説明できること。関連知識や概念（たとえば、愛国心や利他主義）の適切な応用を示すこと。具体例としては、①香港人は母国の改善のための政治・社会・経済の発展に関心があること、②香港人は母国の領土を防衛することに愛国的であること、③香港人は同胞を助けるために利他主義であること。（b）明確かつ一貫性のある立場を示すこと。陳述で同意する程度を明確かつ論理的に正当化すること。陳述への同意と反論に関して詳細かつ批判的な評価をもとに議論を構成すること。香港と大陸の直近の状況を踏まえて、関連知識や概念（たとえば、ナショナル・アイデンティティ、社会・政治的参加）の適切な使用と深い理解を示すこと。同意の具体例としては、①祖国との接触は内部事情をよりよく理解することになり共感的になる、②同胞との相互作用や作業は、共通の価値を共有することを育成する、③祖

国の国益を促進したり保護したりすることは、中国国民としての国家感情を増やす。反論の具体例としては、①香港人の間にはまだ香港と大陸の間には政治・経済・文化面での大きな差異があるので、強い香港人アイデンティティが維持されている、②香港人は自分たちの価値の優位性を感じているので、国家に関する大型イベントへ参加することは香港人アイデンティティをより強固にすることになるだろう。さらに、香港人は大陸を変えることに無力・絶望を感じることになる、③国家に関する大規模イベントに参加することは、香港人と北京政府との間により大きな矛盾をつくることになる。

　初回（1994 年）から 2015 年までを概観して言えることは、毎回賛否が分かれる最新トピックが出題されていること、返還後はそれまでの中港間の二項対立による香港との差異を強調する設問から多角的な視点を問う設問へと変化していることである。採点基準に関しては、構成力の良さとより深い議論、そしてハイレベルな批判的思考力などの学習スキルが身についていることを制限時間内に解答用紙に提示できていさえすれば、受験生がいかなる政治的立場を記述していようと高得点につながっている。受験テクニックを鍛えることに成功した学生は、批判的思考力などの学習スキルが自ずと身についていると見なせる。したがって、共産党に対する批判も論理的で説得のあるものであれば奨励されている[91]。

　教育当局は、梁らが提言し多数派の教協に所属する教師が実践している「批判的愛国者」の育成を、香港の「国民教育」モデルであるとは公認していない。しかしながら、考試局に限って言えば、出題傾向と設問、講評を見る限り、多数派の教師が推進する「批判的愛国者」になることと同科を通して共産党を批判することとの間には整合性は保たれている。同科が、少なくとも共産党政権に無批判であること、すなわち「左派校」モデルの「盲目的愛国者」を奨励していないことは確かである。その背景には、「通識教育科」を含めた香港の公開統一試験の課程は、国際バカロレアや英国 A レベルとも提携されており、「西」の評価基準を維持する必要があるからと考えられる。

おわりに

　「よい市民」とは、本質的に何を指すのだろうか。シティズンシップ教育の命題とは、個人と社会の間の関係の本質を構築する試みである[92]。香港人社会にとって「よい市民」は、必ずしも中国国家（共産党政権）にとっては「よい国民」ではないというのが一国二制度の現状のようである。

　全く異なるシティズンシップ概念を持つ国家（中国）と社会（香港）の間で、若者の独立志向への動きは、起こるべくして起こった必然の結果ではないだろうか。なぜなら、試験重視の香港において、必修試験科目となった「通識教育科」の採点基準がより批判的であれと学生の批判的思考力の育成を重視している以上、現実の「政治中国」である共産党はナショナル・アイデンティティを育成する対象ではなく、批判的思考力を鍛えるための対象にすぎない。ましてや、汚職腐敗・人権迫害など共産党の暗黒面を知れば知るほど、オリンピックや万博の成功など「文化中国」にいかなる光明面があったとしても中国国家は帰属心を抱く対象にはなり得ない。

　「本土主義」に傾倒する若者たちは、シニア世代が繋いできた「文化中国」と「民主中国」に準拠した「批判的愛国者」になることを放棄し、香港の市民社会とグローバル市場、そして香港本土文化に帰属した「批判的市民」であることのみを選択した。彼らは、香港の「民主」化のために北京政府と香港政府に対峙する姿勢である。

　多元性を重視する香港では、アイデンティティは「自分で決めるもの」という考え方が教育現場のみならず一般市民の間にも当然の事として幅広く定着している。教師の役割は、学生の決定を尊重すること、そして、公開統一試験でいい成績を取らせることである。自らも「批判的愛国者」になることを目指してきた教師たちではあるが、大陸同胞との根、すなわち「文化中国」ナショナル・アイデンティティを継承できていない学生に対して、彼らの中国離れを食い止める術はあるのであろうか。

　一方「左派校」と言えども、「通識教育科」を必修試験科目として課せられて

いる以上、公開統一試験の影響を受けざるを得ない。公立校に通う「一国二制度世代」の学生と同様に、「左派校」の学生たちも「本土主義」の影響をすでに受けている状況にある[93]。

注

1　2015年10月から12月末にかけて、共産党に批判的な書籍を取り扱う香港の「銅羅湾書店」関係者5名が中国当局によって拘束されるという事件が起きている。

2　中沢克二「G20に隠れた香港「独立派」台頭の衝撃」『日本経済新聞』2016年10月5日。

3　「香港、議会選で反中派が台頭「脱・中国」どこまで」『日本経済新聞』（原載 The Economist 日本語訳）2016年9月13日。

4　2017年3月の行政長官選挙方法を巡り、学生と市民らが79日間にわたって主要な幹線道路を不法占拠した。

5　香港大学学生会機関紙『学苑』では、2014年2月号「香港民族　命運自決」、9月号「香港民主独立」を特集していた。また前年には同編集部が『香港民族論』を出版していた。

6　香港と中国では「民主」の概念が異なる。香港では選挙を通した手続きを重視するが、大陸では協商（協議）を前提としている。「「協商民主」は中国の民主政治発展の重要な形式」『人民網日本語版』2010年1月6日、〈http://j.people.com.cn/94474/6861015.html〉、（2016年10月13日アクセス）。

7　梁長官は、前出の香港大学学生会機関紙『学苑』編集部の学生たちが「香港は自立自決の逃げ道を探すべき」と主張していることに対して、完全な誤謬で彼らの背後に反政府派勢力の関与が疑われると警告を発した（香港特別行政区政府『施政報告』第10項、2015年1月14日、〈http://www.policyaddress.gov.hk/2015/chi/p8.html〉、（2016年10月13日アクセス）。

8　香港文化研究者の羅永生の分析によると、「雨傘運動」で自分たちの民主化要求を何一つ達成できなかった若者たちは、政治動向で袋小路に入ってしまい、その反作用として強烈な愛港意識を覚醒している。具体的には、①香港人と大陸人との区別（排他性）、②香港独立に象徴されるような右翼的な様相を呈してきている（Jeffie Lam, "Is the rise of localism a threat to Hong Kong's cosmopolitan values?", *South China Morning Post*, 2 Jun 2015）。

9　2016年4月初めに独立志向の中高校生の有志がFacebookに「学生動源（Studentlocalism)」を立ち上げた。その後、街頭やインターネット放送以外に、学校内に支部的組織「本土関注組」を次々に設立し、同世代からの支持を拡大するために啓蒙活動を行っている。

10　従来の国民国家を前提としていたシティズンシップ教育では、市民性を育てる教育「公民教育」と国民形成の教育「国民教育」は同義と見なされているが、香港では特殊な政治環境から両者は区別されてきた（後述）。一国二制度へ移行後の「公民教育」は「国民教育」を含んでいる点から、新たな国民国家建設のためのシティズンシップ教育として扱う。ただし、出典など固有名詞は原文のまま表記する。

11　本稿では、返還後のシティズンシップ教育を受けた大学生と受けている高校生を考察の対象としている。

12　教育当局とは、教育行政担当部署を指す。返還前は教育署、返還後は2003年から教育統籌局と改称し、2007年からは教育局へ再び改称している。

13　新学年を控えた8月末、教育局は『基本法』に違反するいかなる議論も学校内では一切禁止されるべきとの公式見解を示し、違反した教師は失職の可能性があると警告していた。(「共建関愛校園　学生健康子成長」『教育局』2016年8月31日)。中学校長会（全体の約8割が加盟）の声明では、「我々は独立主張には不賛成の立場であるが、教育の観点から校内では独立議題を多角的に討論する空間を学生に提供することは許容されるべきと考えており、学校と教師は専門家として現行法令に則って対処できる」と反論した(「中学校長会公開声明不賛成港独主張　惟容許校内討論」『香港電台』2016年10月13日)。

14　林泉忠「「帰属変更」の遺産としての香港アイデンティティ」『「辺境アジア」のアイデンティティ・ポリティクス』明石書店、2005年、203-272頁。

15　倉田徹、張或啓『香港　中国と向き合う自由都市』岩波書店、2015年、206頁。

16　FungとSuは、「雨傘運動」終了直後に、同運動に参加した大学生を対象に高校時代に学んだ同科を通して、彼らの政治参加とアイデンティティ形成に関するアンケートとインタビュー調査を実施し、政治参加については同科の影響力を肯定する結論を導いている。アイデンティティに関する設問では、調査時期が早かったため、「本土主義」の広がりを網羅していない (Dennis Fung and Angie Su, "The influence of liberal studies on students' participation in socio-political activities: the case of the Umbrella Movement in Hong Kong", *Oxford Review of Education*, vol.42, no.1, 2016, pp.89-107.)。

17　規定の詳細に関しては、行政長官は第45条と付属文書1、立法会議員は第69条と

付属文書 2 を参照のこと。
18 香港の有権者とは、国籍不問で 18 歳以上の永久居住権を持つ市民による登録制である。「沈黙の大多数」には、有権者登録をしていない一般市民も含まれる。
19 「本土・自決派」は独立志向が強いことで既存の「民主派」と区別され一つに括っているが、個々の主張は異なり必ずしも協調路線を組んでいる訳ではない。
20 今回の直接選挙枠で当選した 6 議席の一つは、政治団体「香港衆志（Demosisto）」主席の現役大学生羅冠聡 23 歳である。同団体は、2012 年反国民教育運動を主導した高校生グループ「学民思潮（Scholarism）」と「雨傘運動」を主導した大学生リーダーの有志が 2016 年 4 月初めに設立した。
21 シニア世代も若者世代と同様に明確な区別はできにくいが、本稿で焦点を当てている「一国二制度世代」の保護者を一つの目安と考えた場合は 40 歳以上となり、現在社会で中枢を担う世代を想定している。
22 劉兆佳「「香港人」或「中国人」：香港華人的身分認同 1985-1995」『二十一世紀　双月刊』、第 41 期、1997 年 6 月、43-56 頁。
23 中井智香子「「落地生根」の歴史：終わりの見えない中港矛盾の狭間で」吉川雅之、倉田徹編『香港を知るための 60 章』明石書店、2015 年、189-193 頁。
24 Eric K. W. Ma and Anthony Y.H. Fung, "Negotiating Local and National Identification: Hong Kong Identity Surveys 1996-2006", *Asian Journal of Communication*, 2, 2007, pp.172-185.
25 2001 年以降、「自由行」（大陸側から香港への個人旅行）が徐々に解禁されたことに伴い、「自由行」の悪用を目的とした大陸旅行者が急増した。たとえば、一人っ子政策を逃れるために香港の公立病院で第二子を出産しその子に香港永住権を取得させる大陸妊婦、香港の粉ミルクを密輸する行為が横行した。また、「資本投資者入境計画」（投資移民者へのビザ優遇）によって、大陸富裕層の巨額資金が香港の不動産市場に大量に流入した結果、住宅価格は庶民には手の届かない域に高騰していった。
26 新たな政治志向として環境保全・文化遺産・貧困などへ関心があり、「新しい政治」と「民主」に自らのアイデンティティを帰属させる傾向が強い（王家英、尹寶珊「香港人的後物質主義観與政治趣向」『香港社会科学学報』、34 号、香港牛津出版社、2008 年、1-25 頁）。
27 香港中文大学伝播与民意調査中心「追蹤研究香港人的身分与国家認同調査結果」2012 年、〈http://www.com.cuhk.edu.hk/ccpos/b5/research/Identity_Survey%20Results_2012_CHI.pdf〉、（2016 年 10 月 13 日アクセス）。

28 その他の選択肢は、「香港人」「中国の香港人」「中国人」「香港の中国人」(香港大学民意研究計画「市民的身分認同感」2007年6月27日新聞広報、〈https://www.hkupop.hku.hk/chinese/release/release476.html〉、(2016年10月13日アクセス)。

29 香港大学民意研究計画「市民的身分認同感」、2014年12月22日新聞広報、〈https://www.hkupop.hku.hk/chinese/release/release1211.html〉、(2016年10月13日アクセス)。

30 同夜「学連」が主催した討論会には、大学生を中心に若者が多数参加していた(Shirley Zhao, Phila Siu and Emily Tsang, "Alternative June 4 events around Hong Kong call for change of approach", *South China Morning Post*, 5 June 2016)。

31 Jefflie Lam, "Hong Kong's student leaders to miss Tiananmen Square vigil for first time after split with organizers", *South China Morning Post*, 23 May 2016.

32 張或啓「従「民族的」到「公民的」六四紀念」『明報』2016年5月28日。

33 倉田徹、張或啓、前掲書、204-211頁。

34 Hans Kohn, *The idea of nationalism: a study in its origins and back*, New York: Macmillan, 1944.

35 塩川伸明『民族とネイション－ナショナリズムという難問』岩波書店、2008年、189-191頁。

36 張或啓は、筆者が若者世代の親を想定したシニア世代を、香港のベビーブーム世代と呼んでいる。

37 大橋健一は、香港の「新中間層」の特徴に関する議論として張炳良と呂大楽を取り上げ、共通の特徴として戦後香港の社会経済状況の産物であると整理した(大橋健一「新中間層の発生と「香港人」意識の形成」沢田ゆかり編『植民地香港の構造変化』アジア経済研究所、1997年、211-230頁)。

38 グラムシの国家の定義を用いると、国家(state)は政治社会(political society)と市民社会(civil society)に分けられる。前者は法律・行政・抑止力を指し、後者は支配階級のイデオロギーを普遍化する公的・私的機関を指す(Henrya Girous, "Theories of Reproduction and Resistance in the New Sociology of Education: A Critical Analysis", *Harvard Education Review*, vol.53. no.3. 1983, p.276.)。本稿では、後述する梁恩栄の用いた「政治中国」の共産党と「民主」の区分けをそのまま採用したが、「共産党中国」は政治社会であり、「民主中国」とは市民社会と同義と考えている。

39 1980年代にかけて右派勢力は香港を離れ、その多くが台湾へ移動した。

40 「資助校」の半数以上は宗教・慈善団体によって運営されている。なかでもローマ・カトリック教とキリスト教各宗派の占める割合が最も大きい。

41 「直資校」では学生数に応じて政府から公的資金を受ける以外に、自由に授業料を徴収することができる。また、課程面でも香港の公開統一試験以外に国際バカロレアも選択でき、教授言語も自由に選べる。

42 呉康民（口述）、方鋭敏（整理）『呉康民口述歴史：香港政治与愛国教育 1947-2011』香港：三連書店、2011 年、114 頁。初年度には、私立校から「左派校」5 校と国際学校 6 校が「直資校」へ移管している。

43 支連会の初代主席（1989-2011 年没）の司徒華は小学校の校長職の傍ら、教協の初代会長（1973-1990 年）も務めた。また、「民主派」所属の立法会議員（1985-2004 年）として、香港の「民主」化運動における中心的指導者の一人であった。

44 教連会会長の楊耀忠は（-2013 年まで）の校長職のまま、選挙委員会枠（北京政府からの任命）の立法会議員（1998-2004 年）として、香港政府の「国民教育」政策に深く関与していた。

45 大英帝国と清朝の間の三つの不平等条約の内の一つが 99 年間租借であった。この点において、香港の主権は一貫して中国側にあり、中英間で協議されたのは行政行使権の移行である（中園和仁『香港返還交渉：民主化をめぐる攻防』国際書院、1998 年、83-137 頁）。

46 1972 年発足、総督が委任し課程に関して政府に意見を述べる独立委員会である。1988 年に課程発展議会へ改称されている。

47 ガイドラインとは、①急速に変化する社会・政治環境から生じたコミュニティへのニーズに対して政府側が計画している対応を合理的に描いたもの、②その目標は、既存の科目を通してまたは横断することで達成されるようにデザインされており、香港では「浸透式」または学校全体アプローチ（英国由来のクロスカリキュラムに相当）が推進されている（Paul Morris, "Civics and Citizenship Education in Hong Kong", K. J. Kennedy (eds.), *Education and the Modern State*, London: Falmer Press, 1997, p.115）。

48 行政主導とは、元々植民地期に香港政庁の統治を表現した極であり、高効率ながら非民主的な香港総督の独裁体制と、官僚統治の結合体を形容したもの（倉田徹「政治システム」吉川雅之、倉田徹編『香港を知るための 60 章』明石書店、2016 年、63 頁）。

49 財界・一般市民は言及するまでもないが、「伝統左派」も「六四事件」に強い衝撃を受け、一般市民と共に抗議活動に参加していた。さらに、設立当初の支連会に一時

的に参加する者や、左派組織を離れる者も少なくなかった（許家屯『許家屯香港回憶録（下）』香港：連合報、1993 年、396 頁）。なお同書には日本語翻訳版がある。許家屯（青木まさこ、小須田秀幸、趙宏偉訳）『香港回収工作（下）』筑摩書房、1996 年。

50　1992 年に保守党の大物政治家クリス・パッテンが最後の総督として西欧式民主の移植を指揮した。返還前の最後選挙（1995 年）では、直接枠が前回（1991 年）の 3 分の 1 から半数へ、有権者登録資格は 21 歳から 18 歳に引き下げられている。

51　中井智香子「香港の学校公民教育の多元的空間：『学校公民教育指引』改訂の軌跡」『中国四国歴史学地理学協会年報』、第 10 号、2014 年、28-41 頁。

52　ポール・モリスらは、『96 年版』に準拠した独立科目を求める教育現場からの強い要望を受けて、課程開発者が 1998 年に初めて作成した初級中学課程用「公民教育科（Civic Education）」の学習範疇に「シティズンシップと市民社会」が新設されていた点から、「同科の目的は共産党イデオロギーの浸透を直接回避することであり、同科は『96 年版』には描ききれなかった返還前の課程開発者が最も理想とした公民教育モデルである」と分析している（Paul Morris, Flora Kan, and Ether Morris, "Education, Civic Participation and Identity: Continuity and Change in Hong Kong.", *Cambridge Journal of Education*, vol.30, no.2, 2000, p.256)。

53　『96 年版』を批判した代表的なものとして蔡宝瓊は「理性的な批判的思考・独立志向の育成と、情感的な注入は相矛盾するものである」と述べている（蔡宝瓊「民族教育的謬思」『明報』、1996 年 8 月 9 日）。

54　香港では、高校課程修了時の公開統一試験の結果は進学・就職のたびに提出が求められており、人の人生を左右するとまで言われている。

55　Po che Cheung, *Difficulties implementing civic education in secondary schools in Hong Kong*, 1994, University of Hong Kong, unpublished Master Thesis, pp.76-8 & p.99.

56　Wing On Lee, "Students' concepts and attitude toward citizenship: The case of Hong Kong, *International Journal of Educational Research*, vol.39, pp.591-607.

57　ナショナル・アイデンティティは、短期計画（2001-05 年）の「五つの価値観と態度」と 10 年間の「七つの学習目標」の一つに掲げられた。課程発展議会『学会学習　終身学習　全人発展―課程発展路向』2001 年。

58　2008 年まで英国式学制（3-2-2-3）を採用しており、後期中等教育は 2 年間であった。

59　「培育高質僱員　才是好教育」『香港経済日報』1999 年 3 月 6 日。

60　香港では教育は経済にコントロールされているという新自由主義的な考え方が一般

第 9 章　香港の「公民教育」と「国民教育」　251

的である（謝均才「是非不断、紛擾不休的教育改革」羅金義、鄭宇碩編『留給梁振英的棋局：通析曽蔭権時代』香港城市大学出版社、2013 年、167 頁）。

61　英国式学制（3-2-2-3）からアメリカ式学制（3-3-4）への移行に伴い、無償義務教育も中学までの 9 年間から高校までの 12 年間に延長された。

62　教育統籌局『改革高中及高等教育学制―対未来的投資』2004 年、8 頁。

63　前身（1992 年から）では、1991 年初版に続いて、1996 年と 2000 年に、政治体制の移行に伴い課程綱要（日本の学習指導要領に相当）が改訂されている。現行の 2007 年版では、高校 1－2 年生対象の「総合人文科」と「科学と科学技術科」が新たに統合されている。

64　課程発展議会与香港考試局及評核局連合『通識教育科課程及評估指引（中四至中六）』2007 年、4-9 頁。

65　John Tak-shing Lam, "Liberal Studies in Hong Kong: Teachers' Space, Place and Fusion of Horizon", Colin Marsh and John Chi-Kin Lee（eds.）, *Asia's High Performing Education Systems: The Case of Hong Kong.* New York, London : Routledge, 2014, pp.84-101.

66　原則として、香港の公開統一試験課程を採用している「直資校」はその対象となる。ただし、「左派校」を除く「直資校」の多くは、国際バカロレア課程を採用している。

67　梁恩栄は、『96 年版』草案作成に参加した「民主派」寄り民間メンバーの一人である。当時は、「官立校」の公民教育担当教師であったが、その後研究職へ転じている。

68　1999 年下期～2000 年中期にかけて、全ての中学校（調査当時 417 校）の「公民教育」担当教師宛てにアンケート用紙を送付、回収率は 39.5％。回答者の中から 20 名の教師を選び、インタビュー調査と授業の参与観察を実施。

69　梁恩栄「香港公民教育老師的国民教育観」『基礎教育学報』第 12 巻、第 2 期、2003 年、29-56 頁。（Yan Wing Leung, "Nationalistic Education and Indoctrination", *Citizenship, Social and Economics Education*, vol.6, no.2. 2004, pp.116-130. 梁恩栄「香港公民教育老師的国民／民族教育的理解和教授法」『基礎教育学報』第 17 巻、第 2 期、2008 年、139－158 頁）。

70　中国語の原文では「公民」と表記されているが、シティズンシップに関しては日本語の通用に沿って「市民」に置き換える。尚、香港で通用されている「国民」には、国籍と政治共同体の構成員が含まれている。

71　Derek Benjamin Heater, *Citizenship: The civic ideal in world history, politics and*

education, London: Longman, 1990, pp.317-320.
72 上述の張が援用した二つの「ナショナリズム」の「民族的なナショナリズム」と同義と見なせる。
73 同様に、「市民的なナショナリズム」は「市民型」に「世界市民型」を含めて同義と見なす。
74 フェアブラザー（Fairbrother）は、香港と大陸の大学生の政治的社会化に関する比較調査から、大陸では「盲目的愛国者」であると分析している。(Gregory P. Fairbrother, *Toward Critical Patriotism: Student Resistance to Political Education in Hong Kong and China*, Hongkong: Hong Kong University Press, 2003, pp.53-73.)
75 Yan Wing Leung, *op.cit.*, pp.119-120.
76 1966年に香港出生者が人口の50%を越え、祖国を知らない香港出生第一世代が大陸中国人とは異なる「われわれ意識」を抱き始めた。
77 大陸の文化大革命の影響を受けた一部の極左派が社会秩序を破壊する行為を繰り返し、香港の経済活動と日常生活は8ヶ月間も麻痺する事態となった。
78 程介明「教育的回顧（下篇）」王賡武編『香港史新編（下冊）』香港：三連書店、1997年、478頁。
79 許家屯、前掲書、92頁。
80 梁恩栄の提唱する香港式「国民教育」では、「「西」の認知面主導の理論が情感を強化する手法は批判的思考を阻害要因として否定されているが、政治生活のなかでは非常に重要である」（梁恩栄、前掲論文、2008年、229頁）。これは、香港人社会が和を重んじる中国的価値観も重視していることを反映していると考えられる。
81 1期目の董長官は失政の連続で市民からの支持率は低迷していたが、北京政府からの信任を得て無投票で続投が決まった。董長官は、2期目がスタートした直後の2002年9月から、北京政府が政治任務に課した『国家安全条例』（『基本法』23条）の自主立法化を強行に推し進めた。返還記念日の2003年7月1日、50万人もの市民が同法案の白紙撤回を要求する以外に多種多様なガバナンスへの不平不満をスローガンに掲げて街頭デモに参加した。9月5日、董長官は未曾有の反対世論を受けて、同法案の白紙撤回を正式に表明した。同デモは、返還後の香港政治の分水嶺に位置付けられている（谷垣真理子「2003年香港特別行政区：「23条立法化」の頓挫と「7月1日」ショック」アジア経済研究所編『アジア動向年報』、2004年、171頁）。
82 「徐沢：中央盼加強国情教育」『明報』2003年9月29日。
83 教連会は、国民教育関連の常設展覧施設「国民教育センター」（2004年12月開設、

2014年末までには閉鎖）と教師用の国民教育トレーニング機関「国民教育サービスセンター」（2007年7月開設、2012年7月閉鎖）の運営事業者に不透明な手続きで選定されていた。

84 内地考察をナショナル・アイデンティティ育成に生かすには「より理性的（批判的な）理解」が重要であること、内地考察では批判的思考を用いる機会はないこと、貧しい同胞への同情心を生み出せても共感までは生み出せていないこと、内地考察後の議論によってより印象が深まること、学生の批判的思考を高めるためには教師は進行役として学習の機会をより多く提供すること、といった問題点があることが指摘されている。(Sammy King-fai Hui, Frankie Ka-ki Cheung and Yama Yuk-Yul-ngo Wong, "Nationalistic Education in a Post-colonial Age: the Impact of Study Trips to China and the Development of Hong Kong Students' National Identity, *Asia Pacific Journal of Education*, vol.24, no.2, 2004, pp.205-224.)

85 香港特別行政区政府「胡錦涛在香港特別行政区歓迎晩宴上的講話」『施政報告』第177項、2007年10月10日。〈http:// www.policyaddress.gov.hk/ 07-08/ chi/ p116.html〉、(2016年10月13日アクセス)。

86 最高得点5**を取る解答テクニックとして教師が常用しているのが「3肯定1反論」であり、訓練によって身に付けられると言われている（余健峰、趙永佳「通識現場：通識科是防火牆不是洗脳機」『端伝媒』2016年4月3日）。

87 考試局は1977年に設立され、香港の小中高から大学へ入学するまで公開統一試験を扱う独立財政の法定機関である。

88 John Tak-shing Lam, *op.cit.*, pp.97-8.

89 『信報』［談通識科公開試的政治化］2014年10月11日。『文匯報』「通識教育自由講：通識課程何去何従」2015年1月26日。

90 香港考試及評核局『香港中学文憑考試甲類－新高中核心科目：通識教育－考生表現示例－2013年考試、第5級』、2013年10月13日。〈http:// www.hkeaa.edu.hk/DocLibrary/ HKDSE/ Subject_Information/ lib_st/ 2013-Sample-LS-Level5-E.pdf〉、(2016年10月13日アクセス)。なお、図9-2写真Bの「釣魚島」は香港での表記に従った。

91 中井智香子「香港の「通識教育科」の形成過程と雨傘運動」『国際教育』22号、2016年、75-90頁。

92 Paul Morris. *op.cit.*, p.108。

93 学生動源のFacebookによると、「左派校」の漢華中学と福建中学では、一部の学生

によって「本土関注組」がすでに組織され、香港独立を主唱する動きが学校内で起こっている。〈https://www.facebook.com/studentlocalism/?fref=ts〉、(2016年10月19日アクセス)。

第10章　現代日中関係におけるナショナリズムとナショナル・アイデンティティ

アナ・コスタ
（中井智香子、園田真一、
小栗宏太訳、阿古智子監訳）

はじめに

　本稿は、中国をめぐるアイデンティティとナショナリズムの研究プロジェクトの成果の一部として、特に日中関係の論争の的になっている問題に焦点を当てて、中国のナショナリズムとナショナル・アイデンティティを外交政策の側面から論じる。それらには、東シナ海の緊張の高まりや地域の歴史的な和解の可能性をめぐる摩擦が含まれる。

　外交政策の観点からアイデンティティの問題を論じる上で、筆者は、ナショナル・アイデンティティを「一体感を抱く」行為、すなわち、国民が特定の領土や政治体系（国家）に帰属する構成員として一体感を抱く行為であり、その他の国家との関わりで「自己の帰属意識を持つ」行為と見なしている[1]。アイデンティティは、異なるものとの関連において構成され、主要だが、変化しやすい存在であると定義できる[2]。この点において外交政策とは、国家が自らのアイデンティティを構築し、定義する方法である。国家は、そのパフォーマンスである外交政策の重要性を強調しながら自らの役割を演じるとともに、そのアイデンティティを正当化する国際的な準拠集団の必要性を示して、自己を規定する[3]。

　本稿は特に、過去と現在における中国の日本像が中国の外交政策に大きく影響しているという観点から、日中関係を論じる。中国のナショナル・アイデンティティとナショナリズムは、中華帝国に「百年の国恥」を与えた西洋と日本への憤

りの上に築かれている。中華帝国はその後、中国共産党の手によって不死鳥のように復活し、「国家復興」という栄光の道へ導かれた。増大するこのような歴史的な憤りは、中国、アメリカ、日本の間の現在の地政学的競争によっても高められている。北京の東京との関係は、ワシントンとの関係と同じであり、アジア太平洋における最も重要な戦略的関係の一つである。そして、国家主義的感情とイデオロギーは、中国の対日外交、あるいは日本の対中外交だけでなく、それぞれの国民の互いに対する見方を特徴づけるものでもある。

本稿の第1節では、定義と分析手法の問題に触れつつ、ナショナリズムとナショナル・アイデンティティの理論上の議論を提示する。なお、ここでは、イデオロギー、政治力、感情としてのナショナリズムの三者分類法を用いている。続いて第2節以降では、北京と東京のさまざまな敵対的な歴史観や、進行中の東シナ海の尖閣／釣魚諸島（以下、尖閣諸島）をめぐる領土紛争など、日中関係を特徴づけるアイデンティティ・ポリティクスとナショナリズムの具体的な事例分析を類型化する[4]。

1　定義の問題

ナショナリズムとナショナル・アイデンティティは外交政策の分析に役立つ変数であるのか、役立つのであればどのように役立つのかについて、学術界で議論が行われている。ナショナリズムと外交政策の関係を論じる先行研究は広い範囲に及び、おおよそ三つにわけられる。第一グループは、ナショナリズムは、それ以外の条件が同じであれば、中国と日本の外交政策をより対立的な方向へ向かわせると主張している[5]。このグループは、ナショナリズムが両国の官民のレベルにおいて知覚的な分裂を広げ[6]、ライバル国の否定的なイメージを醸成しており、その上、プライドと威信に対する両国の競争心を煽ることによって[7]、二国間紛争の状況をより厳しいものにしていると見る。また、ナショナリズムが両国の対抗意識を悪化させ、相互の安全保障上の懸念と地域の安全保障ジレンマの見通しを拡大する一つの要因となっている、とも主張している[8]。一方で、中国のナショナリズムの突出した領土回復主義者の側面や、領土紛争を促進する可能性

に焦点を当てた研究[9]や、「反動的な」日本ナショナリズムが日本の対中政策をどのように再調整してきたかを分析する研究もある[10]。また、中国の指導部が紛争地の再奪還を主張する民族主義的な要求に屈しやすくなる中、東京とワシントンの戦略的計算は複雑になっており[11]、中国の外交政策が民族主義的な大衆の感情にいかに敏感になっているかに焦点を当てる研究者もいる。

　比較的少数派である第二グループは、外交政策に関するナショナリズムの否定的な影響は誇張されていると主張する[12]。またなかには、ナショナリズムが、中国の外交政策においてプラスで安定的な効果をもたらすと主張する者もいる[13]。第三グループは、中国の外交政策を分析する上で、単にナショナリズムを変数として用いることは出来ず、ナショナル・アイデンティティの構造が（ナショナリズムよりも）、より適切な分析の焦点を提示できると主張している[14]。

　現代中国のナショナリズムはさまざまな形で現れている。たとえば、国家が自らの正統性を強化するためのディスコースや政策として、あるいは、中国人が国民国家の関係において、集団的に自らを認識するイデオロギー上の枠組みとして。国家形成のプロジェクトで国家が求める独占権に挑戦するグループのための、幅広いプラットフォームとして、あるいは、1999 年の米軍によるベオグラードの中国大使館誤爆後の抗議や、2008 年の北京オリンピックの祝福において大衆が表出した感情として。筆者はこれらの現象はすべて、分析に無益だとは言えないと考えている[15]。筆者がこれまで何度も論じてきた通り、ナショナリズムはその主張と目的において変化しているが、外交政策の分析における国レベルの変数としては有効である[16]。筆者は、分析ツールとしてナショナリズムを切り捨てるよりはむしろ、中国のアイデンティティ・ポリティクスを説明するために、特定の局面に焦点を当てることは有用であると考えている。

　本稿は、全ての民族主義者の主張に関わらず、「想像上の国家」よりもむしろ「国家権力」に重点を置いた運動や、力および主義としてのナショナリズムの政治的側面に焦点を当てている[17]。また、民族主義的な政治の中心的要素である国家に焦点を当てる一方で、エスノ・シンボリスト（民族象徴主義者）であるアンソニー・スミス（Anthony Smith）とジョン・ハッチンソン（John Hutchinson）の分析から得た洞察を援用している[18]。なぜなら、単に国家中心の観点からナ

ショナリズムを見るだけでは、文化やアイデンティティといった現象の重要な側面を見落とし、限定的な分析になるからである[19]。エスノ・シンボリズム（民族象徴主義）は、中国と日本の領土紛争をめぐる公式談話で多用される「祖国」や「領土」といった説得力のあるシンボル（ギリシャ語の動詞 symballein から来た言葉で、集まる、団結するという意味）を説明するのだが。

筆者はナショナリズムを外交政策の決定に関連して分析するために、三つの主な外観（世界観またはイデオロギー、政治権力とツール、感情）の下で作動する構造物ととらえる。国際的脅威と機会に対する指導者たちの認識は、何もないところでは形成されない。イデオロギーの側面において、ナショナリズムは一連の認知的なスキーマと先入観を伴うが、それは指導者の国際的体制への評価や対応に影響を及ぼすだけでなく、国民に特定のメッセージを受け入れ、特定の外交・防衛政策を支持させようとするのである。ナショナリズムは近代以降、時と場合によって前進したり、後退したりしながら、日中関係の中核を成している。

ナショナリズムは政治力でもある。国家エリートは特定の外交政策の目標に向かって国の資源を動員したり、交渉のテーブルで相手国にプレッシャーをかけるためにナショナリズムを利用したりする。ナショナリズムはリーダーシップの正統性の源泉である。そのため、大衆の合意を保持し、集団間と集団内の双方における政治的競争で立場を強化するには、民族主義的なお墨付きに従って行動する必要がある。民族主義的なレトリックは、国内の喫緊の懸念事項から国民の注意をそらすために展開できる。ライ（Lai）が示唆している通り、公定または国家ナショナリズム（大衆動員とその他の政治的便宜のために国家エリート集団が使用する政治的道具）のトップダウンの側面のほかに、ボトムアップで「大衆的」と呼ばれる第二のタイプの政治的ナショナリズム（政府の意思決定プロセスに圧力をかけるために、社会における民族主義者グループによって使用される政治手段）がある[20]。大衆的な民族主義的動員は、直接的な外交政策の目標を持つことができるが、他の目標を推進することもできる。たとえば、1970 年代の香港の活動家たちは、「釣魚島」の防衛のための反日デモと社会的自由の拡大というより幅広い要求とを混同した。ヒューズ（Hughes）と鄭（Zheng）は、ナショナリズムを論証的なプラットフォームととらえている。このプラットフォームを構

成する目的は、構成する人、時期、政治的意図によって変化する[21]。

　ナショナリズムは感情でもある。中国と日本のどちらの民族主義的な政治も、エリートによる大衆扇動と大衆に対するトップダウンの操作だけで動かされるわけではない。大衆が実際に持つ不満が重要である。1990年代のセルビアの事案は、国家指導者が民族的感情を動員するのに、どのようにエリートによる民族主義的戦略を通じて、需要と供給を満たさなければならなかったのかを示している。つまり、スロボダン・ミロシェビッチ（Slobodan Milosevic）の成功に顕著に見られるのは、コソボのアルバニア人とセルビア人との間に広範囲にわたる不満が存在しており、セルビアの人々がミロシェビッチの分裂的なメッセージを受け入れる素地となっていたということである[22]。日本と中国は、複雑な過去、痛みの伴う歴史的記憶、相互の不満、そして敵対的なイメージを共有している。多くの中国人家族には、大日本帝国の手による喪失と苦しみを経験したという個人的な歴史がある。一方、日本人の多くが現在、中国本土の反日デモにおける日本国民や日本製品に対する暴力行為に、そして、何十年にもわたって行われてきた日本の中国に対する財政支援やその他の援助に中国が感謝していないことに憤慨している。

　不平不満は、大衆の間にも潜在的に留まっている可能性がある。それは、他でもない特定のなにかには反応するだろうし、特定の時点においても反応し、暴力に転化することもある。不平不満そのものではなく、それらを暴力行為に変える要因について考えるべきである。日中関係の場合、政府間の友好の度合いが激しく良くなったり、悪くなったりするため、「過去の事象」のように静的な変数では、エリートと大衆のレベルで悪化する相互認識を十分に説明できないのである。

2　世界観とイデオロギーとしてのナショナリズム

　尖閣諸島をめぐる紛争の対応については、国益の追求としてのナショナリズムが東京と北京の双方の指導者の考え方を導いている。超国家主義とは異なり、世界観としてのナショナリズムは特定の国の市民として国民国家に暮らし、主要な

アイデンティティ指標としての国籍を持つ、ほぼすべての人に共有される。他国の指導者と同様に中国と日本の指導者たちは、国民国家の世界においては主権、統一、領土の一体性を他国に侵害されることはない、というウェストファリア体制の考え方を承認している。しかし、国民国家の時代でさえ、国家の内部でイデオロギーは著しく変化する。1949年の中華人民共和国の樹立以来、中国はイデオロギーの混乱と変遷を経験してきた。国益とナショナル・アイデンティティは指導者たちの主要な関心事であり続けたが[23]、国内的には共産主義イデオロギーによって階級意識がナショナル・アイデンティティより強調され、大衆は一義的忠誠を国家よりも階級概念に置くように求められた[24]。

　1978年に改革開放政策が開始され、1989年の天安門事件を経て新たな活力を得るなかで、中国は共産党レベルで国内の政治的イデオロギーを転換し、プロパガンダにおいては大衆を共産主義からナショナリズムへ向かわせる転換を図ってきた[25]。中国の指導者たちは、国内を強化しながらその目的に合う対外的環境を維持するようバランスをとり、国家を富強の道へ歩ませるために国民統合を進めようとしてきた。鄧小平の「韜光養晦」（訳者注・才能を隠して内に力を蓄える、という意味）という外交政策は、中国が支援を必要とする国々を警戒させることなく、中国を強化するという目標を具現化した。そのような知恵が中国に経済的、軍事的、政治的、そして文化的な力を再獲得する道を開いた。中華人民共和国は今日、国際体制のなかで責任あるアクターとして行動し、国際的な規範に従って国際機構を通じて活動している[26]。

　東シナ海および南シナ海に面する近隣地域で、中国は国際規範に則った責任ある利害関係者としての国際的な認知を獲得するのと同時に、超大国の地位を達成するという、二大目標を結び付けるのに悪戦苦闘している。中国を世界的な強国にしようとする習近平主席率いる中国の現政権の政治推進力は、「中国の夢」の重要な構成要素を成しており、中国のエリート集団が最初に「富強」の道を歩むことを決意した、前世紀の社会政治的変容にも基づいている[27]。王朝国家から近代国家への中国の転換を手助けした清朝の知識人世代のなかでも、梁啓超（1873-1929）と彼の師匠であった康有為（1858-1927）が最も卓越していた。彼らは、国家に対して積極的かつ勇敢で、忠誠心のある「新国民」の創造を求め

るナショナリズムの声を上げたのだ[28]。19世紀末から20世紀にかけて、民族主義者の知識人たちは、想像上の文化的・政治的実体としての中国は滅亡するかもしれないと説得され、西洋列強と日本の侵略を撃退するための軍事技術と、国家の存続を可能とする経済、政治、文化的制度を模索し始めた[29]。

中国ナショナリズムにおける日本の影響は、19世紀後半以降から深く浸透してきていた。いわゆる「ナショナリズム」（民族主義）という言葉は、中国人革命家によって日本から移入された。日本は中国への近代的思想導入の基準であり、ルートでもあった[30]。中国人学者のなかには、その後の日本による侵略を、中国の国家意識と精神を発展させた「最も重要な」引き金であったと見なす者もいる[31]。1800年代半ばのアヘン戦争は、西洋列強と中国の直接的で激しい遭遇であった。しかし、ヨーロッパ人に交易条件を牛耳られたままであったため、大多数の中国人の物質面と精神面の状況に変化はなかった[32]。強烈な覚醒をもたらしたのは、1894-1895年に朝鮮への影響力をめぐって起こった戦争で、清朝が日本に敗北したことであった[33]。他の朝貢国のように劣っていると見ていた日本に対する敗北は、中国をより一層焦らせた。それゆえ、中国のナショナリズムは、日本の台頭と中華帝国の弱体ぶりを自覚するなかで反作用として生まれた。日本モデルの優位性は、忌み嫌われると同時に、称賛され、模倣されるに至った[34]。

中華人民共和国は、1949年の建国から現在まで、少なくとも三つの異なる外交の段階（プロレタリア国際主義から国際主義、そして愛国主義へ）を経ている。中国の外交政策の不連続性にもかかわらず、観念的な国家を優先することと、国益を推進することは常に中国の主要な外交政策の関心事であり、そこでは、国益は一貫して中国の精神面での一体性、本質、そして社会的アイデンティティをいかに保持するかについての懸念と表裏一体の関係にあった[35]。今日、中国のリーダーシップは国民統合と体制の存続を優先しており、国家救済という歴史的論理を展開し、党を日本に対する中国の唯一の救済者として位置づけている。そして、党に対する国内外からの認識上の脅威を中華民族に対する脅威と一体化させており、過去の日本の侵略を現在背負わされている認識上の苦境とも一体化させている。多元主義を検閲する制度的論理において中国の民族主義的なイデオロギーには、かつて賞賛と模倣の対象であり、憤慨と恐怖の対象でもあった

中国の主たる「他者」である日本を含む、概念上の西洋に対する劣等感と優越感が入り混じっている。指導者たちは、ナショナリズムが中国の近現代の政治的伝統と展望を示していることを踏まえた上で、制度的圧力を解釈したり制御したりして、対応している。

日本帝国の過去の侵略と、東シナ海で行われている現在の二国間競争とを強く結びつける現代中国の論理のなかで、尖閣諸島は重要な位置を占めるようになった。たとえば、2012年9月の日本政府による尖閣諸島の三つの島の「国有化」に際して中国政府は、日本の態度を過去の中国への侵略に直接関連付けることで、日本政府を批判した。日中の国内問題と外交問題の双方において、国史の編纂と特定の歴史的記憶が果たす役割には、重要な意味がある[36]。ワン・ジョン（Wang Zheng）は、中国の社会政治的文化（歴史的記憶）の一側面を強調し、国家の集団的アイデンティティの産物である中国の公式な歴史的物語と、より対立的な外交政策との因果関係を主たる説明変数ととらえている。記憶を重視するワンは、過去30年間にわたる共産主義からナショナリズムへという中国共産党のイデオロギーの展開と、1990年代初めから実施されている愛国主義教育キャンペーンを、主に歴史カリキュラムに焦点を当てて描いている[37]。

「極端な排他主義の神話づくりは、ある程度、すべての民族主義的な運動の特質であり」、それは「自己礼賛、自己欺瞞、そして、他者の誹謗」の神話を伴いながら、学校教育、特に歴史教育のなかで行われた[38]。中国人エリートが作り直す過去に対する見解は、どのように中国が現代のアイデンティティを形成しているかを物語っている。すなわち、中国の指導者は、国内外の大衆に話すべきことと、隠すべきことを選び、中国の現行の戦略的利益の拡張と推進を容易にする歴史観を広めざるを得ないのである。日本と中国が同等の経済的、軍事的、政治的立場で互いに対峙している現代において、日本のいわゆる「ネオ・ナショナリズム」（新民族主義）への中国の学究的な関心は、ほとんど鎮静化している。1996年に出版された『ノーと言える中国』（原著タイトル『中国可以説不』）のような現代中国の民族主義の古典書は、先に出ていた日本の出版物によって触発された。具体例を挙げれば、1989年に民族主義的リーダーである石原慎太郎と盛田昭夫によって出版された『Noと言える日本』である。

第10章 現代日中関係におけるナショナリズムとナショナル・アイデンティティ 263

　本章で、中国における日本のナショナリズムに関する研究を扱うことは、数多くの理由から効果的である。第一に、中国の愛国心と検閲は、国内の権力保持戦略としての手段であり、国内ナショナリズムという政治的に難しい側面を持つ議論を抑制するが、日本に関する議論は中国国内の問題ほど制約を受けることはない。第二に、日本のナショナリズムに関する中国側の研究は、現代中国のアイデンティティ・ポリティクスの内部にある力学と懸念を反映するという方向に、意識的かつ無意識的に動かされている。第三に、中国と日本の過去は相互に連結しているため、たとえば、日本に対する洞察は、中国で展開するダイナミズムの理解に役立つという側面がある。「新」という用語は、日本の1990年代のナショナリズムと1980年代のナショナリズムを区別するために、中国の学者によって用いられた。彼らは、新しいナショナリズムを示す多くの要素を特定している。一つ目は、「侵略の歴史の美化」、新しく「リベラルな」歴史観[39]、政策決定レベルでの歴史教科書の改訂を通して、日本の過去の誇りを回復しようとする試みである[40]。二つ目は、平和主義憲法の段階的な放棄である[41]。三つ目は、日本側は過去の侵略に対して十分に謝罪している、中国のような国家は歴史カードを現代の国益の進展に利用している、といった外部からの批判に神経をとがらせていることである[42]。歴史修正主義は、現代の強力な権力志向を実現するための、より根源的な目的のための手段だと言われている。つまりそれは、憲法改正の合法化を要求する[43]。中国の学者は、故小渕恵三首相政権下の1999年8月13日に公布された国旗・国歌に関する法律（「国旗・国歌法」）を、日本の帝国主義を復興する試みと解釈している[44]。しかしながら、国旗（日の丸）と国歌（君が代）は、戦後も幅広く使用され続けている。国旗は政府庁舎の上で舞い、政府主催の晩餐会などでも使われている。国歌は相撲やオリンピックの表彰式で幅広く使用されている。1999年の採決は、「日の丸」と「君が代」を国旗と国歌として規格化したに過ぎない[45]。

　中国の学者が「夢の衝突」と定義しているところでは、日本と中国は「過去の立場と栄光」を取り戻すという目標を共有していると言われる。しかし、中国側には「より一層強く、富裕な国となること、世界での中心的地位を取り戻すこと、外国からのいじめまたは干渉を受けないこと」という動機があるのに対し

て、日本側の「夢」は平和憲法の改正と海上防衛の強化であり、そうした見方は、日本維新の会と「新しい日本のナショナリズム」に起因していると言われている[46]。そのような「夢の衝突」と歴史的記憶および認識を二国間関係の悪化の元凶と見なす人たちは、より相互理解を深めるように両国に呼びかけている。

尖閣諸島の紛争に関する二国間の緊張の主な決定要因は、少なくとも指導者層のレベルでは、理解の欠如または認識の問題ではない。日中間の緊張が緩和される時はいつでも、両国が過去の解釈という点において近づくのではなく、共通の利益に焦点を当て、論争の対象を控えめに扱おうとする意図があるからである。欧州連合のような共同プロジェクトは、主にヨーロッパ諸国の歴史に関する共通の見解に基づくものではない。むしろ、多くのヨーロッパ諸国は、米国によって促されたこともあるが、2つの世界大戦がもたらした経済的かつ道徳的な退廃を克服しようという共通の意思によって、伝統的なパワー・ポリティクスを追いやった。すなわち、「より多くの分野における幅広い制度的協力関係を、自らの国益と同一視することにより」「現実主義を乗り越えた」のだ[47]。しかし日本と中国は、双方ともに、現時点では現実主義を乗り越えることを望んでいない。

中国の国家復興の展望は、世界の強国の一極として中国の再度の台頭を達成することと、19世紀と20世紀の間に日本と西洋列強から受けた屈辱を洗い流すこと、という二つの目的を伴っている[48]。2012年12月29日、北京の中国国家博物館の「復興への道」展を訪れた際、習近平は次のように宣言した。「今日、我々は中国の偉大なる復興を達成するという目標に、これまで以上に近づいている。そして我々は、その成功の道のりを達成するための手段を持っていると確信している」[49]。中国がいかに自信を持っているのか、逆に不安定なのかは議論のわかれるところである。指導者も大衆も共に、中国の劇的な経済成長と2008年の世界的な金融・経済危機に直面した際の回復力を誇りに思っており、このことは他国にも称賛され、尊敬されている[50]。同時に、そのような自信は、日中関係と島嶼紛争で最も顕著になるナショナリズムを刺激し[51]、特に近隣国に関する外交政策において、ある種の傲慢さを引き起こしている[52]。そのようなナショナリズムは、中国側で尾を引く「被害者心理」と国の社会的成熟度に対する自信の欠如と相まって、東シナ海全域での相互認識に害を与える危険な混合物である[53]。

第10章　現代日中関係におけるナショナリズムとナショナル・アイデンティティ　265

　中国と同様、日本においても歴史問題は、とりわけ心の在り方を模索させる問題であり、論争の的となっている。日本の外交政策は国内外の環境の変化に対応するように進化しており、日本の外交政策とナショナル・アイデンティティの双方を下支えするパラメーターは変化している。日本では、特に2000年代以降、二つの認識上のギャップ（一つは日本の安全保障政策と国を取り巻く環境における現実とのギャップ、もう一つは現代と戦中世代の日本人アイデンティティのギャップ）をめぐって、欲求不満が拡大してきている[54]。中国と韓国は、日本が戦争責任を表明したことを認めていない証拠だとして、閣僚の靖国神社参拝と歴史教科書をめぐる論争の批判の最前線に立っている。しかし日本国民は、日本が平和、民主主義、国際貢献など、確固たる業績を上げてきたという観点から、そのような批判にうんざりしている[55]。

　日本では、安倍晋三首相の戦後70周年の演説でも触れていたが、「謝罪疲れ」は指導者レベルのみならず、国民の間でも増している。今回の演説は、自民党内部からの圧力に配慮した表現を取り入れると共に、同盟国のアメリカとの間でも、穏やかな声明にする方向で協議を重ねて書き上げられたバランスのとれたものだった。安倍首相は、1995年の村山首相と2005年の小泉首相による談話の精神を踏まえ、「何の罪もない人々に、計り知れない損害と苦痛を我が国が与えた事実。（中略）事変、侵略、戦争。いかなる武力の威嚇や行使も、国際紛争を解決する手段としては、もう二度と用いてはならない」と表明している[56]。

　同時に、その演説で日本は、過去に束縛されるのではなく、安全保障関連法の改革を正当化させる旗印でもある「積極的な平和への貢献」（国際協調主義に基づく積極的平和主義）を通じて、地域・世界の平和と安全の推進に積極的な役割を果たしたいという願望を表明した[57]。安倍首相は、日本が正常な「積極的」国家になる必要性を明示した。中国が日本のこうした前向きな姿勢を非難する背景には、日本の過去の帝国主義的な野心の復活への懸念と、今日の権力と影響力をめぐる対立がある。

3　政治としてのナショナリズム

　追いつめられた指導者のための国内陽動戦略の一環として、民族主義的な感情が煽られていることは、すでに多くの論者が述べているところである。日本と中国の学界では、尖閣諸島に関する日本側の対中政策と中国側の対日政策の主な決定要因として、国内政治とナショナリズムを指摘する傾向がある[58]。これとは対照的に筆者は、中国と日本の指導者がそれぞれ、当該諸島の管轄権をめぐって設定する目標は、ますます国内の民族主義者の切実な要求と軌を一にしたものになっていると見ている。

　中国の場合、1980年代と1990年代に、主に権力の保持と統一に向けての戦略として展開してきた公定ナショナリズムが、国際的に中国の国益を拡大し、防衛のためのより対外的ナショナリズムに取って代わってきた点に筆者は注目する。たまたまそのようなナショナリズムは、特に1994年の愛国主義教育の開始以来、反日と反西洋的なメッセージを受容するように長く教え込まれてきた大衆に歓迎された。日本では1990年代、外交政策が過度に控えめで積極性に欠けるとして、民族主義者だけでなく、幅広い大衆が不満を表した。2000年代には、歴代指導者が日本のために強力で積極的な役割を発揮し、さらに現在の安倍政権の「積極的平和主義」がそうした流れを最高潮のレベルにまで高めたため、不満は部分的に和らげられた。しかしながら、このような対外政策の転換は、東京都による尖閣諸島購入という石原慎太郎元知事の提案といった右翼政治団体の圧力、あるいは公定ナショナリズムや大衆ナショナリズムによって、主に決定されるのではない。

　国民的ナショナリズムによって導かれた政府の政策と、それと重なり合う政策とを区別することは重要である。日本と中国の公式の外交政策のスタンスは硬化してはいるものの、それでもなお、両国の極端な民族主義者の過激な要求とは異なるものであり、不測の事態における重要な形態の協力、制御、危機管理を不可欠なものとしている。つまり、東京と北京の双方の最終的なゴールは対立ではない[59]。

島嶼紛争が起こり始めた 1970 年代、中国の大衆の抗議は、台湾、香港、海外華僑の間でしか起こっていない。中国政府や軍隊をふくめ、大陸中国人のほとんどが島嶼の存在を知らず、同問題への行動や推進に関与することも禁じられていたため、大陸中国人の間での抗議はほとんど見られなかった[60]。中国の指導者たちは、中国大陸の活動家の活動を制限し、日本の民族主義者が同島嶼の主権を誇示しているといった情報の閲覧を大幅に制限し、同問題が報道され、政治問題化されないようにした[61]。日本政府は 1970 年代から、国内外の民族主義的な誇示や中国との対立を最小化させるための制限的な政策を採用している[62]。その一方で日本政府は、1990 年代までは政治的に難しい問題であるとしてナショナリズム的示威行動を奨励していなかったのだが、日本国民による尖閣諸島への上陸には正式な制限を設けてはいなかった。しかしこの頃から、同島嶼が地域の安全保障上の引火点に変わる可能性を持っているとの実感に基づき、外国人と日本人の上陸を禁止し始めた。日本は、「政治的に難しい問題を含むということから、静かで控えめな手法」で島嶼の支配を維持するという伝統的な政策を放棄しなかった。そして、2012 年の世論調査で東京都の石原慎太郎元知事による島嶼の購入とインフラ建設という提案を 70％の国民が支持していることが示された時、この政策の必要性がさらに明確になった[63]。

国際レベルと国内レベルのいくつかの決定要因は、相互抑制に対する圧力となっている。東アジアの冷戦後の国際秩序は、力をつけつつある二つの地域大国を持つさまざまな可能性のある安全保障構造から成り立っている[64]。2003 年に川島裕元外務事務次官は著書のなかで、半世紀にわたり相対的な繁栄と安全を保障された日本の外交政策であったが、1990 年代からは新たなより不安定な時代が始まっていると指摘している。この不安定性の根本的な原因は、国際レベルと国内レベルにあると考えられる。前者には、不安定な冷戦後の地域別および国際的な安全保障構造、北朝鮮による核の脅威、中国経済日本経済を追い越したこと、軍事の近代化などが含まれる。国内レベルでは、友好的な日中関係の重要性について、新しい世代の日本の指導者と国民の理解は前世代のそれに及ばず、また、国民が外交政策の形成により大きな影響を及ぼす民主主義メカニズムが拡大している。さらに、20 年にわたる経済的停滞が日本社会全体に大きな打撃を与

え、より強硬で積極的な外交政策を実施し、敵対的な国民の士気と世論の圧力を高める原因になっている[65]。

1990年以降、特に、中国とその他の国への卑屈な態度をめぐって、日本の外務省が批判される頻度がより一層増えてきた[66]。中国側は1990年代を通して、日本の過去に対して批判を続けてきたが、日本側は相対的な抑制という伝統的手法で処理してきた。しかしその一方で目立ち始めたのは、若者世代のリーダーの平静さに欠ける態度だった[67]。戦後の日本の外交政策についての一連の議論には、以下のものが含まれる。自衛隊の再軍備の妥当性をめぐる「平和主義者」と「現実主義者」の論争、すなわち個別自衛権の拡大と集団的自衛権に関する議論、日本は帝国主義の過去について謝罪し続けるべきだと信じている謝罪肯定派と、程度の差はあっても日本はもう十分すぎるほど謝罪してきている、または謝罪すべきでないと考える謝罪否定派との論争、民族主義者と国際主義者の論争である[68]。1990年代から2000年代にさらに論争は統合され、自衛隊の再軍備の妥当性をめぐる「平和主義者」と「現実主義者」の論争は、どの程度まで自衛隊の活動と日米同盟を認めるべきかという議論へと本質的に変わっていった[69]（日本共産党などの左翼政党は、冷戦下には自衛隊と日米同盟は違憲であるという理由でその妥当性に反対の立場を示したが、ポスト冷戦の段階においては自衛隊及び日米同盟を認めるようになった）。

個別自衛権を集団的自衛権に拡大することの合法性をめぐる議論では、集団的自衛権を支持する人々が勝っている[70]。謝罪肯定派と謝罪否定派の議論は進んでいるが、2015年の安倍首相の戦後70周年の演説は、1993年の河野談話と1995年の村山談話を踏襲しながらも、両談話に比べると謝罪の度合いが低下している。それは、日本は戦後の平和遺産を継続していることと、日本の将来を担う次世代に未来永劫的に謝罪させるべきではないことを強調した[71]。経済における国益保護派と国際主義者の間の論争に関しては、少なくとも日本が環太平洋戦略的経済連携協定（TPP）（TPPは2016年のアメリカ大統領選挙の結果により暗雲が漂っているが）などの自由貿易協定を支持している限り、後者が優勢である。

中国においては、バランス・オブ・パワーが自国に有利な形で変化したことが、政府の政策とより積極的な自己主張をめざすナショナリストの野心との一致

第 10 章　現代日中関係におけるナショナリズムとナショナル・アイデンティティ　269

をもたらした。中国の外交政策の論理は、日本を含むアメリカとその同盟国による封じ込めへの憤りに依存しているが、その論理を変えていく戦略の拡大の幅を残している。1990年代後半から中国で発表された多くの民族主義的な出版物のなかに、そのような「存在空間」の修辞は表れている。たとえば、『不幸な中国』（2009年）、『ノーと言える中国』（1996年）、『中国の夢：ポストアメリカ世代の中国における偉大な権力志向と戦略的位置づけ』（2010年）、『中国が立ち上がる：われわれの将来、運命と精神の自由』（2010年）、『C型包囲：内的憂慮と外的危険からの中国の脱出』（2009年）が挙げられる[72]。

　中国政府側の強力な民族主義的なレトリックは、もはや単に国内の正当性の確保や権力保持の戦略として用いられるばかりではなく、他国政府へ中国側の決意を伝えるための[73]、あるいは、中国の指導者が外交政策の目標に関して国内の支持を得ているかを分析したり、国内の支持を得られるようしたりするための動員ツールとしても展開されている[74]。中国の国力が拡大するにつれて、そのナショナリズムの機能は、著しく「内的」から「外的」に、すなわち国家安全保障上の利益の追求を強化するためのツールへと変化してきた。中国のナショナリズムの変化は「地政学的」[75]とか「声高」[76]などと定義されている。2008年以降、とりわけ中国が日本を抜いて世界第二の経済大国となった2010年、習近平政権の到来を機に、政策にはさらに顕著な変化があらわれた。つまり、中国がこれまでひそかに抱いてきた想い、国力が足りず直接的には追求できなかった利益への正当な要求として、より積極的に自己主張を行うようになったのである[77]。中国側にはこれまで足元を見られてきた、「もう沢山だ」という思いがあり、そうした感情が南シナ海や東シナ海の行動に影響を与え、香港問題と台湾関係では強硬姿勢を取ることにもつながっている[78]。

　勢力均衡理論は、国家が無制限に国内資源を抽出して動員する能力を持つことを前提としており、国家権力を軍事的・経済的能力の総計とみなしている。しかしながら、これらは必要条件だが十分条件ではない。構造主義的リアリストは確かに、国家が国際的な脅威や機会に反応し外交上の賭けにでるやり方が、国内の資源を動員する国家の能力に抑制されたり、促されたりすることを認識しているのだが、彼らは国家を「ブラックボックス」のなかに置いており、この点につい

て考察できていない[79]。その代わりに、新古典派リアリズム（現実主義）は、ユニットレベル、あるいは国家レベルでの発展を説明することができる。ザカリア（Zakaria）は、19世紀後半から20世紀前半、アメリカが経済的・軍事的に台頭してから対外的に影響力を行使する能力と意欲を持つようになるまでにはタイムラグがあると説明したが、国家の物質的能力である経済力や軍事力が向上しても、国家のエリートはそのような資源を抽出し、対外政策の目的達成のために利用することはできないであろう[80]。クリステンセン（Christensen）が指摘するように、結束が所与のものではない多様化された社会で公共財としての国家安全保障への支持を求めることは難しい。平時であれば、それは一層困難である[81]。この理由としてさまざまなことが考えられる。たとえば、国民の持つ情報や合理性は限られている。すなわち、一般国民は外交政策のエリートほど長期的な戦略を考えてはおらず、すべての公共財に影響を与えるフリーライディングの問題があるということである[82]。国民が外交政策に直接的な影響を及ぼし、中国よりも多元的な議論を行うことができる民主主義のメカニズムが確保されている日本でさえ、国民は自国と中国の外交政策上の課題や目標について、まったく不完全な情報しか持っていない[83]。

国家と社会の関係は、国家資源を動員する国の能力の中核をなす。民族主義的なプロジェクトで成果を上げつつ、一党支配において最大の政治的オルタナティブかつ脅威であり、勢力を増している中産階級を取り込むことは北京の指導者たちにとって最大の関心事である。ナショナリズムが国家と社会の間で上手く収まるイデオロギーである限り[84]、当然共産党にとって、それは衰えつつある共産主義イデオロギーと置き換え可能なイデオロギーでもある。国家安全保障の定義は、アメリカでは国家安全保障上の利益と脅威を指すが、中国においてこの用語は国内／内政および外国／対外的な安全保障を網羅し、アメリカのそれよりもはるかに広い意味を持っている[85]。北京側が勢力均衡ゲームの進展を測定する方法は、他国と比較しながら「総合国力」（CNP: Comprehensive National Power）を計算することによる[86]。CNPの推定は一般的に、経済面、軍事面、政治面のおける物質的潜在能力のみならず、ソフトパワーや、軍事、経済、政治的資源を抽出して、対外的目標のために動員する能力にも基づいている。

第 10 章　現代日中関係におけるナショナリズムとナショナル・アイデンティティ

ここで、尖閣諸島が登場することになる。中国の公式の言説における同諸島の役割は、国民の間で合意を形成しながら、より具体的に言えば、国民の反日感情と同調しながら、中国は日本の侵略に対する正当な対応として同諸島における日本の支配に挑戦するのだと宣言し、近隣諸国に対してより積極的な外交政策をしかけることにある。領土紛争は、外部の敵と戦うための便利な媒介物になりうる。具体的に敵対するものがなければ、それは、関係する国民の大部分にとって抽象的なものに見えるだろう[87]。逆に、日本外交のエリートも、地域におけるより幅広い役割と正常化へのステップの正当性を得るために、国内的にも対外的にも、日本国内で増大する反中ナショナリズムを利用してきた。

ナショナリズムは、望ましい外交政策目標のために国家エリートが国民の支持を得ようとする手段であり、たとえ現時点で同諸島をめぐる交渉のテーブルがなくとも、相手国との交渉のテーブルにおける取引材料として有用である[88]。加えて、外交政策の問題として、指導部が変化に直面するなかで権力を保持し、論争になっている問題から国民の注意をそらしたり、国益とナショナル・アイデンティティの代表として自らの正当性を訴えたりするためにナショナリズムを利用するという側面もある。アイデンティティには、差異に関連して「パフォーマティブ（行為遂行的）に構成されている」主だった、変更可能な側面があるとみなすことができる[89]。国家は、外交政策を通じて危険性を明瞭化し、それによって「内部の相違を相互の相違にし、国内秩序を維持する」「安全保障プロジェクト」を実行することで、アイデンティティを永久に再生産する必要がある[90]。たとえば、ナショナリズムの含みのある声明文を頻繁に発表したり、自身の意志の強さを言外に示す行動を取ったりすることによって。2013年1月のレーダーロック事件や2013年11月の防空識別圏宣言など、2012年以来、中国が紛争中の諸島周辺の海空域で実行している瀬戸際政策は、それに該当する事例と言える。

日本側では、石原氏が日本の領土を守っていないと野田政権を非難し、尖閣諸島を購入して開発すると脅したが、これらもよい具体例である。「中国の脅威」を過剰に掻き立てることによって、石原氏のような民族主義者（ナショナリスト）が国内政治において大きな支持を獲得している。リーダーシップに欠ける日中の両政権は、同時期に正当性の危機に直面しており、それを補おうとナショナ

リズムの問題に訴える誘惑に駆られているため、東シナ海における軍事的紛争のリスクは戦後を通して最高レベルにまで高まっているという見方もある[91]。中国側は、共産党が多元的圧力に直面するなかで一党独裁を維持しようとしている。日本の民主主義体制は、中国と同じ圧力には直面していないが、「統治エリートの正当性と能力の破たん」感が見えてきており、どちらのリーダーシップも「ナショナリズムの問題をもてあそぶ」ことに魅力を感じている[92]。しかし、中国においては、次の選挙で勝利するという単純なことではなく、共産党が崩壊すれば中国全体の指導者と家族がすべてを失うことになるため、共産党の存続という意味においてより危機感を抱いている[93]。中国の指導者たちは、清朝と中華民国の双方が国内的理由から不満を持つ国民運動によって崩壊したことを意識している。(時の政府は外圧に対して弱すぎると考えられていたため、)これらの運動では内政を理由に、不満を持つ農村部と都市部の集団が「強大なナショナリズムの力によって融合した」のであり、中国の指導者たちは、対日政策や日本の対中政策に対応する際に、なんとしても「中国ナショナリズムの矢面に立たない」ための策をとろうとするだろう[94]。

複数の調査は、中国の若者が日本軍による占領を実体験した年長者よりも反日的であるということを示している[95]。これは特に、江沢民指導部がより広範な大衆の支持を獲得しようとナショナリズムを推進した1990年代以降、中国共産党が行ってきた入念なナショナリズム推進キャンペーンがうまく作用していることを示唆している。シャーク (Shirk) は、中国の軍事力と経済力の劇的な成長は、社会の不平等、環境破壊、政府役人の汚職といった急速な経済成長の外部性からなる内部脆弱性と表裏一体であると論じている。これに関連して党の高官たちは、権力を維持、コントロール、保持する自己能力に自信がなく、大衆受けする激しいナショナリズムを主に日本に直接向けるようになっている[96]。暴力的紛争の系譜に関する文献によると、エリートは国内の結束を生み出そうとして国際的な対立を引き起こすことができるのだという。こうした権力保持の戦略は、国内の政治経済的な権力構造の変化のなかで採用されている[97]。バルカン半島では、社会主義ユートピアの政治経済的失敗によって生じた変化が、激しい社会的危機とアイデンティティ・クライシスをもたらし、ナショナリズムが有力な対応策と

第 10 章　現代日中関係におけるナショナリズムとナショナル・アイデンティティ　273

して台頭した[98]。ナショナリズムがとりわけ、ナショナル・アイデンティティを政治化する戦略である限り、衝突を導くことはあり得る。特に、拡大主義的な態度がある場合はなおさらである[99]。東シナ海および南シナ海での中国の領土回復主義の主張には、そのような含意がある[100]。

　大衆ナショナリズムは、国家の資源を動員し、外国政府に決意を示すという外交政策の目標に向かって、指導者たちを通して伝えられるが、他の外交政策の目標においては、それが障害物となる場合もある。日本と中国の相互に敵対する民族主義的な感情は、尖閣問題で強硬な立場を取るように各々の指導者にプレッシャーをかけ、危機管理を行う日中両国の能力をさらに弱めてしまうこともあり得る[101]。そして、地域および世界の安全保障上の問題に関する二国間協力と同時に、経済面でのパートナーシップにも悪影響を与えてしまいかねない。指導者たちは外交政策に支持を得て、自らの正当性を補強しようとしているのかもしれないが、いったん、民族主義的なメッセージを発信してしまうと、結局は、期待に応える行動をとらなければならず、緊張を和らげるための現行のメカニズムを利用しにくくなる[102]。

　同時に、ナショナリズムは、中国と日本の国家エリートが許容できる範囲に抑えられているようにも見える。換言すると、東京でも、北京でも、外交政策を立案するトップが、現状より少しでも融和的になろうとするかどうかはわからない。たとえ、融和的になる条件が整っていたとしても。中国共産党の指導者が、寛容性と即応性を説得と抑制とに結びつけることによって、政策決定プロセスにおける国民からの圧力に対応する「敏感に反応できる権威主義」のシステムを成功裏に開発できたのだという、レイリー（Reilly）の主張には説得力がある[103]。日本に対する否定的な国民感情は 2001 年から高まり、2005 年に最高潮に達したが、中国政府はプロパガンダと外交に検閲と抑圧を組み合わせて国内の情報環境を本質的に作り変え、日本に対する世論を改善することによって、その膨張を抑えることができた[104]。レイリーの見解では、中国の反日デモはトップダウンではなく、むしろ純粋にボトムアップである。つまり、そのような国民感情は、短期的には中国の対日政策や言説に影響を与えている。中国の官僚はレトリックに関与し、日本の政策に反応することよりも大衆からの圧力の影響をより重視する

スタンスをとっているからだ。しかしながら、中国の指導者たちはこれまで、中期的には国内の民族主義的な立場と勢力を制御し、二国間外交の再交渉を可能にしてきた[105]。

　さらに言えば、中国および日本の指導者が国内ナショナリズムに対して後押しはしないにしても、黙認する態度を示して短期的に対立的なレトリックと姿勢を維持することは、単に、指導者が国民感情に降伏したということではない。日本政府・中国政府の指導者は、現実的・具体的な脅威を前にしなければ実行し難い長期的な外交上・国家安全上の調整を行うために、短期的には対立をコントロールする戦略をとっている[106]。この点に関して、中国国民のナショナリズムの台頭が党の権威を浸食するものではないというレイリーの議論に、筆者も同意している。むしろ党は、全体的な外交政策の軌道を維持しながら、変動的な国民感情の事例を大目にみたり、それに対応したりしようとしている。中国共産党には、ペリー（Perry）が中国の一党独裁政治の持久力に貢献する要因ととらえる「支配の技法」、あるいは潜在的脅威である社会的勢力を抑制し、導く能力[107]がある中国は、より長期的な外交政策の軌道を追い求めることができるのである。同様に、日本の外交政策機関が以前より控えめでなくなったことも、政治が右傾化・軍国主義化の犠牲になってしまった国というイメージを反映しているわけではない。

　紛争を解決するという点では、日本と中国の両政府は「解決の当事者として」ではなく「問題を起こす当事者」であり[108]、「政治の失敗」や「政府の誤った処置」は緊張を高める主犯だととらえる者もいる[109]。透明性の高い民主主義的移行メカニズムではなく、党内の権力闘争によってリーダーシップの継承を決定する中国の権威主義体制において、徐々に権威主義的な色合いを弱めてはいるものの、権力をめぐる競争に参加している指導者たちは、ナショナリズムを利用する誘惑に駆られやすく、台湾問題や島嶼紛争のような民族統一主義や国家主権に絡む複雑な問題を上手く操作する余地を狭くしていると言われている[110]。国民の反日感情は中国の指導者に制約を与えているが、以前、詳説した「復興」という目的論のように、中国の指導部は実のところ、国民の圧力を長期的な外交政策の目的のために利用している。このことは、東アジアで優位性（復興）を達成す

る、または取り戻すことを含む。つまり、北京側に紛争の拡大を許可しない一方で、短期的には北京がコントロールできる範囲で日本と対立する立場を取らせている。

クリステンセン（Christensen）は、「短期的に他国との紛争を操作し、拡張することは、国際的にも国内的にも望ましくはないが、中核的な（安全保障）戦略に向けて国民の支持を獲得し、維持するためには有用である」と述べている[111]。日本と中国の政府は、地域安全保障の基本設計概念（枠組み）づくり――最近は「宙ぶらりん状態」になっているが――に関する長期的な国家安全保障戦略を有利に進めるために、尖閣諸島紛争や短期的対立を利用しているのだと言える。ウェズリー（Wesley）が述べているように、東シナ海と南シナ海におけるアメリカ–中国–日本の対立の鍵は、単に島嶼の経済的価値にだけあるのではなく、「アジアの新しい序列における支配と従属」に関係しているのである[112]。

4　感情としてのナショナリズム

日本と中国の民族主義的な政治はいずれも、ただ単にエリートによる戦略的大衆扇動とトップダウンの大衆操作から成り立っているわけではない。広く言われているように、ナショナリズムは、共産主義イデオロギーが衰退するなかで、統治エリートが中国共産党の統治を正当化するために用いる道具であると広く言われているが、ボトムアップとトップダウンの特質の差に着目するナショナリズムの認識に関する分析の多くは、そう見なしてはいない[113]。グリース（Gries）は中国人と外国人のアナリストの中国ナショナリズムに対する理解の違いとして、後者はナショナリズムをトップダウンの党のプロパガンダの産物と見なす傾向があるのに対し、前者はボトムアップまたは大衆運動として描写していると強調している[114]。

ナショナリズムを中国共産党が政権の正当性を強化するために配備したツールととらえる道具主義的な見方は、不十分である。アナリストならば、国民および公的なレベルで、中国と日本が共有する過去の複雑で痛みを伴う歴史的記憶、相互の不満、そして敵対的なイメージに注意を払う必要がある。さらに、なぜその

ような不満が定期的に再燃しているのか、なぜそしてどのようにそれらが現代の二国間対立において顕著になっているのかについても問う必要がある。この観点から見ると、純粋な苦情や記憶は、現在の競争の引き金になっているのではなく、むしろ利用される要素であると見なすことができる。

　実際に、過去の日本による中国侵略の痛ましい歴史は必然的に二国間の紛争に影響を与えており、国内外の中国人が尖閣諸島に関して持つ真正な感情を部分的に正当化している。そうした説明を行う一方で、力に基づくアプローチが下支するようになってきた中国による主権の主張が、東シナ海での拡張を正当化し、強化するために、社会の反日感情に取り入っていることも見逃せない。中国本土だけでなく、香港、台湾、そして海外ディアスポラ（国外離散者）の中国人が、日本に対して真正な憤りを抱いていることには疑いの余地がない。しかし、北京で政策立案に携わる中核的な人々は対外的な機会を利用し、そのような感情を利用する技術を習得している。たとえば、1996年の海洋法に関する国際連合条約（UNCLO）体制の導入によって、島嶼に関わる主権を法的により幅広い海洋資源と結びつけることができるようになった時のように。

　尖閣諸島の紛争の悪化と「歴史」問題を説明する際に、過去の日中関係に言及するだけでは不十分である。なぜ、日中間の相互認識は冷戦期と冷戦後で大きく変化したのか。冷戦後の二国間関係の悪化の源泉と言われている複雑で痛ましい過去は常に尾を引いているというが、この推論では、いわゆる「1972年体制」とその後の蜜月期がなぜ生じたのかを説明できない。東京と北京の国家エリートによる歴史的記憶の操作が、現代の二国間の競争を促進する国家神話を創出したという点を重視すべきである[115]。日本と中国の間にある東シナ海における競争の激化は、近年の両国に根差している「国家の誇り」から派生しており[116]、また緊張が高まる主な原因は、歴史や「認識の差」の解釈の論争にあるのであり[117]、日本と中国がそれぞれの学生に対して、共通の歴史カリキュラムを教えることについて合意できれば、そのような闘争は消えるだろうと考える人もいる[118]。

　筆者は、歴史カリキュラムの統一は、敵対心の減少の兆しとはなるが、競争心を減少させる決定要素にはならないだろうと考える。民族主義的な感情や異なる

第10章 現代日中関係におけるナショナリズムとナショナル・アイデンティティ 277

　歴史観は、日中の対立にとって重要な要素ではあるが、根本的な緊張悪化を説明するものではない。問われるべきは、何が歴史的不満を作りだすのか、また、競合して現れる相対的な解釈となるのかということである。たとえば、表立った紛争に陥る危険性のある東シナ海の問題がどうして生じているのかということである。それは端的に言うと、過去と歴史的記憶の政治化である。中国から見れば、倫理的・歴史的には一つの国だが、政治的に別の国に支配されている未回収地が、日本から見れば、危険にさらされている国土が存在するのである。ナショナリズムが国境によって民族的境界を分断しないことを前提とする政治的正当性の理論である限り、これらの状況は過去を政治問題化するための効果的な触媒になっている。

　2013年、香港中文大学で行われた鳩山由紀夫元首相の講演を聞きに行く途中に出会った中国人男性は、1980年代半ばに中国大陸で生まれ、教育を受けているにもかかわらず、中国と日本は戦争していると思って育ったのだと筆者に語った。彼は、学校教育と戦時期を描く多くのテレビドラマを通して、このような考えを持つに至ったのだ。彼は戦争が過去に起こったことだと知っているにもかかわらず、日本の軍国主義の台頭を恐れ続けていた。これは単なる逸話としての証拠にすぎないが、中国の若者たちが晒されている状況を効果的に描くメッセージであるとも言える。現代の中国と日本におけるナショナリズムの支配的な形態は外国人への嫌悪であり[119]、対立的な内容を伴う。それには、外交論争の頻発によって大衆化されつつあるナショナリズムを伴う、ステレオタイプの否定的な相互イメージを強化する傾向がある[120]。

　民族主義者のメッセージを広めるために国家エリートが用いる二つの主なルートは、メディアと教育である。中国では、国営メディアと検閲が公式の民族主義者のメッセージを拡散し強化する上で、重要な役割を果たしている。1980年代以降の経済改革は、社会を劇的に変えた。そして、中国共産党とはいえども、もはや国民の流れを完全に追跡することはできず、ましてや制御することもできていない[121]。もはや、人民日報とCCTVの7時のニュースは唯一の情報源ではなく、情報へのアクセスは劇的に拡大している[122]。それと同時に、インターネットの普及とメディアの商業化によって情報産業は拡大したが、制度上の問題も未

解決のままである。ユーゴスラビアがそうだったように、中国も1980年代以降、国家の検閲を残す一方で、「思想の市場」の不完全さを是正する機関を持たずに商業メディアを台頭させ、民族主義的な神話の創作者が国民の論調をハイジャックする余地を実際に創出した[123]。

　日本には、民主的制度とより大きな多元性が存在しており、中国の状況と比較すれば、聴衆が偏りの顕著な反中論調を受け入れる傾向は少ないが、民主主義国家においても、民族主義神話形成の機会は豊富にある。たとえば、主要な全国メディアに対して政治的干渉が行われている。現在の安倍政権と与党自民党にとって、メディアの再起動は戦略上の優先課題である。第二次世界大戦中にメディアは軍隊のプロパガンダを担ったが、自民党はメディアが逆方向に行き過ぎていると見なしている[124]。2013年末に安倍晋三首相は、日本の国営放送である日本放送協会（NHK）の経営委員12人のうち、4人の新委員の任命を承認し、報道を右にシフトさせることを目指した。2014年2月中旬、そのうちの一人の百田尚樹は、航空自衛隊幕僚長の立場にいながら歴史を修正する観点を発表して解雇された、田母神俊雄の東京都知事選挙への立候補を応援した。また百田は、南京大虐殺はなかったと発言している[125]。2014年1月25日に行われた就任後初の記者会見で籾井勝人NHK前会長は、政府が右と言っている時に左とは言えない、NHKは靖国問題[126]を批判しない、論争になっている第二次大戦中の日本軍による「慰安婦」問題は「ヨーロッパのどこででも」当たり前の慣行であったと発言した[127]。

　3人目に経営委員に任命された長谷川三千子は、1993年の極右による自決は日本の天皇を生き神にしたと論じた[128]。日本では、一連の島嶼紛争が噴出するたびに、マスコミが中国の軍事力の近代化と拡張がもたらす脅威や、日本国民と日本製品に対する暴力などに関連する中国報道を行うため、大多数の日本人は隣人に対してかなり否定的な認識を持つようになった。その理由は世代の違いにもあるがそれだけではなく、日本の指導者と国民はともに、中国が大日本帝国の侵略に焦点を当て続け、恩知らずにも戦後の日本による経済協力と支援の歴史を無視することを選んだと感じているため、戦争犯罪に対する意識を弱めている。そして、島嶼と海域をめぐる東シナ海における中国の激しい挑発と脅威に直面しなが

第 10 章 現代日中関係におけるナショナリズムとナショナル・アイデンティティ 279

らも、辛抱強く耐えているのである。今日もそうであるが、特に、1970 年代から 1990 年代、中国の指導部は、戦時中に行われた残虐行為に対する道義的補償とも見なすことのできる数十年にわたる日本からの支援の受け入れに関し、中国国民が理解することを妨げてきた。

　教育における島嶼の取り扱いに関しては、両国ともに、祖国との一体的な領土であると国民を教育することを望んでいる。中国では、幅広い人々に映画・ドキュメンタリー・書籍・展覧会を見せており、これらは一連の「歴史的証拠」を通して中国の主張を展開している。学生たちは皆とともに、「釣魚島」は中国の領土であると学んでいる。中国大陸の専門家たちは最近、日本側が同島嶼を領土の一部として主張する新しい小学校の教科書を 2014 年に承認したことに反発し、同諸島は清の時代に中国によって発見されたという「学術的証拠」[129] を学校教科書に書き込むべきだと提案している。中国収集協会の彭令は、同島が古来より中国に帰属していると述べた[130]。中国側の領土主権を主張する試みは非常に綿密で幅広く、中国の主要なオンライン出会い系プラットフォーム「百合」では、「釣魚島」を居住地のメニューの項目から選ぶことができるほどだ[131]。日本においては、2014 年 1 月 14 日に開催された NHK 経営委員会の議事録に記されているが、保守派が NHK に、日本の島嶼の領有権に関して国民の啓発により多くの努力を払うべきであると提案している。その他の問題にも絡めて長谷川三千子は、国民に対する「正しい教育」を推進する必要性を強調している[132]。対立する歴史と歴史カリキュラムの問題は、さまざまな分野に関連している[133]。

　中国が描く犠牲者としての自画像は、外国の侵略と屈辱の歴史的記述を継続的に再現して補強する、巧妙に構築された公教育制度と社会化から導かれている[134]。日中関係の現在の問題は、中国が過去に苦しんできた戦争や侵略の記憶を再活性化させるものである。この記憶の一部はアヘン戦争（1839-1842 年）から、日中戦争（1937-1945 年）の終結までの中国のトラウマ的な国家的経験の内容を重点的に掲載したカリキュラムに基づいている。幼稚園から大学まで国家主導で民族主義的な愛国主義教育が行われ、戦争を記念して建立された数多くの博物館、記念碑、史跡の存在は、戦争の忘却を不可能にしている。中国で教育を受けた世代にとって、日本と中国の戦争は決して終わっていない[135]。

結論

　東シナ海での中国と日本の外交政策と防衛態勢は、主に国際レベルの圧力、すなわち地域的な勢力均衡の推移、および物質的・戦略的利益に決定されているが、ナショナリズムとアイデンティティ・ポリティクスも重要な介入要因である。尖閣諸島紛争は領土主権を伴うものであり、国境が民族的な境界を越えないという前提のもとでナショナリズムが政治的正当性の根源となっている限り[136]、それは領土、国境、および祖国という概念に最も重きを置いている。日中両国が冒すべからざるもの、祖国と一体的なものとして係争している領土を描写することは、政府と国民の双方のレベルで係争事案に高度な象徴性を付与することになる。ライバル間の領土紛争は、長引く、敵意を伴う心理的負担と不信感とに対する「避雷針」として機能する。しかしながら、領土所有をめぐる衝突が本物かつ激しい場合、そのような紛争は外敵と戦うために都合の良い媒介物となる[137]。中国と日本にとって、紛争は愛国心とナショナル・アイデンティティを強化するための触媒となり[138]、「象徴的政治」の舞台となっている[139]。

　領土紛争のような具体的なものがなければ、敵対関係は大部分の国民には、あまりにも抽象的に見えるであろう。この意味では、領土紛争は「両方の当事者が勝ち負けを容易に見分けることができ、紛争と敵対関係の両方をどれくらい保つかを考えるという点において、終わりのないスポーツ競技」のように機能する[140]。中国と日本にとって尖閣諸島の紛争は、愛国心とナショナル・アイデンティティの強化のための触媒となっており[141]、地域的な優位と従属を現実に形づくろうとしている東シナ海（と南シナ海）の海域において、対立している物質的な価値におそらく勝るものとなっている[142]。本質的に重要な点として尖閣諸島紛争は日本と中国にとって非常に有用であり、存在しなかったとしても、遅かれ早かれつくりだされただろう。

　島嶼をめぐる競争は、領土・国境・祖国そして歴史が交差する概念に関わるため、過激なもののみならず、温和なものも含めて、二国間の愛国的な感情に重要な影響力を持つ。日中両国の政府と多くの知識人は、相手国の指導部がますます

強硬派と超国家主義者の虜となっていると見ているが、筆者の見立てでは、当該島嶼の保持及びその支配への挑戦という2つの指導部のそれぞれの目標は、国内のナショナリズムや東シナ海でのより積極的な自己主張を求める声に一方的に左右されているというよりは、むしろ単に、それらに歩調をあわせるようになってきているのである。

*編者注：原文で"Senkaku/Diaoyu Islands (SD Islands)"となっている箇所は、読者が読みやすいように「尖閣諸島」に統一した。

注

1　Lowell Dittmer and Samuel S. Kim, *China's Quest for National Identity*, Ithaca: Cornell University Press, 1993, pp.13-4.
2　David Campbell, *Writing Security: United States Foreign Policy and The Politics of Identity*, Manchester: Manchester University Press, 1992, p.11.
3　Lowell Dittmer and Samuel S. Kim, *op. cit.*, p.17.
4　東シナ海の島嶼群に対する主権の主張に関して、中華人民共和国（以下、中国）、日本そして中華民国（以下、台湾）の間の不一致は、その呼び名から始まっている。日本側の尖閣という呼び方は、19世紀半ばの英国海軍によるピナクル諸島の名前を直訳したものである。中国側は釣魚、台湾側は釣魚台と呼称している。同諸島は、台湾の海岸から北東120マイル、日本の沖縄県から西180マイル、中国本土から東230マイルに位置する五つの無人島と三つの珊瑚礁で構成され、現在沖縄県に管轄した日本の行政管理下にある。中国と台湾はこの日本側の領土主権の主張に異議を申し立てているが、日本側はこの点において紛争の存在の認知を拒んでいる。本稿分析上の便宜を考え、紛争を事実上存在するものとして扱うが、中国と台湾が提起する主張の原則的な合法性には触れない。
5　Allen S. Whiting, "Chinese Nationalism and Foreign Policy after Deng" in *The China Quarterly* 142, 1995, pp.295-316; Maria H. Chang, *Return of the Dragon: China's Wounded Nationalism*, Boulder, CO: Westview Press, 2001; Christopher R. Hughes, *Chinese Nationalism in the Global Era*, London: Routledge, 2006.
6　Zheng Wang, "Perception Gaps, Identity Clashes", Tatsushi Arai et al., (eds.), *Clash of National Identities: China, Japan, and the East China Sea Territorial Dispute*,

Washington DC: Wilson Centre, 2013, p.9.

7　Gilbert Rozman, "China's Changing Images of Japan 1989-2001: The Struggle to Balance Partnership and Rivalry, *International Relations of the Asia-Pacific* 2, no. 1, Winter 2002, pp.95-129.

8　Thomas J. Christensen, "China, the U.S.-Japan Alliance, and the Security Dilemma in East Asia", *International Security* 23, no. 4, Spring 1999, pp. 54-5.

9　Chang, *op. cit.*.

10　Yew Meng, Lai, *Nationalism and Power Politics in Japan's Relations with China*, Milton Park, Abingdon, Oxon: Routledge, 2014, p.89.

11　Susan L. Shirk, *China: Fragile Superpower*, New York: Oxford University Press, 2007 (徳川家広訳『中国　危うい超大国』NHK 出版、2008 年）; Jessica Weiss, *Powerful Patriots. Nationalist Protest in China's Foreign Relations*, Oxford: Oxford University Press, 2014, p.138 and p.146.

12　Paul Mooney, "Internet Fans Flames of Chinese Nationalism", *Yale Global*, 4 April 2005; Yinan He,"History, Chinese Nationalism and the Sino-Japanese Conflict", *Journal of Contemporary China* 16, no. 50, 2007, pp.1-24.

13　Simon Shen, *Redefining Nationalism in Modern China: Sino-American Relations and the Emergence of Chinese Public Opinion in the 21st Century*, New York: Palgrave Macmillan, 2007.

14　Allen Carlson, "A Flawed Perspective: the Limitations Inherent within the Study of Chinese Nationalism", *Nations and Nationalism* 15, no. 1, 2009, pp.20-35. Allen Carlson et al., "Nations and Nationalism Roundtable Discussion on Chinese Nationalism and National Identity", *Nations and Nationalism*, vol. 22, no. 3, July 2016.

15　John Breuilly, *Nationalism and The State*. 2nd edn. rev. Manchester: Manchester University Press, 1993, p. 2.

16　Anna Costa, "Focusing on Chinese Nationalism: an Inherently Flawed Perspective? A Reply to Allen Carlson", *Nations and Nationalism* 20, no. 1, 2014, pp.93-112.

17　ブリューリー（Breuilly）はナショナリズムを、政治家が「動員」過程で求める「大部分の大衆とのつながりの模索」であり、国家と社会の間に適したイデオロギーとして描写している。

John Breuilly, *op. cit.*, p.19.

18　Anthony Smith, *The Ethnic Origins of Nations*, Oxford: Basil Blackwell, 1986; John

Hutchinson, "In Defence of Transhistorical Ethnosymbolism: a Reply to my Critics", *Nations and Nationalism* 14, no. 1, 2008, pp.18-27. スミスのエスノ・シンボリスト（民族象徴主義者）の定義では、ナショナリズムはコミュニティの個々のメンバーが民族や国家コミュニティに一次的忠誠心を与える政治運動である。Anthony Smith, *op. cit.*, pp.22-31.

19 John Hutchinson, "Nations and Culture in *Understanding Nationalism*", Monserrat Guibernau and John Hutchinson (eds.), Oxford: Polity Press, 2001, pp.74-96.
20 Yew Meng Lai, *op. cit.*, p.7.
21 Yongnian Zheng, *Discovering Chinese Nationalism in China*, Cambridge: Cambridge University Press, 1999; Christopher R. Hughes, *Chinese Nationalism in the Global Era*, London: Routledge, 2006, p.121.
22 Jack Snyder and Karen Ballentine, "Nationalism and the Marketplace of Ideas" in Michael Brown et al. (eds.), *Nationalism and Ethnic Conflict*, Cambridge MA: The MIT Press, 1997, p.76.
23 Jisi Wang, "International Relations Theory and the Study of Chinese Foreign Policy: A Chinese Perspective" David L. Shambaugh and Thomas W. Robinson (eds.), *Chinese Foreign Policy: Theory and* Practice, Oxford: Oxford University Press, 1994, pp.504-505.
24 村田雄二郎「ナショナリズム　中華民族の虚と実」高原明生・丸川知雄・伊藤亜聖編『社会人のための現代中国講義』東京大学出版会、2014年、63頁。
25 村田雄二郎、前掲論文、63頁。
26 グローバルガバナンスへの中国の参与に関する先行研究としては、以下を参照のこと。Chan, Lai-ha, Pak K. Lee and Gerald Chan, "Rethinking Global Governance: A China Model in the Making?" *Contemporary Politics* 14, no. 1, 2008, pp.3-19; Chan, Lai-ha, Pak K. Lee and Gerald Chan, *China Engages Global Governance: A New World Order in the Making?*, Abingdon: Routledge, 2012.
27 Peter Zarrow, "Social and Political Developments: the Making of the Twentieth-century Chinese State", Kam Louie (ed.), *The Cambridge Companion to Modern Chinese Culture*, Cambridge: Cambridge University Press, 2008, p.20.
28 *Ibid*, p.26.
29 Prasenjit Duara, "Historical Consciousness and National Identity", Kam Louie (ed.), *The Cambridge Companion to Modern Chinese Culture*, Cambridge: Cambridge

University Press, 2008, p.48.
30 Peter Zarrow, *op. cit.*, p.27.
31 田培良「日本民族主義与中国的"民主主義"」『太平洋学報』1996 年 4 期、1996 年、80 頁。
32 Kam Louie, "Defining Modern Chinese Culture" Kam Louie (ed.), *The Cambridge Companion to Modern Chinese Culture*, Cambridge: Cambridge University Press, 2008, p.4.
33 Peter Zarrow, *op. cit.*, p.24.
34 *Ibid.*, p.24.
35 Jisi Wang, "International Relations Theory and the Study of Chinese Foreign Policy: a Chinese Perspective", David L. Shambaugh and Thomas W. Robinson (eds.), *Chinese Foreign Policy: Theory and* Practice, Oxford: Oxford University Press, 1994, p.486 and pp.504-505.
36 中華帝国の歴史学は、「人間が将来を新たに生み出す進化的または進歩的な意味」で時間を想起しておらず、王朝時代の年代記編者は「絡み合った人間や宇宙学の周期性の宇宙論的パターン」として出来事を記録する傾向があった。19 世紀後半から 20 世紀にかけての近代史の書籍は、王朝と国民国家によって運営された、断絶しつつも並行して発展したこの伝統を破壊した。王朝や貴族ではなく、国民や文化を通じた国家の歴史の線形概念を導入することが、歴史の主題であった。Prasenjit Duara, *op. cit.*, p.47.
37 Zheng Wang, *Never Forget National Humiliation: Historical Memory in Chinese Politics and Foreign Relations*, New York: Columbia University Press, 2012（伊藤真訳『中国の歴史認識はどう作られたのか』東洋経済新報社、2014）。ワンは、アイデンティティと政治的成果との直接的なつながりを描き、思想的な要因が将来構想、焦点化および制度化という政策決定に影響を及ぼす 3 つの因果経路を特定している。
38 Stephen Van Evera, 'Hypotheses On Nationalism And War' in *Nationalism and Ethnic Conflict*, eds. Michael Brown et al., 27, Cambridge MA: MIT Press, 1994.
39 楊夏明「日本新民族主義及其興起的原因与影響」『世界経済与政治論壇』2004 年 2 期、2004 年、59 頁。王新生「如何認識日本新民族主義」『前線』2001 年 8 期、26 頁。涂怡超「後冷戦時期東北亜民族主義的興起与地区安全」『蘭州学刊』2007 年 7 期、56 頁。李寒梅「日本新民族主義的基本形態及其成因」『外交評論』2013 年 1 期、92 頁。1980 年代と 1990 年代のナショナリズムは、1993 年の「歴史検討委員会」の形成に示

されるように「国家侵略史の美化」を共有している(王新生、前掲論文、26頁)。安倍晋三現首相のようなシニアと若手の自民党議員を含む105名の会員で構成される同委員会は、この見解を広めようとする新しい教科書を議論する為に1995年、第二次世界大戦を自衛と解放ととらえる『大東亜戦争の総括』という本を出版した(Caroline Rose,"The Battle for Hearts and Minds" in Naoko Shimazu (ed.), *Nationalisms in Japan*, London ; New York : Routhledge, 2006, p.139参照)。藤岡信勝の旧来の左右のどちらにも属さない「自由主義史観」構築の提唱と、1995年の自由主義史観研究会の発足は成功を収めた(王新生、前掲論文、26頁)。1990年代の「新しい」ナショナリズムと1980年代のナショナリズムの相違点は、後者が経済的成功によって継承された優越感を感じる一方で、前者は停滞のなかで発展した点にある(王新生、前掲論文、26頁)。日本の新しいナショナリズムは今なお残る日本の帝国史観を体現し、国民凝集力の象徴としての天皇制の復活、「排他主義者・外国嫌い」(排外主義)のディスコースの増加、平和主義憲法の放棄、軍国主義への復帰を訴えており、中国人学者たちによって旧ナショナリズムよりも否定的に評価されている。

40 楊夏明、前掲論文、59頁。
41 楊夏明、前掲論文、60頁。
42 楊夏明、前掲論文、60頁。
43 楊夏明、前掲論文、61頁。
44 王新生、前掲論文、26頁。
45 Nicholas D. Kristoff, "Japan Weighs Formal Status for its Flag and Anthem", *The New York Times*, 28 March 1999, 〈http://www.nytimes.com/1999/03/28/world/japan-weighs-formal-status-for-its-flag-and-anthem.html〉(2016年12月7日アクセス)。
46 Zheng Wang〔2013〕, op.cit., pp.16-17.
47 Mark Gilbert, *Surpassing Realism: The Politics of European Integration since 1945*, Oxford: Rowman & Littlefield Publishers, 2003, 10.
48 Junhua Wu, "Economics of the territorial disputes", Tatsushi Arai et al., (eds.), *Clash of National Identities: China, Japan, and the East China Sea Territorial Dispute*, Washington DC: Wilson Centre, 2013, p.70.
49 習近平発言の引用箇所。Wu, *op. cit.*, p.70.
50 Akio Takahara, "Putting the Senkaku Dispute into Pandora's Box: toward a "2013 consensus"", Tatsushi Arai et al., (eds.), *Clash of National Identities: China, Japan, and*

the East China Sea Territorial Dispute, Washington DC: Wilson Centre, 2013, p.75.
51 Wu, *op. cit.*, p.73.
52 筆者が 2014 年 4 月 16 日に出席した香港大学の講義は、Arne O. Westad, "Southeast Asia and China's World View"。
53 Akio Takahara, *op. cit.*, p.75.
54 Hitoshi Tanaka, "Nationalistic Sentiments in Japan and Their Foreign Policy Implications", *East Asia Insights* 2, no. 1, January 2007, 〈http:// www.jcie.or.jp/insights/2-1.html〉（2016 年 12 月 7 日にアクセス）。
55 Hitoshi Tanaka, *op. cit.*,
56 首相官邸「平成 27 年 8 月 14 日内閣総理大臣談話」〈http://www.kantei.go.jp/jp/97_abe/discource/20150814danwa.html〉（2016 年 12 月 7 日アクセス）。
57 田中均「日本のアイデンティティを織りなす五つの視点」『日本外交の挑戦』角川書店、2015 年、119 頁。
58 本件に関しては、以下を参照のこと。楊夏明、前掲論文、63 頁。涂怡超、前掲論文、69 頁。李寒梅、前掲論文。なお、日本側の議論については、高原明生、菱田雅春、村田雄二郎、毛里和子編『共同討議　日中関係　なにが問題か―1972 年体制の再検証』岩波書店、2014 年を参照のこと。
59 北京の指導者は、島嶼問題で語りつくせない日中関係の円滑な運営と自国政府に対するナショナリズムの危険性を鋭く認識している。日本側においては、安倍首相に民族主義的な傾向があるかもしれないが、和解を求める中国側の要望を拒んではいない。2015 年 8 月 25 日、東京にて田中均は筆者に対して、そう述べた。
60 王新生「'Discussion'」高原明生、菱田雅春、村田雄二郎、毛里和子編『共同討議　日中関係　なにが問題か―1972 年体制の再検証』岩波書店、2014 年、67 頁。
61 Jessica C. Weiss, *Powerful Patriots*.
62 Hitoshi Tanaka, "Politicizing the Senkaku Islands: A Danger to Regional Stability", *East Asia Insights* 7, no. 3, August 2012, 〈http://www.jcie.or.jp/insights/7-3.html〉, （2016 年 12 月 7 日アクセス）。
63 田中均は、民族主義的な衝突を最小化するために、日本政府は尖閣政策の意図に関して全面的に説明すべきだと述べている。Hitoshi Tanaka, *op. cit.*.
64 Kenneth B. Pyle, *Japan Rising: the Resurgence of Japanese Power and Purpose*, New York: Public Affairs, 2007.
65 Yutaka Kawashima, *Japanese Foreign Policy at the Crossroads: Challenges and*

Options for the Twenty-First Century, Washington DC: Brookings Institution Press, 2003, pp.16-17.

66　外務審議官（小泉内閣当時）の田中均は、過度に相手に敬意を払う日本の外交政策に対する日本人の不満は、中国側の恒常的な台頭に対する憤りとしてだけでなく、日本側の外部に対して過度に守りに入ろうとする姿勢への一般的な不満として表れていると説明している。田中均、前掲書、124頁。

67　Kenneth B. Pyle, *op. cit.*, p.331.

68　Yutaka Kawashima, *op. cit.*, pp.4-21.

69　2015年9月16日、東京。慶應義塾大学にて添谷芳秀教授に筆者がインタビューを行った。

70　Legislation passed in 2015 is discussed in chapter three to follow.

71　首相官邸、前掲サイト。

72　中国人作家による民族主義的な出版物への批判としては、馬立誠『当代中国八種社会思潮』北京：社会科学文献出版社、2012年、133-160頁を参照。

73　Jessica C, Weiss, *op. cit.*

74　筆者と江藤名保子は、2015年7月17日、日本貿易振興機構アジア経済研究所にて、この点について見解の一致に至った。

75　Christopher R. Hughes, "Reclassifying Chinese Nationalism: the Geopolitik Turn", *Journal of Contemporary China* 20, no. 71, September 2011, pp. 601-620.

76　Suisheng Zhao, "Foreign Policy Implications of Chinese Nationalism Revisited: The Strident Turn", *Journal of Contemporary China* 22, no. 82, 2013, pp. 535-553. その他に、以下も参照のこと。Suisheng Zhao, "The Study of Chinese Nationalism: Theoretical Engagement, Empirical Testing, and Influence on Chinese Foreign Policy" Allen R. Carlson, Anna Costa, Prasenjit Duara, James Leibold, Gries Carrico, Peter H. Gries, Naoko Eto, Suisheng Zhao, and Jessica C. Weiss, "Nations and Nationalism Roundtable Discussion on Chinese Nationalism and National Identity", *Nations and Nationalism*, vol. 22, no. 3, July 2016, pp.436-441.

77　リンダ・ヤコブソン（Linda Jackobson）が指摘しているように、中国の目的追及能力と同じくらい何十年も変わっていない。Linda Jackobson, "China's Unpredictable Maritime Security Actors", *Report*, Lowy Institute for International Policy, December 2014, p.1.

78　2015年10月18日、香港大学程介明教授への筆者によるインタビュー。

79 Jeffrey W. Taliaferro, Steven E. Lobell, and Norrin M. Ripsman, "Introduction: Neoclassical Realism, the State, and Foreign Policy", Steven E. Lobell, Norrin M. Ripsman, and Jeffrey W. Taliaferro (eds.), *Neoclassical Realism, the State, and Foreign Policy*, Cambridge: Cambridge University Press, 2009, p.21.

80 Fareed Zakaria, *From Wealth to Power: the Unusual Origins of America's World Role,* Princeton, NJ: Princeton University Press, 1998.

81 Thomas J. Christensen, *Useful Adversaries: Grand Strategy, Domestic Mobilization, and Sino-American Conflict, 1947-1958*, Princeton, NJ: Princeton University Press, 1996, p.18.

82 Thomas J. Christensen, *op. cit.*, 1996, p.18.

83 Yutaka Kawashima, *op. cit.*,.; Hitoshi Tanaka, *op. cit.* 2007.

84 John Breuilly, *op. cit.*, p.19.

85 Yun Sun, "Chinese National Security Decision-Making: Processes and Challenges", *Paper*, The Brookings Institution, May 2013, p.2.

86 Dennis Blasko, "China's Maritime Strategy in the East China Sea", *Paper*, Kissinger Institute on China and the United States, Woodrow Wilson Center, 24 September 2013. 〈https:// www.wilsoncenter.org/ event/ chinas-maritime-strategy-the-east-china-sea〉(2016年12月7日アクセス)。

87 Karen Rasler and William Thompson, "Contested Territory, Strategic Rivalries, and Conflict Escalation", *International Studies Quarterly* 50, 2006, p.146.

88 Jessica C, Weiss は、*"Powerful Patriots"* のなかで、中国政府がこの手法で民族主義的な抗議をいかに上手に扱ったかを示している。

89 David Campbell, *op. cit.*, p.11.

90 David Campbell, *op. cit.*, p.64.

91 Christopher W. Hughes, "Viewpoints: How serious are China–Japan tensions?" in *BBC*, 8 February 2013, 〈http:// www.bbc.com/ news/ world-asia-21290349〉, (last accessed 7 December 2016).

92 Christopher W. Hughes, *op. cit.*.

93 Suzan L. Shirk, *op. cit.*

94 Suzan L. Shirk, *op. cit.*.

95 Suzan L. Shirk, *op. cit.*.

96 Suzan L. Shirk, *op. cit.* IMFのクリスティン・ルガード（Christine Lagarde）長官

は、2014年春、清華大学での演説のなかで、中国の貧富の格差拡大と社会不安に関連する脅威について警告を発した。

97 V. P. Gagnon, "Ethnic Nationalism and International Conflict: The Case of Serbia", *International Security* 19, no. 3, 1994/95, pp. 133-4.

98 Ivan Ivekovic, *Ethnic and Regional Conflicts in Yugoslavia and Transcaucasia: A Political Economy of Contemporary Ethnonational Mobilization*, Ravenna: Longo Editore, 2000, p.104.

99 Stephen Van Evera, *op.cit.*, pp. 31-4.

100 Maria H. Chang, *op.cit.*.

101 Richard Bush, Director of the Centre for Northeast Asian Policy Studies, Brookings Institution, cited in 'Viewpoints: How Serious are China-Japan Tensions?,' *BBC*, 8 February 2013, 〈http://www.bbc.com/news/world-asia-21290349〉, (2016年12月7日アクセス)。

102 Christopher R. Hughes, *op.cit.*

103 James Reilly, *Strong Society, Smart State*, New York: Columbia University Press, 2012, p.1.

104 Reilly, *Strong Society, Smart State*, 2.

105 Reilly, *op. cit.*, p. 3.

106 Reilly, *op. cit.*, pp.4-5.

107 Elizabeth Perry, "Studying Chinese politics: Farewell to Revolution?", *China Journal* 57, 2007, p.9.

108 筆者が2014年2月27日に出席した香港大学公開講座の内容（Kenneth Lieberthal, "Addressing the Challenges in US-China Relations"）による。

109 Ming Wan, "Causes and prospects for Sino-Japanese tensions: A Political Analysis", Tatsushi Arai et al., (eds.), *Clash of National Identities: China, Japan, and the East China Sea Territorial Dispute*, Washington DC: Wilson Centre, 2013, pp.30-3.

110 Russell Ong, *China's Security Interests in the Post-Cold War Era*, Richmond, Surrey: Curzon Press, 2002.

111 Thomas J. Christensen, *op. cit.*, 1996, p.6.

112 Michael Wesley, "In Australia's Third Century after European Settlement, We Must Rethink our Responses to a New World", *The Conversation*, 2 September 2015, 〈https:// theconversation.com/ in-australias-third-century-after-european-settlement-

we-must-rethink-our-responses-to-a-new-world-46671〉（2016年12月7日アクセス）。より詳細な分析は、以下を参照のこと。Michael Wesley, *Restless Continent: Power, Rivalry and Asia's New Geopolitics*, Collingwood, VIC: Black Inc., 2015.

113 Peter H. Gries, *China's New Nationalism: Pride, Politics, and Diplomacy*, Berkeley: University of California Press, 2004, p.136.

114 Peter H. Gries, *op. cit.*, p.119.

115 Yinan He, "History, Chinese Nationalism and the Sino-Japanese Conflict", *Journal of Contemporary China* 16, no. 50, 2007, pp.1-24.

116 Shihoko Goto, 'Introduction' Tatsushi Arai et al., (eds.), *Clash of National Identities: China, Japan, and the East China Sea Territorial Dispute*, Washington DC: Wilson Centre, 2013, p.6.

117 Zheng Wang, *op. cit.*, p.9.

118 本件に関しては、以下を参照のこと。Daqing Yang et al., (eds.), *Toward a History Beyond Borders. Contentious Issues in Sino-Japanese Relations*, Cambridge MA: Harvard University Press, 2012（劉傑、三谷博、楊大慶編『国境を越える歴史認識 - 日中対話の試み』東京大学出版会、2006年）。

119 Daniel Druckman, "Nationalism, Patriotism, and Group Loyalty: A Social Psychological Perspective", *Mershon International Studies Review* 38, no. 1, April 1994, pp.50-2.

120 Yew Meng, Lai, *op. cit.*, p.90.

121 海外旅行へ出かける中国人も急増しており、中国人民旅行社(China National Tourism Administration)のシンクタンクである中国旅遊学院(China Tourism Academy)の2013年のデータによると、同年第三四半期までの出国者数は7,250万人で、前年比で18％増加した。資料出所は以下の通りである。Wolfgang Georg Arlt, "China's Outbound Tourism Growing By 18％—And No Sign of Slowing Down", *Forbes*, 21 November 2013,〈http://www.forbes.com/sites/profdrwolfganggarlt/2013/11/21/chinas-outbound-tourism-growing-by-18-and-no-sign-of-slowing-down/〉（2016年12月7日にアクセス）。

122 Susan L. Shirk, "Changing Media, Changing : Foreign Policy" in Susan L. Shirk (ed.), *Changing Media, Changing China*, Oxford: Oxford University Press, 2011, pp.225-252.

123 Jack Snyder and Karen Ballentine, *op. cit.*, p.63 and p.68. 1960年代にエスノナショナリズムを鎮めるためにチトーが行った地方分権改革の民主化の内容は、メディアを地域の指導者の手中に、そしてスロボダン・ミロシェビッチのような民族主義者の管理

下に置いた。以下を参照のこと。Jack Snyder and Karen Ballentine, *op. cit.*, p.77.
124 "Japan's National Broadcaster: My Country Right or Righter", *The Economist*, 8 February 2014, p.25.
125 同雑誌記事より、百田尚樹 NHK 経営委員の発言を引用。
126 明治天皇の下で 1869 年に日本人戦没者を祈念して建設された。同神社は、極東国際軍事裁判によって死刑判決を受けた 14 名のいわゆる「A 級」戦犯を含む 200 万人以上の男性、女性、子供の御霊（神）をまつっている。日本の政府官僚らの参拝は、中国と韓国によって挑発行為であると認識されており、アメリカも奨励していない。日本国民の間でこの問題は、官僚は参拝すべきではなく、14 名の名前を排除すべきだという意見と国民としての日本の御霊をまつる風習を妨害するような外圧を拒否すべきという意見に分かれている。
127 前掲雑誌記事より。籾井勝人 NHK 会長の発言を引用。
128 同雑誌記事より。長谷川三千子 NHK 経営委員の発言を引用。
129 「文学的証拠」とは、1808 年に清朝の銭泳が嘉慶皇帝（1796-1820 年）期に、作家で画家でもある沈復がまとめた島への旅行記録を指す。清華大学古典文学研究センター長である傳璇琮によると、銭の記述は「釣魚島は中国の領海に位置していた」ということを世界に証明している。傳璇琮らの発言は、以下から引用。'Qing Evidence Floated for Kids,' *The Standard*, 7 April 2014, p.12.
130 彭の発言は、同新聞記事 12 頁から引用。
131 2015 年 1 月 1 日〈http://www.baihe.com〉.（2016 年 12 月 7 日にアクセス）。
132 NHK 経営委員会議事録に関しては、以下を参照。"NHK Being Used for Abe Agenda", *South China Morning Post*, 10 February 2014, p.7.
133 最も議論されている問題の一つは、中国人が南京大虐殺と呼ぶものである。中国人にとっては国民的なトラウマであり、30 万人が日本人兵士の手によって命を失ったと推定されている。中国高官や学者らは、日本が歴史教科書の事実を過小あるいは誤った描写をすることによって行為を美化していると非難している。本件に関するその他の論争については、以下を参照のこと。Caroline Rose, *Interpreting History in Sino-Japanese Relations*, Routledge, 1998.
134 Akio Takahara, *op. cit.*, p.78.
135 Zheng Wang, *op. cit.*, p.14.
136 Ernest Gellner, *Nations and Nationalism* (Oxford: Blackwell, 1983), 1.
137 Karen Rasler and William Thompson, *op. cit.*, p.146.

138 Shihoko Goto, *op. cit.* p.6.
139 Kenneth Lieberthal, *op. cit.*.
140 Karen Rasler and William Thompson, *op. cit.*, p.146.
141 Shihoko Goto, *op. cit.* p.6.
142 Michael Wesley, *op. cit.*, 2015.

おわりに

　読了された方は気づかれたかもしれないが、本書収録論文の多くは、歴史、教育制度、教育政策、教科書、カリキュラムといった観点から、中国、あるいはそれに影響を受けざるを得ない台湾、香港、あるいは日本のナショナリズムやアイデンティティを分析するという手法を採っている。

　本書は論文集であるので、読者は興味をもった章から読んでもらいたい。特に5章や6章は、フィールドワークを通して、現代中国の教育制度が女性や子どものアイデンティティ形成にどのような影響を与えているのか明らかにした貴重な成果である。ただ全体として残念ながら、教育を受けることで学生・生徒たちがどのような、あるいはどのようにナショナリズムやアイデンティティを育んでいるのか、という点については、あまり多くを語っていない。何だ、「「中国」をめぐるナショナリズムとアイデンティティ」という研究プロジェクトなのに、内容が違う、詐欺だ！と思われるかもしれない。しかし、少し待って欲しい。

　教育社会学が明らかにしてきたように、そして私たちが経験してきたように、教室で教わったこと、教科書に書いてあることがそのまま100％、学生・生徒の脳にインプットされるわけではない——もし、そうであれば私のように学生の試験結果に頭を抱えるような、教員たちの悩みの多くは消え去るであろう——。したがって本来であれば、教育現場に実際に入り、現地調査などを通して、教育を受ける側（学生・生徒）が、教科書、カリキュラムといった内容をどのように受け入れて、ナショナリズムやアイデンティティを構築するのか、という観点に立つミクロレベルの研究も必要なはずである。

　ところが習近平政権になってから、中国では教育に関わる現地調査を行うことが難しくなっている。本研究プロジェクト所属の研究者たちも、さまざまなアプローチを試みたが、必然的に規模が大きくなってしまうこともあり、最終的に教育現場での中長期にわたる公式な調査は断念せざるを得なかった。

とはいえ、上述したように、ミクロレベルでの観察・研究は、ナショナリズムやアイデンティティ形成の研究に欠かせない。そこで私たちの研究プロジェクトが使った手法は、「法」を描いた映画を、中国の大学の授業で見てもらった後、学生たちにディスカッションをしてもらい、それを記録・整理・分析するというものであった。また比較のために、同じ作業を台湾・香港・日本でも行った。

選んだ映画は『それでもボクはやってない』。痴漢の罪で逮捕された青年の孤独な闘いを描いた作品である。従って、内容は法や裁判制度のみならず、権力、人権といった点にも及び、この映画を通して、東アジア諸国の学生の、ナショナリズムやナショナル・アイデンティティ、すなわち国家（特に自国）に対する考え方がどのようなものであり、映画を見ることで、つまり日本の事情を知ることで、国家や法に対する考え方が、どのように変わったか、あるいは変わらないか、というのが理解できるのである。

上記の研究成果は、周防正行監督も招いて行われた2016年1月の市民公開・国際シンポジウム「映画『それでもボクはやってない』海を渡る―東アジアの法教育と大学生の法意識」という形で公開された。2017年夏ごろをめどに、シンポジウムの内容をまとめた本の刊行を予定している。

最後に、別の本の宣伝を行うという異例の展開になってしまったが、本書で欠けている側面は、そちらに集中しており二冊は補完関係にある。興味のある方、あるいは本書を読んで不満が残った方は、ぜひ読んでいただきたい。

ただ言うまでもなく、現在を知るためには歴史的な流れを押さえておく必要がある。その意味で、現代中国における「愛国主義教育」が強化される前後の教科書やカリキュラムを詳細に検討した3章・4章は、現代中国の教育を知るうえで必読である。

また中国、あるいは中国に対抗する形でさまざまな社会運動が起きている台湾・香港も含めた形で、さまざまな地域のナショナリズムやアイデンティティ形成に重要な教育を正面から取り上げた第2部は、これまでにない画期的なものであると自負している。特に台湾と香港アイデンティティ形成における「中国」・「中華」要素（チャイニーズネス）の影響を解明した7章、現代台湾の教育にお

ける「中国」の影響を論じた8章、雨傘運動に至る香港学生の対中観に迫った9章などは、今後の東アジアを論ずるうえで必読であろう。

　最後に、「人間文化研究機構現代中国地域研究事業」の一環として、本書刊行への助成を決断していただいた天児慧・早稲田大学教授、および本書収録論文のほとんどの日本語チェックをしていただいた澤田郁子さん、そして学術出版が困難な状況下にもかかわらず、こころよく出版を引き受けていただいた石井彰・国際書院代表取締役社長の三名に、この場を借りて御礼を申し上げたい。

　2017年1月

編者を代表して　大澤　肇

編者略歴

阿古智子（AKO Tomoko）
東京大学大学院総合文化研究科准教授。香港大学大学院教育学系博士課程修了、Ph.D.。在中国日本国大使館専門調査員、学習院女子大学国際文化交流学部准教授、早稲田大学国際教養学部准教授などを歴任。主な著作として、『超大国のゆくえ5 勃興する「民」』（新保敦子と共著、東京大学出版会、2016年）、『増補新版 貧者を喰らう国—中国格差社会からの警告』（新潮社、2014年）、『比較教育研究—何をどう比較するか』（共訳、上智大学出版、2011年）などがある。

大澤　肇（OSAWA Hajime）
中部大学国際関係学部講師。東京大学大学院総合文化研究科博士課程修了、博士（学術）。国立公文書館アジア歴史資料センター調査員、（財）東洋文庫研究員、ハーバード大学イェンチン研究所客員研究員などを歴任。主な著作として、『現代中国の起源を探る—史料ハンドブック』（共編、東方書店、2016年）、『新史料から見る中国現代史』（共編、東方書店、2010年）、『文革—南京大学14人の証言』（共編著訳、築地書館、2009年）などがある。

王　雪萍（WANG Xueping）
東洋大学社会学部准教授。慶應義塾大学大学院政策・メディア研究科博士課程修了、博士（政策・メディア）。慶應義塾大学グローバルセキュリティ研究所助教、関西学院大学言語教育研究センター常勤講師、東京大学教養学部講師・准教授などを歴任。主な著作として、『戦後日中関係と廖承志—中国の知日派と対日政策』（編著、慶應義塾大学出版会、2013年）、『大潮涌動：改革開放与留学日本』（共編著、中国・社会科学文献出版社、2010年）、『改革開放後中国留学政策研究—1980-1984年赴日本国家公派留学生政策始末』（中国・世界知識出版社、2009年）などがある。

執筆者・翻訳者略歴

武　小燕（WU Xiaoyan）
名古屋経営短期大学子ども学科准教授。名古屋大学大学院教育発達科学研究科博士後期課程修了、博士（教育学）。日本学術振興会特別研究員、中京大学非常勤講師などを経て現職。主な著作として、「日本と中国の道徳教育政策に関する比較研究―戦前と戦後の連続性に注目して―」『名古屋経営短期大学紀要』57号（2016年）、『改革開放後中国の愛国主義教育：社会の近代化と徳育の機能をめぐって』（大学教育出版、2013年、日本比較教育学会第24回平塚賞受賞）、「中国の学校教育における愛国主義教育の変容：政治・歴史・語文に見られる価値志向の分析」『中国研究月報』65巻12号（2011年12月）などがある。

新保敦子（SHIMBO Atsuko）
早稲田大学教育・総合科学学術院教授。東京大学大学院教育学研究科博士課程単位取得退学、博士（教育学）。京都大学人文科学研究所助手、早稲田大学教育学部専任講師、助教授を経て、現職。スタンフォード大学訪問研究員、ロンドン大学SOAS訪問研究員、北京師範大学客員教授などを歴任。主な著作として『中国エスニック・マイノリティの家族―変容と文化継承をめぐって』（編著、国際書院、2014年）、*The Moral Economy of the Madrasa*（共著、Routledge、2011年）、『教育は不平等を克服できるか』（園田茂人と共著、岩波書店、2010年）などがある。

于　小薇（YU Xiaowei）
中部大学国際関係学部講師。名古屋大学大学院教育学研究科博士課程満期退学。名古屋大学非常勤講師などを経て現職。主な論文として、「中国都市部における80後の消費意識への私見」中部大学国際関係学部夢構想委員会編『「国際」という夢をつむぐ―中部大学開学50周年・国際関係学部創設30周年記念論集』（中部大学、2014年）、「中国における若年人口減少と教育―一人っ子政策の展開に関わって―」『貿易風』9号（2014年）、「一人っ子政策に関する一考察―中国の

家庭及び文化環境の変化と子どもの社会化─」『貿易風』5号（2010年）などがある。

エドワード・ヴィッカーズ（Edward VICKERS）
九州大学人間環境学研究院教授。香港大学大学院教育学系博士課程修了、Ph.D.。香港新界の学校教員、ロンドン大学教育研究所准教授、東北大学客員教授などを歴任。主な著作として、Education and Society in Post-Mao China（共著、Routledge、2017年出版予定）、Constructing Modern Asian Citizenship（共著、Routledge、2015年）、Imagining Japan in Post-war East Asia（共著、Routledge、2013年）などがある。

山﨑直也（YAMAZAKI Naoya）
帝京大学外国語学部准教授。東京外国語大学大学院地域文化研究科博士課程修了、博士（学術）。国際教養大学国際教養学部助教、准教授などを歴任。主な著作として、「蔡英文政権の新南向政策と教育」『東亜』594号（2016年）、『台湾を知るための60章』（共著、明石書店、2016年）、『戦後台湾教育とナショナル・アイデンティティ』（東信堂、2009年）などがある。

中井智香子（NAKAI Chikako）
香港大学華正中国教育研究センター客員研究員。広島大学大学院総合科学研究科博士課程修了、博士（学術）。主な著作として、「香港の「通識教育科」の形成過程と雨傘運動」『国際教育』22号（2016年）、「香港の「通識教育科」世代の社会識をめぐって」『アジア社会文化研究』17号（2016年）、「香港の学校公民教育の多元的空間－『学校公民教育指引』改訂の軌跡」『中国四国歴史学地理学協会年報』10号（2014年）などがある。

アナ・コスタ（Anna COSTA）
香港大学現代言語文化学部特別助教。香港大学大学院博士課程修了、Ph.D.。北京大学、ロンドン大学にて修士課程修了。2014年から1年間、東京大学にも留

学。Independent Diplomat（外交コンサルタントグループ）での勤務経験もある。主な著作に、'Nations and Nationalism roundtable discussion on Chinese nationalism and national identity' *Nations and Nationalism,* Vol. 22 No. 3（2016 年 7 月）、'Focusing on Chinese nationalism: an inherently flawed perspective? A reply to Allen Carlson' *Nations and Nationalism,* Vol. 20 No. 1（2014 年 1 月）、'Britain in the Aftermath of the Indonesian Invasion of Timor, 1977: The Fiction of Neutrality and the Reality of Silent Help' *Pacific Affairs,* Vol. 86 No. 1（2013 年 3 月）などがある。

桐明　綾（KIRIAKE Aya）
主に教育関連の翻訳に従事。ロンドン大学教育研究所修士課程にて修士号を取得。

園田真一（SONODA Shinichi）
九州大学法学部卒業。日本鋼管（株）で輸出入業務を担当し、現在通訳・翻訳者として海水淡水化技術研修と関連業務を担当。通訳案内士と医療通訳の資格を持ち、通訳ガイド、病院通訳などにも従事。

小栗宏太（OGURI　Kota）
オハイオ大学大学院政治学専攻修士課程を最優等の成績で修了。ジェンダーポリティクスを研究テーマにしていたが、現在は香港におけるインドネシア人家事労働者の人類学的研究を行っている。

索引

あ行

愛国主義　129,193,233,261
　──教育　16,82,87,92,94,95,104,232,262,279
　──教育運動　67
愛国心　67,124,134,138,194,242,263,280
アイデンティティ（・）ポリティクス　256,257,263,280
アイデンティティ教育　195
アヘン戦争　43,68,90,100,118,120,121,123,128,261,279
雨傘運動　183,223,224,229,242
アメリカ（米国）　21,41,71,98,102,147,171,256,265,269,270,275
アメリカ型　41
安全保障　8,265,267,270,271,273,275
イギリス（英国）　46,71,125,147,192,193,196,230,232,233,243
イスラーム　143,144,145,147,148,151,152,153,157,158,159
一綱多本　103,139
一綱一本　139
一国二制度　187,201,223,224,225,226,232,233,234,240,244,245
イデオロギー　18,30,73,115,122,125,256,258,260,262,270
イデオロギー教育　120,129,138
インクルーシブ教育　31
インターネット　11,20,21,22,23,24,26,29,156,158,277
微信（ウェイシン）　26
微博（ウェイボー）　17,20,21,26
オピニオンリーダー　17,21

か行

階級意識　125,138,260
階級対立　120
階級闘争　110,120,121,123,124,128,130,131
回　族　143,145,146,149,153,154,156,157,158,159
科　学　40,47,55,100,113,114,118,121,127,133,161,169,176,184
　──技術　91,92,101,126,127
　──者　112,114,115,122
科学的人生観　130,133
華僑　92,99,114,124,267
　──学生（僑生）　212,214,216
学校教育　16,109,138,151,159,166,167,170,171,172,173,174,175,176,177,183,184,185,187,194,208,262,277
家庭教育　166,167,172,176,177
課程綱要　41,209,210,218
課程標準　41,54,60,62,105
カリキュラム　16,19,60,109,118,119,120,126,138,139,147,148,184,194,209,210,276,279
環境問題　10,26,97,101,134,135
義務教育　82,84,93,100,105,118,169,171,

173,231,234
　―法　82,87,91,118,146,151
教育改革　16,31,41,81,82,84,87,89,91,92,
　96,105,130,139,140,211,224,234,242
教育部（省）　16,17,59,105,139,214,215,
　209
教育部長　18
境外学生　213,214,216
教学大綱　15,82,84,88,94,97,100,104,105,
　131,139
共産主義　91,100,101,110,116,118,130,131,
　133,134,138,200,260,262,270
　―道徳　130
共産党　10,29,72,88,90,91,94,96,98,100,
　101,104,105,111,112,122,124,128,129,
　130,134,164,177,188,189,193,199,223,
　225,230,238,239,243,244,256,270,272,
　274,275,277
　―指導部（上層部）　82,96,176
　―政権　24,67,187,223,224,230,243,244
行政院教育改革審議委員会　211
教連会（香港教育工作者連会）　232,233,
　239,240
グローバル化（グローバリゼーション）
　8,9,10,15,19,93,104,105,119,143,151,
　152,158,159,228,233,234
経済ナショナリズム　191
検閲　263,273,277,278
検定制　60,103
権利　11,18,30,39,42,53,54,64,66,72,73,
　134,135,136,194,233,237
言論空間　20,29
言論統制　26,29,113

言論の自由　18,134,135,189,233
公教育　150,156,208,231,232,279
公共財　270
公共性　12,42,72,236,239
孔子　90,122,123,199
江沢民　93,94,95,97,98,272
高等教育　129,147,151,154,212,214,230
　―の国際化　211,212,213
抗日戦争　→日中戦争を見よ
公民科　39,40,41,42,43,44,52,53,54,55,58,
　62,67,72,73
公民教育　11,39,43,44,45,46,47,54,59,60,
　62,67,72,73,129,133,135,138,224,225,
　232,233,234,236,238
公民教育運動　40,41,42,44,45,46,47
功利主義　171,172
高齢化　177,178
国語　41,58,109,111,113,139,208,209
　―教育　110,115,117,118,138,139
国情教育（中国）　82,94,95,96,104
国情教育（香港）　232,239,240
国恥　43,47,129,255
国定化（国定制）　60,62
国定教科書　103,139,210
国文　209,210
国民感情　273,274
国民教育（香港）　195,200,224,225,232,
　233,234,236,237,238,240,243
国民形成　45,109
国民国家　128,184,223,224,259,260
国民党　47,48,49,52,53,57,67,68,72,73,112,
　117,122,125,128,186,187,188,189,190,
　191,192,193,199,208,230

戸籍制度　25
国家エリート　19, 258, 271, 273, 276, 277
国家エリート集団　258
国家教育委員会　82, 84, 86, 94, 97, 104
国共内戦　98, 100, 102, 183, 192
語文　58, 82
コミュニティ　11, 16, 30, 150, 175, 184, 198

さ 行

差序格局　30
蔡英文　201, 207, 208, 210, 211, 216
サブ・ナショナルアイデンティティ　200
三限六不（三つの制限と六つのノー）
　215, 216
三民主義　48, 53, 54, 55, 57, 67, 72, 187, 188
　—科　48, 53, 54
　—教育　48
ジェンダー　12
思想教育　95, 110
思想政治（科）　133, 136
思想品徳（科）　82, 105
シティズンシップ　187, 196, 201, 236, 237,
　244
　—教育　194, 224, 232, 240, 244
市民教育　8, 9, 10, 11, 31, 8
市民社会　11, 20, 30, 194, 233, 244
社会科　41, 54, 81, 82, 84, 87, 88, 89, 93, 94, 95,
　99, 100, 104, 105, 106
社会科教学大綱　100
社会教育　161, 162, 176, 177
社会主義　10, 16, 17, 87, 89, 91, 92, 97, 101, 105,
　110, 116, 118, 130, 131, 134, 135, 138, 272
　—イデオロギー　81, 113, 118, 135

　—教育　110, 111, 130, 133, 134, 138
　—国　110
弱者　10, 22, 26
自由　40, 50, 52, 53, 54, 57, 66, 72, 188, 194, 200,
　223, 226, 228, 229, 230, 233, 238, 258
　—化　113, 115, 135, 139, 211
　—主義　53, 111, 117
宗教教育　144, 145, 146, 147, 152
習近平　18, 21, 29, 39, 143, 260, 264, 269
儒教　8, 10, 30, 49, 55, 72
　—道徳　49, 50, 59, 65
主権　30, 42, 43, 73, 185, 200, 232, 260, 267, 274,
　276
　—者　31, 46, 55
受験　151, 158, 159, 171, 176, 213, 242, 243
　—教育　171, 172, 175
　—生　241
蒋介石　47, 60, 65, 98, 187
蒋経国　187
常識科　62, 67, 68, 72
少数民族　10, 12, 90, 121, 128, 143, 156, 158
女　学　144, 145, 150, 151, 152, 153, 154, 155,
　158, 159
植民地　55, 186, 193, 196, 230, 238
　—化　30
　—教育　194, 234
　—時代　225
　—主義　184, 200
初等教育　60, 129, 172
新課程改革　105, 106
人権　46, 52, 53, 73, 131, 135, 216, 226, 230, 233,
　238, 244
審定制　→検定制を見よ

人民教育出版社　68, 84, 88, 99, 100, 103, 138
新民族主義（ネオ・ナショナリズム）　262
西欧　92, 229, 232, 234
政治運動　67, 73, 134, 135
政治科　67, 72, 73
政治教育　11, 12, 31, 67, 73, 110, 129, 130, 133, 135, 136, 138, 195, 230, 232, 233
　―三原則」（ボイステルバッハ・コンセンサス）　31
西洋　53, 72, 121, 122, 126, 127, 255, 261, 264
世界史　101, 118, 119, 120, 126
世論　21, 25, 28, 42, 139, 140, 268, 273
　―調査　227, 267
尖閣諸島　256, 259, 262, 264, 266, 267, 271, 275, 276, 280
選挙　55, 137, 187, 191, 194, 201, 208, 214, 216, 223, 226, 232, 240, 278
　―権　31, 54, 134, 135
総統選挙　201, 208, 213
ソーシャルメディア　20, 21, 22
ソビエト連邦（ソ連）　92, 111, 199, 200
孫文（孫中山）　30, 48, 49, 50, 53, 65, 67, 90, 187

た　行

大衆運動　196, 275
大衆動員　258
台湾アイデンティティ　189, 190, 209, 218
台湾史　67, 188, 208
多元性　226, 228, 231, 240, 244, 278
脱社会主義イデオロギー　139
中華人民共和国　39, 67, 72, 73, 81, 82, 91, 93, 99, 101, 118, 126, 128, 129, 207, 210, 211, 213, 214, 218, 260, 261
　―憲法　82, 91
　―国民　228
　―政府　208
　―（北京中央）政府　223
中華文化　127, 137, 208, 218
中国共産党　→共産党を見よ
中国国民党　→国民党を見よ
中華民国　10, 42, 48, 62, 63, 65, 82, 189, 207, 208, 272
中華民族　16, 17, 65, 90, 100, 105, 128, 129, 137, 194, 208, 228, 261
中国（人）アイデンティティ　14, 190, 209
中国ナショナリズム　188, 189, 192, 195, 201, 261, 272, 275
中等教育　41, 110, 118, 144, 158, 169, 172, 213
地理科　84, 88, 89, 90, 92, 93, 94, 95, 101, 104
陳水扁　189, 208, 209, 212, 214, 218
通識教育（科）　224, 225, 234, 236, 240, 241, 243, 244
帝国主義　55, 68, 71, 72, 121, 127, 183, 184, 199, 200, 268
天安門事件（六四事件）　16, 82, 93, 94, 95, 96, 104, 105, 113, 118, 133, 138, 188, 194, 228, 229, 230, 232
党化教育　47, 48
鄧小平　170, 193, 201, 260
道徳　59, 64, 65, 72, 89, 129, 130, 135, 137, 138, 167, 174, 176, 208
　―教育　133
「徳育と国民教育」　183
「徳育と国民教育科」　240

な 行

ナショナリズム教育　237,238
ナショナルアイデンティティ（ナショナル・アイデンティティ）　19,118,137,138,226,230,234,236,238,239,242,244,255,256,260,265,271,273,280
日中関係　31,255,256,258,259,264,267,276,279
日中戦争　60,91,102,122,125,128,279
『認識台湾（台湾を知る）』教科書　210
ネット世論　24
ネットユーザー　17,18,22,23
ネットワーク　152,154,157,158,159

は 行

馬英九　207,208,209,210,211,213,214,218
反共教育　230,236
反日　19,31,58,199,258,259,271,272,273,274,276
東シナ海　255,256,260,262,269,273,275,276,277,280,281
費孝通　30
一つの中国　202,207,208
一人っ子政策　97,161,162,163,165,166,168,177,178
ひまわり（学生）運動　183,198,210
平等　12,52,66,68
品徳と社会　105
フォロワー　21
不平等　25,52,191,196,201,272
プロパガンダ　110,115,117,260,273,275
文化大革命（文革）　81,110,115,230,231

文明史観　118,126,129
法教育　130,131,133,134,135,138
保護者　139,166,167,240
ポピュリズム　9,29
香港人アイデンティティ　225,227,228,238,243
香港人教育工作者連会　→教連会を見よ
本土（台湾）化　196,207,208,209,218
本土主義（香港の）　224,225,229,244,245
本土派（香港の）　223

ま 行

マイノリティ　12,16,143
マルクス主義　68,72,121,130,131,133,135,138,145
南シナ海　260,269,275,280
民主主義　8,11,30,31,40,46,96,98,105,131,187,194,265,270,272,278
民進党　187,189,191,201,209
民族意識　65,125,136,138
メディア　21,194,277,278
毛沢東　30,68,90,111,115,116,121,199

ら 行

陸生（来台大陸学生）　214,215,216
リテラシー　109,161,188,195
李登輝　187,208,209,218
リベラル　11,17,30,188,226,228,230,232,233
領土紛争　256,258,271,280
冷戦　183,230,276
歴史科　84,88,89,93,94,95,104,105
歴史教育　91,92,93,94,110,118,119,120,

　　　　123,125,126,129,138,262
歴史修正主義　263
歴史的記憶　259,262,264,275,276,277
歴史認識　118,129
魯迅　111,112,115,116

早稲田現代中国研究叢書 6
変容する中華世界の教育とアイデンティティ

編者　阿古智子・大澤　肇・王　雪萍

2017 年 3 月 15 日初版第 1 刷発行

・発行者——石井　彰　　　　・発行所
印刷・製本／株式会社 新協

KOKUSAI SHOIN Co., Ltd.
3-32-6, HONGO, BUNKYO-KU, TOKYO, JAPAN.

株式会社 **国際書院**

Ⓒ 2017 by
早稲田大学現代中国研究所
（定価＝本体価格 4,800 円＋税）

〒113-0033 東京都文京区本郷3-32-6-1001
TEL 03-5684-5803　　FAX 03-5684-2610
Eメール：kokusai@aa.bcom.ne.jp

ISBN978-4-87791-282-6 C3031 Printed in Japaqn　　http://www.kokusai-shoin.co.jp

本書の内容の一部あるいは全部を無断で複写複製(コピー)することは法律でみとめられた場合を除き、著作者および出版社の権利の侵害となりますので、その場合にはあらかじめ小社あて許諾を求めてください。

国際政治

鈴木 隆
東アジア統合の国際政治経済学
― ASEAN地域主義から自立的発展モデルへ
87791-212-3　C3031　　　　A5判　391頁　5,600円

国際システム下における途上国の発展過程、とりわけASEANを中心に国家・地域・国際システムの三つのリンケージ手法を用いて分析し、「覇権と周辺」構造への挑戦でもある東アジア統合の可能性を追う。(2011.2.)

金　永完
中国における「一国二制度」とその法的展開
―香港、マカオ、台湾問題と中国の統合
87791-217-8　C3031　　　　A5判　000頁　5,600円

北京政府の「「一国二制度」論について、香港、マカオ問題の解決の道筋をたどりつつ、法的諸問題に軸足を置き、国際法・歴史学・政治学・国際関係学・哲学的な視点から文献・比較分析をおこない解決策を模索する。(2011.3.)

宮本光雄先生
覇権と自立
―世界秩序変動期における欧州とアメリカ
87791-219-2　C3031　　　　A5判　377頁　5,600円

発展途上諸国の経済発展および発言権の増大という条件のなかで欧州諸国では欧米間の均衡回復が求められており、「均衡と統合」、「法の支配」を柱とした「全人類が公正に遇され」る世界秩序を求める模索が続いている。(2011.3)

鈴木規夫
光の政治哲学
―スフラワルディーとモダン
87791-183-6　C3031　　　　A5判　327頁　5,200円

改革・開放期における市場経済化を契機とする農村地域の社会変動に対応して、基層政権が下位の社会集団、利益集団といかなる関係を再構築しつつあるかを跡づけ、農村地域の統治構造の再編のゆくへを考察する。(2006.3)

鈴木規夫
現代イスラーム現象
87791-189-8　C1031　　　　A5判　239頁　3,200円

1967年の第三次中東戦争から米軍によるバグダッド占領までの40年に及ぶ「サイクル収束期」の位置づけを含め、20世紀後半の〈イスラーム現象〉が遺した現代世界における被抑圧者解放への理論的諸課題を探る。(2009.3)

森川裕二
東アジア地域形成の新たな政治力学
―リージョナリズムの空間論的分析
87791-227-7　C3031　　　　A5判　　頁　5,400円

東アジア共同体を遠望することはできるのか。方法論的理論の探求、定量研究、事例研究をとおして地域形成と地域主義がどのような関係をもつのか、地域協力によって積み上げられてきたこの地域の国際関係論を探求する。(2012.5)

水田愼一
紛争後平和構築と民主主義
87791-229-1　C3031　　　　A5判　289頁　4,800円

世界各地では絶えず紛争が発生している。紛争後における平和構築・民主主義の実現の道筋を、敵対関係の変化・国際社会の介入などの分析をとおして司法制度・治安制度・政治・選挙制度といった角度から探究する。(2012.5)

上杉勇司・藤重博美・吉崎知典編
平和構築における治安部門改革
87791-231-4　C3031　￥2800E　A5判　225頁　2,800円

内外の安全保障、国内の開発を射程に入れた紛争後国家再生の平和支援活動の工程表を展望した「治安部門改革」における理論と実践の矛盾を率直に語り、鋭い問題提起をおこないつつ平和構築を追求した。(2012.8)

野崎孝弘
安全保障の政治学
―表象的次元から見る国際関係
87791-235-2　C3031　　　　A5判　249頁　5,000円

横領行為や悪用に対抗する意志を持たない「人間の安全保障」。表象分析によって特定の表象や学術的言説が現行の権力関係や支配的な実践系を正当化し、常態化している姿を本書は白日の下にさらす。(2012.9)

国際政治

大賀 哲編
北東アジアの市民社会
―投企と紐帯

87791-246-8 C1031 ￥2800E　A5判 233頁 2,800円

日本・中国・韓国・台湾などの事例研究を通して、国家の枠内における市民社会形成と国家を超えた北東アジアにおけるトランスナショナルな市民社会との相互作用を検討し、「アジア市民社会論」を展開する。 (2013.5)

今田奈帆美
大国の不安、同盟国の影響力
―ベルリン危機をめぐる米独関係

87791-245-1 C3031　A5判 267頁 5,600円

大国と同盟関係にある相対的弱小国が一定の条件の下で大国の外交政策に影響力を持つことを、冷戦下でのベルリン危機をめぐる米独関係を1次、2次、3次にわたる経緯をつぶさに追って検証する。 (2013.5)

本多美樹
国連による経済制裁と人道上の諸問題
―「スマート・サンクション」の模索

87791-252-9 C3031　A5判 319頁 5,600円

国連が、集団的安全保障の具体的な手段である「非軍事的措置」、とりわけ経済制裁を発動し継続して科していく際にどのようなモラルを維持し、国際社会に共通する脅威に取り組んでいくのか、その過程を考察する。 (2013.9)

岩佐茂・金泰明編
21世紀の思想的課題
―転換期の価値意識

87791-249-9 C1031　A5判 427頁 6,000円

近世、近代から現代にかけての世界の歴史を、こんにち、グローバルな転換期を迎えている世界の思想的な挑戦と捉え、日本、中国の哲学研究者が総力をあげて応える手がかりを見出す試みである。 (2013.10)

鈴木規夫編
イメージング・チャイナ
―印象中国の政治学

87791-257-4 C3031　A5判 245頁 3,200円

〈中国〉は未だ揺らいだ対象である。21世紀においてこの〈中国〉というこの名辞がどのようなイメージに変容していくのか。本書では、「印象中国」から視覚資料・非文字資料への分析・批判理論構築の必要性を追究する。 (2014.4)

永井義人
国家間対立に直面する地方自治体の国際政策
―山陰地方における地方間国際交流を事例として

87791-256-7 C3031　A5判 199頁 4,800円

北朝鮮江原道元山市との友好都市協定に基づく経済交流をおこなっていた鳥取県、境港市における国際政策・政策決定過程をつぶさに見るとき、国家間対立を乗り越えるひとつの道筋とその方向性を示唆している。 (2014.4)

武者小路公秀
国際社会科学講義：文明間対話の作法

87791-264-2 C1031 ￥2500E　A5判 347頁 2,500円

現代世界の問題群・存在論的課題の解明のために「螺旋的戦略」を提起する。技術官僚のパラダイム偏向を正し、形式論理学を超えた真理を求めるパラダイム間の対話、声なき声を聞きここに新しいフロンティアを開く。 (2015.2)

鈴木規夫編
エネルギーと環境の政治経済学：
「エネルギー転換」へいたるドイツの道

87791-266-4 C3031 ￥4600E　A5判 424頁 4,600円

ドイツのエネルギー政策の転換を生み出すに至る第二次世界大戦後の政治的・経済的・法制的・社会的プロセスを分析し、再生可能エネルギーの供給体制確保を中心に、将来エネルギーの全体像を明らかにする。 (2015.11)

宇野重昭／鹿錫俊編
中国における共同体の再編と内発的自治の試み
―江蘇省における実地調査から

87791-148-0 C3031　A5判 277頁 2,800円

現代中国における権力操作との関係のなかで、民衆による自治・コミュニティというものの自発的・内発性がどのように成長しているか、合同調査チームによる江蘇省における実地調査を通して追跡する。 (2004.6)

国際政治

江口伸吾
中国農村における社会変動と統治構造
―改革・開放期の市場経済化を契機として―
87791-156-1　C3031　　　　A5判　267頁　5,200円

改革・開放期における市場経済化を契機とする農村地域の社会変動に対応して、基層政権が下位の社会集団、利益集団といかなる関係を再構築しつつあるかを跡づけ、農村地域の統治構造の再編のゆくへを考察する。　　　　(2006.3)

張　紹鐸
国連中国代表権問題をめぐる国際関係（1961-1971）
87791-175-1　C3031　　　　A5判　303頁　5,400円

東西冷戦、中ソ対立、ベトナム戦争、アフリカ新興諸国の登場などを歴史的背景としながら、蒋介石外交の二面性に隠された一貫性に対し、アメリカ外交政策の決定過程を貴重な一次資料にもとづいて跡付けた。　　　　(2007.12)

宇野重昭・別枝行夫・福原裕二編
日本・中国からみた朝鮮半島問題
87791-169-3　C1031　　　　A5判　303頁　3,200円

課題を歴史的・世界的視野からとらえ、軍事的視点より政治的視点を重視し、理念的方向を内在させるよう努めた本書は大胆な問題提起をおこなっており、こんごの朝鮮半島問題解決へ向けて重要なシグナルを送る。　　　　(2007.3)

宇野重昭／増田祐司編
北東アジア地域研究序説
87791-098-0　C3031　　　　A5判　429頁　4,500円

北東アジア地域の経済開発と国際協力の促進を目ざし、出雲・石見のくにから発信する本書は、全局面でのデモクラシーを力説し社会科学を中心に人文・自然諸科学の総合を実践的に指向する北東アジア地域研究序説である。　　　　(2000.3)

増田祐司編
21世紀の北東アジアと世界
87791-107-3　C3031　　　　A5判　265頁　3,200円

北東アジアにおける国際関係の構造、世界経済、経済開発と中国、豆満江開発の事例研究さらに市民交流・文化交流などを論じ、21世紀における北東アジアの地域開発と国際協力の具体的可能性を探る。　　　　(2001.3)

宇野重昭編
北東アジア研究と開発研究
87791-116-2　C3031　　　　A5判　581頁　5,800円

北東アジア研究、中国研究、開発研究、国際関係・国際コミュニケーション研究といった角度から、本書ではグローバリゼーションの開放性とローカリゼーションの固有性との調和・統合の姿を追究する。　　　　(2001.6)

宇野重昭編
北東アジアにおける中国と日本
87791-121-9　C3031　　　　A5判　273頁　3,500円

日本、中国それぞれのナショナル・アイデンティティ及び北東アジアを中心とした国際的責務を再認識する観点から日中間を、世界史・人類史の一環として位置づけることが重要となる視点を様々な角度から提示する。　　　　(2003.3)

宇野重昭／勝村哲也／今岡日出紀編
海洋資源開発とオーシャン・ガバナンス
―日本海隣接海域における環境―
87791-136-7　C1031　　　　A5判　295頁　3,400円

海の環境破壊が進む今日、本書では「オーシャン・ガバナンス」として自然科学はもとより社会科学の諸分野も含め、課題をトータルに取り上げ、人間と海との共存という変わらない人類のテーマを追究する。　　　　(2004.6)

宇野重昭・唐　燕霞編
転機に立つ日中関係とアメリカ
87791-183-3　C3032　　　　A5判　375頁　3,800円

中国の台頭により、北東アジアにおける旧来からの諸問題に加え、新たな諸課題が提起され再構成を迫られている今日の事態を見すえ、アメリカの光と影の存在を取り込んだ日中関係再構築の研究である。　　　　(2008.5)

国際政治

宇野重昭編
北東アジア地域協力の可能性
87791-199-7　C3031　　　　　　　A5判　273頁　3,800円

日中の研究者により、「グローバライゼーション下の『北東アジア地域協力の可能性』を模索する」。「歴史認識問題」認識の重要性を確認し、アメリカの存在を捉えつつ「国際公共政策空間の構築の可能性」を探る。　　　　　　　　　　　（2009.10）

飯田泰三・李暁東編
転形期における中国と日本
―その苦悩と展望
87791-237-6　C3031　¥3400E　　A5判　321頁　3,400円

東アジアにおける近代的国際秩序を問い直し、中国の市場主義の奔流・日本の高度成長の挫折、この現実から議論を掘り起こし「共同体」を展望しつつ、日中それぞれの課題解決のための議論がリアルに展開される。　　　　　　　　　　（2012.10）

環日本海学会編
北東アジア事典
87791-164-2　C3031　　　　　　　A5判　325頁　3,000円

国際関係、安全保障、共同体秩序論、朝鮮半島をめぐる課題、歴史問題とその清算、日本外交、学術交流、局地経済圏構想、市場経済化と移行経済、人の移動と移民集団、文化・スポーツ交流など現代北東アジアが一望できる。　　　　　　（2006.10）

飯田泰三編
北東アジアの地域交流
―古代から現代、そして未来へ
87791-268-0　C3031　¥3800E　　A5判　299頁　3,800円

文明論的論争・歴史認識など、歴史と現在について具体的知恵が創出されてくる具体的事例から学びつつ、グローバル・ヒストリーとしての現在・未来への鍵を見出し、北東アジアの今後の協力・発展の道をさぐる。　　　　　　　　　（2015.7）

宇野重昭・江口伸吾・李暁東編
中国式発展の独自性と普遍性
―「中国模式」の提起をめぐって―
87791-273-4　C3031　¥3800E　　A5判　391頁　3,800円

国家と市民社会および市場経済と格差といった視角から、「中国模式論」の独自性・普遍性を探究する。人民を組織して当事者にできるのか、さらに国際秩序との相互作用によってどのように荒波を乗り切るのか。　　　　　　　　　　　（2016.3）

新藤宗幸監修、五石敬路編
東アジア大都市のグローバル化と二極分化
87791-163-4　C3031　　　　　　　A5判　237頁　3,200円

［東京市政調査会都市問題研究叢書⑩］東京、ソウル、香港、上海を素材に低所得住民個々人の生活実態に着目し、二極分化に至る多様性の追究をとおして、グローバル化というものが東アジアに与える影響だけでなく本書は、世界が二極分化する警鐘を乱打する。　　　　　　　　　（2006.10）

三宅博史・五石敬路編
膨張する東アジアの大都市
―その成長と管理
87791-174-4　C3031　　　　　　　A5判　291頁　3,600円

［東京市政調査会都市問題研究叢書⑪］東アジアの大都市での人口変動の推移、不動産価格の変動などによる住民生活への影響を検討し、政府・自治体による対応を整理する。さらにインナーエリアの実態、環境改善、コミュニティへの対応などを課題として提起する。　　　　　　（2007.11）

五石敬路編
東アジアにおける公営企業改革
87791-187-4　C3031　　　　　　　A5判　345頁　3,800円

［東京市政調査会都市問題研究叢書⑫］水不足が深刻化されはじめた今日、本書では水道事業における中国・韓国・プノンペン・マニラ・日本での改革の変遷を主に扱いながら、近年登場した民営化論とのかかわりで、公営企業の今後の展開を追究する。　　　　　　　　　　　　　　　（2008.9）

五石敬路編
東アジアの大都市における環境政策
87791-200-0　C3031　　　　　　　A5判　281頁　3,800円

［東京市政調査会都市問題研究叢書⑬］住宅、食べ物、リサイクル、景観といった課題に、それぞれ利害関係を持ちながら地域住民や自治体が法的・制度的・財政的にどのように対応しようとしているのか、東京、ソウル、上海などを事例に論ずる。　　　　　　　　　　　　　　　（2009.10）

国際政治

五石敬路編
東アジアにおける都市の貧困
87791-214-7　C3031　　　　　A5判　264頁　2,800円

[東京市政調査会都市問題研究叢書⑭] 自立を促す福祉の仕組みを考慮しつつ中国・上海に注目しその貧困と社会保障のあり方を論じ、稼働層と非稼働層の違いに着目しつつ日本、韓国、台湾における貧困問題および社会保障の特徴と有効性について分析する。　　　　　　　　（2010.12）

五石敬路編
東アジアにおける都市の高齢化問題
—その対策と課題
87791-223-9　C3021　　　　　A5判　203頁　2,800円

[東京市政調査会都市問題研究叢書⑮] 高齢化問題にかかわり都市行政、介護の課題、所得分配に及ぼす影響、税法との関連さらに少子高齢化などの対策、中国における戸籍人口・常住人口の高齢化、流動革命と都市「郡祖」現象など事例研究をとおして論ずる。　　　　　　　　（2011.12）

五石敬路編
東アジアにおけるソフトエネルギーへの転換
87791-251-2　C3033　　　　　A5判　233頁　3,200円

[東京都市研究所都市問題研究叢書⑯] 新エネルギー問題を共通テーマに、日本からは原発問題から自然エネルギーへの模索を、韓国では温暖化防止の観点から、中国は産業化に伴う環境問題に焦点を当て論じている。　　　　　　　　（2013.7）

宇野重昭
北東アジア学への道
87791-238-3　C3031　￥4600E　A5判　395頁　4,600円

[北東アジア学創成シリーズ①] 北東アジアという表現は「地域」に表出される世界史的課題を改めて捉え直そうとする知的作業である。その上で北東アジアの現実的課題を浮き彫りにするきわめて現代的作業なのである。　　　　　（2012.10）

福原裕二
北東アジアと朝鮮半島研究
87791-270-3　C3031　￥4600E　A5判　267頁　4,600円

[北東アジア学創成シリーズ②] グローバル化した世界状況にあって普遍性を追究する立場から、「朝鮮半島問題」としての韓国・北朝鮮における秩序構想・統一・民族主義を論じ、竹島／独島問題を通して課題解決への展望を模索する。（2015.7）

松村史紀・森川裕二・徐顕芬編
東アジアにおける二つの「戦後」
87791-225-3　C3031　　　　　A5判　285頁　2,800円

[WICCS 1] 総力戦および冷戦という二つの戦後が東アジア地域につくり上げた構造を、アジア太平洋国家としての米・ロ・中・日をはじめとした東アジアの政策変容を追究し国際政治学の原点に立ち返って考察した。　　　　　（2012.3）

鈴木隆・田中周編
転換期中国の政治と社会集団
87791-253-6　C3031　　　　　A5判　255頁　2,800円

[WICCS 2] エリートと大衆、都市と農村の断層などを抱えながら、中国は劇的変化を続けている。本書ではさまざまな専門領域・問題意識から集団の変化の実態を明らかにしながら、社会の側から国家・社会関係の変容を考察する。（2013.10）

中兼和津次編
中国経済はどう変わったか
—改革開放以後の経済制度と政策を評価する
87791-255-0　C3033　　　　　A5判　467頁　4,800円

[WICCS 3] 市場制度・多重所有制への転換による高度成長によって、経済制度・政策、社会組織、政治体制はどのような変化をし、そうした政策・制度の新展開をどう評価すればよいのか。本書はその本質に迫る。　　　　　　　（2014.2）

新保敦子編
中国エスニック・マイノリティの家族
—変容と文化継承をめぐって
87791-259-8　C3036　　　　　A5判　285頁　2,800円

[WICCS 4] 中国におけるモンゴル族、回族、朝鮮族、カザフ族、土族など少数民族における民族文化の伝承あるいは断絶といった実態を教育学の視点から実証的に検証した。アンケート調査、口述史をもとにした調査・研究である。（2014.6）